博碩文化

博碩文化

iThome 鐵人賽

榮獲 2022 年天瓏書局 百大暢銷榜

博碩文化

給 全端工程師的 職涯生存筆記

從 履歷×面試×職場 打造無可取代的軟實力

ChatGPT加強版

林鼎淵（Dean Lin）著

2021 iThome 鐵人賽 **佳作** iT邦幫忙

讓自己的價值被看見，有影響力的人才有選擇權！

用履歷敲開職涯大門
寫出讓面試官眼睛一亮
想立刻認識你的履歷！

判斷適合自己的公司
薪水很重要
但待的下去才是重點

原來面試要這樣準備
透過實戰案例掌握技巧
了解面試官想聽什麼

擴增在公司的影響力
懂得表現自己
才會取得應有的報酬

作　　者：林鼎淵 (Dean Lin)
責任編輯：林楷倫

董 事 長：陳來勝
總 編 輯：陳錦輝
出　　版：博碩文化股份有限公司
地　　址：221 新北市汐止區新台五路一段 112 號 10 樓 A 棟
　　　　　電話 (02) 2696-2869　傳真 (02) 2696-2867
發　　行：博碩文化股份有限公司

郵撥帳號：17484299　戶名：博碩文化股份有限公司
博碩網站：http://www.drmaster.com.tw
讀者服務信箱：dr26962869@gmail.com
訂購服務專線：(02) 2696-2869 分機 238、519
（週一至週五 09:30 ～ 12:00；13:30 ～ 17:00）

版　　次：2023 年 5 月第二版一刷
建議零售價：新台幣 650 元
Ｉ Ｓ Ｂ Ｎ：978-626-333-457-1（平裝）
律師顧問：鳴權法律事務所 陳曉鳴 律師

本書如有破損或裝訂錯誤，請寄回本公司更換

國家圖書館出版品預行編目資料

給全端工程師的職涯生存筆記：從履歷x面試x職場
打造無可取代的軟實力(ChatGPT增強版) / 林鼎淵
(Dean Lin)著. -- 第二版. -- 新北市：博碩文化股份有
限公司, 2023.05

　　面；　公分. -- (iThome鐵人賽系列書)

ISBN 978-626-333-457-1(平裝)

1.CST: 就業　2.CST: 面試　3.CST: 電腦程式設計

542.77　　　　　　　　　　　　　　112005321

Printed in Taiwan

博 碩 粉 絲 團

歡迎團體訂購，另有優惠，請洽服務專線
(02) 2696-2869 分機 238、519

商標聲明

本書中所引用之商標、產品名稱分屬各公司所有，本書
引用純屬介紹之用，並無任何侵害之意。

有限擔保責任聲明

雖然作者與出版社已全力編輯與製作本書，唯不擔保本
書及其所附媒體無任何瑕疵；亦不為使用本書而引起之
衍生利益損失或意外損毀之損失擔保責任。即使本公司
先前已被告知前述損毀之發生。本公司依本書所負之責
任，僅限於台端對本書所付之實際價款。

著作權聲明

本書著作權為作者所有，並受國際著作權法保護，未經
授權任意拷貝、引用、翻印，均屬違法。

改版序

2023 年，各式 AI 工具如雨後春筍般出現，人們已經從剛推出時對他們的懷疑，逐漸走上恐懼的道路。

不管是新聞媒體還是社群網站，你時常會看到「AI 將取代 XXX 職位」的論述，這更加深了許多人對「生存」的恐懼。

我們害怕明天就被裁員，害怕自己的專業不具有獨特性，害怕 AI 做得比我們更好。

此時的你有兩條路，一條是繼續抱怨、抵制 AI，但最後的下場已經有人在自動化工廠推出時給你演示過了，**那就是直接被機器取代。**

而另一條路則是去學習、掌握 AI 的工具，我們沒必要否認 AI 的強大；既然 AI 的發展勢不可擋，那我們要做的應該是去思考「如何利用他為自己帶來優勢」。

在 2023 年初，筆者透過 ChatGPT 這個 AI 工具；從零開始，11 天完成草稿，22 天後交稿，一個月完成全台第一本 ChatGPT 應用專書：「ChatGPT 與 AI 繪圖效率大師」。

靠著 ChatGPT，我成功在「1 個月」完成了過去需要「6 個月」才能完成的任務。

所以在本次改版中，特別新增了一個全新的 PART，帶讀者了解如何善用 ChatGPT，讓自己的履歷、面試、職涯更上一層樓！

「PART 9 讓 ChatGPT 成為你的職涯推手」為實戰單元，不會花費篇幅在 ChatGPT 基礎介紹，希望透過實際案例讓讀者獲得更好的職涯發展。

序

不要等到「受夠了！」才開始進步

前言：小明的故事

剛踏入職場時，小明對工作懷抱著憧憬，面對專案總是格外珍惜且戰戰兢兢，生怕自己哪個地方做不好連試用期都過不了；因此入職的第一年像海綿般瘋狂吸收新的知識，並在錯誤中學習成長。

幾年後，小明成為公司的老鳥；當年需要熬夜才能趕完的專案，現在只需要半天就能完成了；剩下的上班時間，他選擇泡杯咖啡犒勞辛苦的自己，放鬆的跟同事打屁聊天消磨空閒的時光，當然他也養成了躲在廁所滑手機當薪水小偷的習慣。

又過了幾年，小明兩眼無神地看著眼前的電腦，他覺得自己**受夠**了現在的生活，也不滿意公司給的薪水；於是他打開人力銀行，信心滿滿地認為：「憑藉自己多年的經驗，肯定一堆公司來搶自己！」

一個月過後、兩個月過後 ...

小明取得了非常多公司的面試機會，但卻始終沒有獲得理想的 Offer；此時的他才驚覺，除了第一年外，**剩下這些年自己都在原地踏步**。

等到「受夠了」才開始進步，一切都已經晚了 ...

我相信上面「小明的故事」，大家都不是第一次看到了；但卻很難保證自己不成為故事中的小明，畢竟離開舒適圈是一件很痛苦的事情，所以很多人就算「知道」自己不能再這樣下去，但看到舒適圈外的荊棘之路還是馬上打消了這個念頭。

所以我這本書並不是想讓讀者立刻做出重大改變，而是在熟悉的環境中**多做一點事**來認識、調整自己。

這本書可以學到哪些知識

本書的內容會圍繞在「履歷、面試、職場」三個主題上面，並根據不同的學習目標拆分成 8 個 PART，讓讀者快速檢視自己目前所缺少的東西，並教你如何用「技術」及「經歷」來包裝履歷，讓自己在市場上取得應有的價值。

PART 1 準備履歷：

1. 重新認識**履歷對職涯的重要性**，藉此整理**有效履歷**。
2. 了解如何撰寫一份**讓別人想主動認識你的履歷**。
3. 將履歷精華提煉成面試用的簡報，用**簡報引導面試官提問的方向**。

PART 2 面試前的準備：

1. 了解除了得到工作外，從面試可以**獲得的好處**。
2. 從檢核表確認自己是否做好**面試的準備**。
3. 面試是雙向的，你可以透過**事前調查、詢問公司問題**；蒐集更多的資訊來判斷這間公司是否適合自己。

PART 3~6 技術面試：

1. 帶你從**面試官的角度**思考提問的背後原因，以及他想要了解什麼？
2. 為了讓讀者面對變化題也能從容不迫，除了基礎的簡答外，本書同時提供**回答問題所需具備的知識、以及可能的衍伸問題**。
3. 分享的面試題目包含**前端、後端、資料庫、設計模式、系統設計、白板題**。

PART 7 了解求職者人格特質的面試題：

1. 為了更全面了解求職者的**人格特質**，面試官會詳細詢問你過往的**工作經歷**。
2. 筆者統整了面試時高頻率被問到的**經典面試題**，讓你可以提前思考該如何應對，不再只依靠直覺回答。

PART 8 職場力：

1. 了解如何**擴增自己在公司的影響力**（非雞湯文，皆可實際操作）。

2. 與同事合作不愉快？能者過勞？如果你待的每間公司都遇到類似的問題，也許可以嘗試**主動經營友善**的工作環境。

3. 想獲得加薪？你需要知道如何**準備自己的成果、安排合適的談判時間**，並瞭解被拒絕時的應對進退。

PART 9 讓 ChatGPT 成為你的職涯推手：

1. 教你如何**從零開始**，快速產出一份客製化的履歷。

2. **英文履歷不再是你的求職障礙！贏得更多職涯可能性！**

3. 請 ChatGPT 扮演面試官，用**模擬面試讓自己佔據先機**。

🔊 筆者碎碎念：

儘管這本書花了很大的篇幅在「面試」上，但我不希望讀者只把答案背下來，而是去思考面試官為什麼會這樣問。

說來諷刺，這些面試題並不應該是特別為了面試而準備的，而是你在掌握這個技能時，本就應該理解的；只是許多工程師**誤以為完成任務就等於掌握技術，沒發生意外就不去深入研究。**

筆者會寫出這些話，就是因為自己曾經是一個注重開發速度，而不願意花時間深入理解技術的工程師，當時甚至沾沾自喜覺得自己好棒棒，完成了別人好幾倍的任務；但經歷了幾次專案的更迭後明白，**欠下的技術債遲早要還，時間早晚罷了。**

我會盡其所能把自己知道的都分享出來，讓有緣分看到的人少走一些坑，**如果能從別人失敗的案例中學到教訓，那根本沒必要去親身體驗。**

本書提及之專案、人物、事件純屬虛構，如有雷同，實屬巧合，請勿對號入座。

編著本書雖力求完善，但學識與經驗不足，謬誤難免，尚祈讀者不吝指正與提供補充。

Tips

筆者的想法與經驗，並不能代表所有工程師及面試官；因為每位工程師都有自己的成長經歷，而面試官挑選人才的想法與標準也不盡相同。

文章篇幅有限，答案僅是提供讀者一個思路；請依自身情境去思考問題，沒有經過思索就接受的答案是經不起考驗的，你要依據自己的經歷寫出合適的腳本。

這本書適合我嗎？

我將書名定為「生存筆記」而非「致勝寶典」，就是希望讀者不要誤以為讀了一本書就能在職場上無往不利；如果有書籍或是課程敢掛這個保證，基本上不是詐騙就是吸金。

與傳統的專業書籍不同，這本書除了專業知識外，還穿插了許多職場上的「人性」故事；希望讀者除了在專業上有所精進外，在職場上也能多留一些心眼保護自己。

我相信不同領域的朋友讀到這本書時都能有所收穫，但如果你本身待在「資訊產業」，又符合下面其中一個或多個角色，那收穫會更大：

- 工作遇到瓶頸，近期**有轉職規劃的朋友**。
- 覺得自己有實力且經驗豐富，但面試結果總是不如預期，想增加應對進退能力的**資深工程師**。
- 想了解面試官是以什麼邏輯出題的**好奇寶寶**。
- 想透過提問找到合適人才的**面試官**。
- 工作鞠躬盡瘁，但不懂升官發財為何總是輪不到自己的**過勞工程師**。
- 想找到自己盲點，在職場不斷進步的**優秀人才**。

本書推薦的閱讀姿勢

每本程式書籍都有一大堆的程式碼，以及數不清的參考連結；我相信絕大多數的人都跟我一樣：「根本不會輸入參考連結的網址」，畢竟網址那麼長，要是打了半天還是錯的不就很鬱卒？

所以我不只將書中的參考範例放到 GitHub 上面，更會把提到的參考連結彙整到每個章節的 README.md 中，這樣大家閱讀本書時就能夠更輕鬆地汲取知識。

操作方式：

Step 01 進入筆者 GitHub 專案網址：

https://github.com/dean9703111/full-stack-developer-note

Step 02 在目錄中選擇章節

圖 1　GitHub 上的章節目錄

Step 03 在章節中輕鬆吸收知識，取得重要指令。

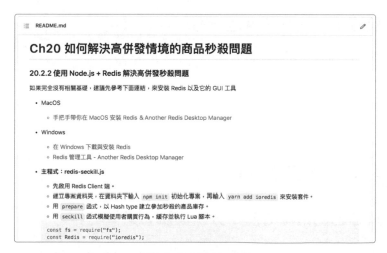

圖 2　章節的參考連結、重要指令

目錄

05　做好自我檢核，面試就是上戰場！

06　跳槽加薪常見的 7 個問題！

07　準備好要詢問公司的問題，面試就是資訊戰！

08　留任還是離職？看完這篇再決定！

09 工程師選擇公司要考慮哪些細節？常見迷思分享

PART 3 ➤ 前端面試題

10 請說明你現在專案用到的前端框架

11 如何判斷專案要使用 CSR 還是 SSR？

12 在使用後端的資料前，你有先做驗證嗎？

PART 4 ▶ 後端面試題

13 你會的後端框架不只一個，可以說明一下它們之間的差異嗎？

14 請簡述 Node.js 的 Event Loop

15 在正式 API 完成前，要如何讓串接的工程師不要空等？

16 設計 API 時會考慮哪些點？

PART 5 ▶ 資料庫面試題

17 設計資料庫時會考量哪些點？

18 面對大流量的系統，會採取哪些措施？

19 關聯式資料庫要如何設計避免超賣？

20 如何解決高併發情境的商品秒殺問題？

25 一再被問的經典面試題

PART 8 ▶ 職場力

26 拒絕做白工！學習把力氣用在對的地方

27 不放過每個細節，完成一場 0 失誤的專案 Demo！

28 新工程師報到，如何協助他成為有效戰力

33　不知如何表達自己？讓 ChatGPT 為你助陣！

34　用模擬面試為自己佔據先機

A　後記 —— 那些影響筆者人生的觀點

PART 1

準備履歷

在人才市場上，如果說「人」是商品，那「履歷」就是包裝。
外型精美的容易溢價，賣相較差的容易折價。

Ch1 準備履歷不只是為了面試
帶你重新認識「履歷」對職涯的重要性。

Ch2 你要對自己的履歷瞭若指掌
掌握履歷要表達的重點資訊，學習用面試官視角去看待自己的履歷。

Ch3 用簡報讓面試官集中注意力
將履歷精華提煉成面試用的「簡報」，除了舒緩緊張感外，還能引導面試官提問的方向。

01

準備履歷不只是為了面試！

準備履歷，是在培養自知之明。

整理履歷是**持續性任務**，但許多人都把它當成**一次性任務**；讓我們回想一下，入職後有多久沒有整理履歷了。

1.1 了解履歷對職涯的重要性

大部分的人整理履歷都是為了**面試用**，少部分的人整理履歷是為了**給自己警惕**；但很少人意識到，你整理的履歷是可以**給現在的雇主看的**。

員工會跳槽除了想轉換工作環境外，我相信「錢」是一個非常重要的因素；許多企業的內部規範就是一年加薪最多不得超過 5%，這代表你留在原本的公司兢兢業業，甚至趕不上全球的通貨膨脹；不過凡事皆有例外，如果你有傑出的**具體績效**，還有敢於直接向上級**反映的勇氣**，衝撞體制打破規則也是很有可能的！

▌ 具體做法請參考「Ch30 掌握薪水談判的秘訣，取得自己應有的報酬」。

公司的人很多，**如果沒有主動說出來，上級根本不知道你有這些貢獻**；而「具體績效」這個東西如果沒有定期整理，我相信絕大多數的員工都拿不出來，只能用一些很模糊的話語帶過。

筆者認為，與其加班做樣子給長官看，還不如把這些時間用來整理履歷，提升加薪的可能性。

1.1.1 履歷的種類

1. 求職用的履歷

就是放在人力銀行上的履歷，**內容較為精簡**；除了常見的 104、1111 求職網以外，這裡筆者推薦使用 CakeResume（https://www.cakeresume.com/），在這個網站上有非常多的履歷範本，且提供良好的介面讓你製作，只要你的履歷有一定的水平，會時常有獵頭、公司的人資與你聯繫。

2. 鉅細靡遺的履歷

這是你要經常維護與回顧的履歷，在這份履歷中要盡可能把所有**跟工作有關、能為自己職場加分、彰顯個人風格的事蹟**放上去；不怕內容多，只怕沒東西可以放。

人的記憶力有限，你或許能記得這個月所用到的技術與功能，但如果突然被問到履歷上 3 年前的專案，裡面某個 Feature 是用什麼技術完成的、當時為何會這樣設計；除非你本身記憶力超群，否則在沒有紀錄的狀態下，一般人的回答通常很卡，而這份履歷能幫你在面試前快速回憶重要事蹟的細節。

1.1.2 為什麼要養成整理履歷的習慣？

寫履歷的時候常常有一個感覺，我明明在這份工作做了很多的事情，但一時之間就是什麼也想不起來。

絕大多數人都等到要轉職時，才開始準備履歷會用到的素材，此時會遇到以下常見問題：

1. 你想在**短短幾個小時就把過去好幾年**的履歷彙整起來，導致**準備履歷的過程極為厭世**，甚至很多人因為覺得太麻煩而放棄整理。

2. 許多素材是**有時效性**的，時間過了你就很難取得，像是：
   - 你上台演講、報告、分享的照片
   - 你負責的產品上排行榜的截圖
   - 團體比賽的合照
   - 網頁改版前的截圖

3. 整理完履歷後，赫然發現自己居然沒有什麼拿得出手的經歷。

1.1.3 了解定時整理履歷的好處

這裡的「定時」，我個人的建議是**每個月**都至少要審視及更新一次自己的履歷：

1. 一個月整理一次，這樣更新的內容有**一定的份量**又不至於太多。
2. 因為每個月都有整理，你可以很明確地知道自己**是否有持續成長**。
3. 如果發現這個月幾乎沒有任何值得紀錄到履歷的資訊，就要**有所警惕**。
4. 比起有計劃的轉職，更多人的轉職是受到情緒左右的；不過只要維持定時整理履歷的習慣，你就享有更多**隨時做自己的權利**。

1.2 求職履歷該有的基礎元素

在認知到履歷的重要性後，這邊筆者先把一個履歷該有的基礎架構列出來給大家看，方便讀者快速檢視自己的履歷**是否有遺漏的資訊**：

1. **個人基礎資訊**
   - 姓名、個人照片、職稱、聯絡方式
2. **自我介紹**
3. **技能**
   - 專業技術、專案管理工具、證照、其他

4. **學經歷**
   - 公司
     - ◆ 任職機構、部門與職稱、任職起訖時間
     - ◆ 代表性專案、實際工作內容
   - **學校**
     - ◆ 學歷、實習經驗、畢業論文（專題）
5. **個人成就**
   - Side Project、自媒體、特殊經歷

1.3 撰寫讓別人想認識你的「重點」

很多人都說履歷需要控制在一頁，這樣面試官才能聚焦；但我不完全認同「一頁」這個說法，因為有些履歷比較豐富的人，用「一頁」呈現的畫面太過擁擠，所以我會把重點放在**這份履歷能否讓對方對你感興趣**上。

1.3.1 自我介紹

▌你希望給面試官看到的「人物設定」

這裡有兩種選擇：

1. **成長故事**
   - 字數不要超過 200 字
   - 重點描繪自己**重大成長**的經歷（家庭背景敘述、寶寶爬行冠軍這類的內容就別放了 XD）

2. **能力條列式**
   - 選最能代表自己的 4 ～ 6 個能力
   - 這些特質都要有相關的**實例佐證**

筆者較**推薦用條列式來做自我介紹**，因為**成長故事**除非你的文筆極佳，否則真的很難讓人快速認識你。條列式的範例如下：

- **豐富的實務經驗**：任職期間完成 9 個百萬級別、2 個千萬級別專案；擅長分析系統操作流程、資料庫規劃，熟悉 GIS、IPC 產業知識。
- **具備優秀的溝通能力**：能有效統整客戶提出的需求，在了解對方的痛點後，經過協商給予合適的解決方案。
- **對系統品質的要求**：遵循 Git Flow 進行開發，並在 CI/CD 的 Stage 中加入 Unit Test 確保功能穩定性。
- **善用專案管理工具**：擔任 PM 時使用 Jira 與團隊跑 Scrum，藉此追蹤工作進度並維持專案品質。
- **自主學習**：有做 Side Project 以及寫技術文章的習慣，至今已在 Medium、iT 邦幫忙發表超過 200 篇文章，累計瀏覽數超過 70 萬。
- **追求卓越**：榮獲 iT 邦幫忙 AI & Data 組、Software Development 組佳作，並受出版社邀約出版專業書籍。

筆者透過上面的條列式，營造出自己是一個：「有技術能力、溝通能力，會利用工具輔助工作且樂於分享的人。」

備註：如果想讓自我介紹看起來更客觀，你可以放一些朋友、長官、客戶對你的評價，第三者的評價對面試官來說是更加可靠的訊息。

📌 **警告**：

1. 假使你在履歷中列出很多參加活動的事蹟，面試官會先在心裡認為你應該是個外向的人；但如果面試當天你表現得畏畏縮縮，那就是**人物設定崩壞**，就算專業能力過關，面試官還是會對履歷上寫的內容抱持懷疑的態度。

2. 我只是提供範例，讀者一定要依據自己的情況做調整；不然面試官一問你就 GG 了。

1.3.2 照片很重要

有些公司會把沒有照片的履歷過濾掉，所以你不但要放，還要謹慎挑選，讓你的人物設定更加立體。

1. **履歷上的大頭貼**

   因為很多人都是用手機自拍，或是放生活照；因此如果放的是照相館拍的專業形象照，你在眾多履歷中就會非常顯眼，花錢增加記憶點，我認為非常值得。

   > 如果你剛好在台北可以考慮師大商圈的「照面 Hi PHOTO」，筆者就是在這裡拍的，當時含妝髮 1200（非業配 XD）。

2. **得獎照片**
   - **個人獎**：你要跟獎狀（獎牌／獎盃）一起入鏡
   - **團體獎**：你要站在 C 位（中間最顯眼的位置）拍照

   > ⚡ **特別建議：**
   >
   > 如果是團體獎，最好讓每個成員都有一張自己在 C 位的合照；不然放一張自己在邊緣的照片真的很尷尬。

3. **上台（演講）照片**

   像是公司教育訓練、回母校演講、產品 Demo... 這些的上台時刻，**記得多拍幾張照片，如果可以，當簡報停留在講者介紹的畫面時，從觀眾席最後一排拍的視覺效果最佳。**

1.3.3 只放自己熟練的技術

從資工相關科系畢業的人都學過不只一種程式語言，如果是初入職場，你可以把這些技術都放到履歷上，以期獲得更多面試機會。

但如果你已經工作了好幾年，公司所使用的技術又跟學校的完全不一樣；那我請你**把那些快遺忘的技術從履歷中移除**。

在履歷上寫自己**會很多技術不一定有加分**，在有一定年資後，有些公司看到這類型的履歷反而產生出：「樣樣通、樣樣鬆」的想法；但如果你對自己的技術都很有信心，那就全放吧！很多公司還是希望招攬技術全面的人才，因為這類人才只要人格特質合適，稍加培養就可以往技術管理職的方向發展。

1.3.4 挑最能展示自己的專案放

你可能在一間公司接手過 10 幾個專案，但不要真的把 10 幾個專案一股腦的全部放到履歷上啊！

你只要放自己**貢獻度最高、最有故事性的 2~4 個**就很夠了；同時切記不要把自己不熟悉的專案放到履歷上，否則當面試官問到細節時，容易卡詞說不出個所以然。

履歷只是大綱，無論你有多少豐功偉業，我相信一定會有**先後順序**；面試官每天需要面對很多求職者，他如果無法從履歷中得到有效訊息，那就是無效履歷。

你所列出的大綱就是**讓面試官挑有興趣的地方問**，如果鉅細靡遺的呈現，他真的很難挑重點。

1.4 擴充自己的履歷

每個人都是從菜鳥成長起來的，下面推薦幾個無論你是**菜鳥**還是**老鳥**，都非常值得長期投資的項目。

1.4.1 Side Project

上班很累了，下班如果還是做技術雷同的專案我覺得太折磨人了，而且也無法從中獲得太多成長；我建議 Side Project 的內容最好是自己非常感興趣的，因為**自己感興趣才有在下班後一直做下去的毅力**，下面是筆者 Side Project 的靈感來源：

1. **現實生活中的需求**

   筆者有個擔任社群小編的朋友，他在工作上需要蒐集與公司同類型的粉專資料來做數據分析，因為受不了每天花大量的時間做重複的事，所以便詢問我是否能將蒐集資料的步驟自動化；因此我就寫了一個**爬蟲專案**來滿足他的需求。

   > 詳細內容大家可以參考我先前出版的「JavaScript 爬蟲新思路！從零開始帶你用 Node.js 打造 FB & IG 爬蟲專案」這本書。

2. **自己的興趣**

   因為本身非常喜歡魔術，所以在生日收到朋友送的 Micro: Bit 開發板時，我就把它改造成一個可以玩心靈魔術的骰子。

   > 有興趣的讀者可以參考筆者的 GitHub，裡面有完整的製作流程：
   > https://github.com/dean9703111/microbit_dice_project

🔊 **筆者碎碎念：**

如果可以，我希望大家在做 Side Project 時，不只是為了讓履歷更好看，而是真的有想要完成某件事的熱情。

這裡也特別警告大家，千萬不要為了增加 Side Project 的數量，就把其他人的作品 Clone 下來，稍微修改後就說這個是自己做的，**夜路走多了總是會遇到鬼**。

1.4.2 自媒體

▎ 你不說，別人怎麼知道你有多強？

經營自媒體真的沒有你想像的那麼難，我們平常使用的 FB、IG 都是自媒體的一種。

通常我們在上面看到的都是朋友分享吃喝玩樂功成名就的動態，所以當你突然**定期發一些技術的文章、影片**，相信我，你在朋友圈會變得很有記憶點；甚至周圍的朋友會給你取「部落格男、技術宅」的綽號，但這又有什麼關係？下面讓我跟你分析這樣做的好處：

1. **會**跟能夠**教學**是不一樣的層次，把專業轉化成文章、影片的步驟，能讓你對知識的理解更加透徹。
2. 當朋友有相關需求時會第一個想到你，讓你**獲得更多額外的機會**（ex：工作、外包、演講、諮詢）。
3. 只要堅持兩個月以上定期發文，你就會自然而然地養成這個習慣，筆者身旁甚至有朋友只要**一週不發專業文，就覺得渾身不對勁**。

我知道很多人不習慣在社交平台上發專業性的文章，但除非你是天選之人，不然只在特定平台（ex：Medium）發表文章往往很快就會滅火。

因為你的競爭對手實在是太多了，在前期你幾乎無法獲得反饋，一開始可能不在乎；但時間一長，這種缺乏互動的狀況會讓你喪失寫文的動力。所以，勇敢的在社交平台發文吧！（推坑）

1.4.3 特殊經歷

▎ 專業幫你獲得面試的入場券，但經歷才是這份工作的敲門磚。

老實說只要能獲得面試機會，就代表你的技術符合公司需求；但這麼多性質類似的求職者，如果沒有個人特色，公司可能就挑最便宜的那個。

如果不想跟其他求職者打價格戰，你就必須**有一些普通人所沒有的經歷**，這裡說的經歷並不限於技術方面，舉例：

1. 完成 42k 全馬。
2. 熱愛極限運動。
3. 帶領團隊參賽得獎。
4. 有豐富的舞台表演經驗。
5. 積極參加各種比賽（ex：iT 邦幫忙鐵人賽）。

技術類型的面試可以透過刷題、精密的準備取得好成績；**但特殊經歷就不太可能是假的，它往往反映著一個人真實的人格特質**，如果這個人格特質受到面試官的欣賞，就算他的技術不是候選人裡面最優秀的，也可能被破格錄取，這就是所謂雙方的氣場很合拍。

製作履歷時可搭配「Ch31、Ch32 」，讓 ChatGPT 幫自己增加撰寫履歷的效率。

Tips

就算參加比賽沒得獎也可以列上去；如果得獎是對勇士的嘉獎，那參賽就是身為勇士的證明。

02

你要對自己的履歷瞭若指掌

如果為了履歷好看而放上參與度不高的專案、不夠熟悉的技術、不真實的自我介紹；
一旦遇上老練的面試官，你將會血流成河。

人在面對不擅長的事情時會慣性逃避，但隨著時間拉長，有些人不只忘記自己當年的逃避，甚至還把它放上履歷。

當求職者在毫無防備的狀態下被問到當年逃避問題時，最先可能有短暫的失神，而後為了填補這段尷尬的時間，開始胡言亂語創造歷史，把無能跟想要找藉口的醜態直接呈現在面試官眼前。

2.1 全端工程師的履歷範本

建議讀者在看完下面的履歷後，從面試官的角度來思考，自己會詢問哪些問題。

> 文章中的公司、專案皆為虛擬，如有雷同純屬巧合。

Dean Lin / 資深全端工程師 / **deanlin5288@gmail.com**

- 自我介紹
  - **擁有 6 年建構全端網站的實務經驗**：任職期間完成 9 個百萬級別、2 個千萬級別專案；擅長分析系統操作流程、資料庫規劃，熟悉 GIS、IPC 產業知識。

- 具備優秀的溝通能力：能有效統整客戶提出的需求，在了解對方的痛點後，經過協商給予合適的解決方案。
- 對系統品質的要求：遵循 Git Flow 進行開發，並在 CI/CD 的 Stage 中加入 Unit Test 確保功能穩定性。
- 善用專案管理工具：擔任 PM 時使用 Jira 與團隊跑 Scrum，藉此追蹤工作進度並維持專案品質。
- 自主學習：有做 Side Project 以及寫技術文章的習慣，至今已在 Medium、iT 邦幫忙發表超過 200 篇文章，累計瀏覽數超過 70 萬。
- 追求卓越：榮獲 iT 邦幫忙 AI & Data 組、Software Development 組佳作，並受出版社邀約出版專業書籍。

- 專業技能
  - **Frontend**
    - Vue.js：Nuxt.js & Vuetify & Vuex
    - HTML5、CSS、JavaScript
  - **Backend**
    - PHP：Laravel
    - Node.js：Express.js、AdonisJS
  - **Database**
    - MySQL、MSSQL、PostgreSQL
  - **PMIS**
    - Jira、Confluence、Trello、Slack

- 學經歷
  - **(1) 黑寶科技有限公司 / 資深工程師 / 2016.07 - 至今**
    - 代表性專案
      1. **XXX OTA 系統 / PM & Backend**
         提供管理者發布軟體、韌體更新的平台，客戶可透過此平台管理、監控機器軟硬體資訊。

2. **XXX 地圖系統 / Frontend**

   讓該單位脫離紙本作業，可在網頁上用地圖即時追蹤並管理物流資訊。

3. **XXX 點餐系統 / Full-Stack**

   讓客人掃描 QR Code 就可觀看菜單及點餐，也提供餐廳員工管理訂單的系統後台。

4. **XXX 資料庫系統 / Full-Stack**

   將過去單機版的程式改寫成網頁，讓更多工作人員共同維護；並整合過去冗贅資料表，優化使用者體驗。

◆ 工作內容

1. 專案管理

   與產品經理開會確認具體需求，與不同部門溝通整合資源；執行專案時搭配 Scrum 確保方向以及進度在規劃之中。

2. **Full-Stack**

   依 RESTful 原則設計 API，並撰寫高覆蓋率的 Unit Test 保證功能穩定性。

   按照 UI 工程師的 Mockup 設計網頁，並致力於優化效能、提供更好的使用者體驗。

3. **MIS**

   使用 EXSI 管理公司內部 Server，並架設 Gitlab 供軟體部門使用，熟悉 Nginx 服務設定。

4. 教育訓練

   向公司業務、產品經理介紹系統能幫客戶解決哪些問題，以期增加銷售業績。

   專案完成後向客戶介紹系統，準時結案並增加續約率。

- (2) 國立 **XXX** 大學 **/** 資訊工程系 學士 **/ 2011.09 - 2015.06**
  - 實習：肯尼資訊（RFID 研究）
  - 比賽經歷：全國大專盃 XXX 競賽（亞軍）、XXX 創業競賽（入圍）
  - 畢業專題：Google Map 旅費比一比

- 傑出事蹟
  - 自學 React Native 並開發了一款魔術 App，**上市第一週銷售額破 20W TWD**。
  - 撰寫網路爬蟲解決小編每天搜集資料的痛苦，並將開發過程投稿至第 12 屆 iT 邦幫忙鐵人賽，**榮獲 AI & Data 組佳作**。
  - 希望工程師都能找到自己應有的價值，因此將自己全端的學習歷程與職涯經驗投稿至第 13 屆 iT 邦幫忙鐵人賽，**榮獲 Software Development 組佳作**。
  - 受出版社邀約將爬蟲系列文章彙整成冊，**在預購期間便登上天瓏書局週暢銷榜 TOP2**。
  - 碰上有趣的想法就會研究相關技術，並將其寫成 Side Project 在 GitHub 上分享。
  - 將過去解決的問題、研究的技術整理成文章，至今已在 Medium、iT 邦幫忙發表超過 **200** 篇文章，累計瀏覽數超過 **70** 萬。

Tips

1. 盡可能一行只寫一句話，並且每行的長度差不多。

2. 將重要以及得意的事蹟整理成摘要放在開頭（ex：工作突出表現，競賽得獎，個人成就）。

3. **工作經歷呈現的內容盡量與你的職位正相關**，假使你是前端工程師、UI/UX 設計師，在履歷放專案的圖片很正常；但如果你是後端工程師、DevOps，在履歷放專案的圖片就會有點奇怪。

2.2 面試官從履歷中看到了什麼

接著我們來看，面試官在**每段履歷取得的資訊**，以及可能會產生的**疑問**。

你可以參考下面的範例，給自己模擬出一份面試考題。

> 如果發現自己很難揣摩面試官的思維，那不妨搭配「Ch34 用模擬面試為自己
> 佔據先機」，將履歷提供給 ChatGPT，要求他以面試官的角度來給你出題。

2.2.1 自我介紹的內容是否屬實

求職者自我介紹當然都往好的方向講，而面試官想要驗證它的真實性就是往下細
問（😀 代表面試官的疑問）。

- **擁有 6 年建構全端網站的實務經驗**：任職期間完成 9 個百萬級別、2 個千萬
  級別專案；擅長分析系統操作流程、資料庫規劃，熟悉 GIS、IPC 產業知識。

  😀 這些案子都是自己獨立完成的嗎？還是有跟同事一起合作？

  😀 你可以分享一個最近的專案，它的架構是如何設計的嗎？

- **具備優秀的溝通能力**：能有效統整客戶提出的需求，在了解對方的痛點後，
  經過協商給予合適的解決方案。

  😀 你會用什麼工具來統整客戶的需求呢？

  😀 可以分享客戶過去遇到哪些痛點，以及你如何解決的嗎？

- **對系統品質的要求**：遵循 Git Flow 進行開發，並在 CI/CD 的 Stage 中加入
  Unit Test 確保功能穩定性。

  😀 現在專案的 CI/CD 是如何使用的？

  😀 你的 Unit Test 會考慮哪些細節？

- **善用專案管理工具**：擔任 PM 時使用 Jira 與團隊跑 Scrum，藉此追蹤工作進
  度並維持專案品質。

😀 你們的 Scrum 是怎麼跑的？有遇到什麼問題嗎？

😀 你認為用 Scrum 跑專案有哪些好處跟壞處？

■ **自主學習**：有做 Side Project 以及寫技術文章的習慣，至今已在 Medium、iT 邦幫忙發表超過 200 篇文章，累計瀏覽數超過 70 萬

😀 你的 Side Project 靈感是如何誕生的？

😀 最近發表的文章有談到哪些技術呢？

■ **追求卓越**：榮獲 iT 邦幫忙 AI & Data 組、Software Development 組佳作，並受出版社邀約出版專業書籍。

😀 你是利用什麼時間來完成這些成就的？

😀 追求卓越的過程是否有影響到日常工作？

😀 有哪些動力讓你在疲憊的時候可以繼續堅持？

2.2.2 從專業技能中，了解你對這些技術理解的深度

■ **Frontend**

- Vue.js：Nuxt.js & Vuetify & Vuex

  😀 請說明你現在專案用到的前端框架。

  😀 如何判斷專案要使用 CSR 還是 SSR？

- HTML5、CSS、JavaScript

  😀 在使用後端的資料前，你有先做驗證嗎？

■ **Backend**

- PHP：Laravel

- Node.js：Express.js、AdonisJS

  😀 請簡述 Node.js 的 Event Loop。

  😀 你會的後端框架不只一個，可以說明一下它們之間的差異嗎？

  😀 在正式 API 完成前，如何讓要串接的工程師不要空等？

    😕 設計 API 時會考慮哪些點？

- **Database**
  - MySQL、MSSQL、PostgreSQL

    😕 面對商品秒殺，有哪些方式可以避免超賣？

    😕 面對高併發的系統，會採取哪些措施？

    😕 關聯式資料庫與 NoSQL 的差異有哪些？

    😕 在設計 DB 時你會考量哪些點？

2.2.3 從學經歷更近一步確認履歷的真實性

- **(1) 黑寶科技有限公司 / 資深工程師 / 2016.07 - 至今**
  - 代表性專案

    😕 分享一個過去工作中你印象最深刻的專案。

  - 工作內容

    😕 描述一下你在這份工作中擔任的角色、負責的任務。

    😕 我看你在這間公司發展的挺不錯、也很穩定，為什麼會考慮新機會？

- **(2) 國立 XXX 大學 / 資訊工程系 學士 / 2011.09 - 2015.06**
  - 比賽經歷：全國大專盃 XXX 競賽（亞軍）、XXX 創業競賽（入圍）

    😕 在比賽的團隊中，你擔任什麼角色？可以簡單說明一下得獎的作品嗎？

2.2.4 在傑出事蹟中了解你做事的動機

- 自學 React Native 並開發了一款魔術 App，上市第一週銷售額破 **20W TWD**。

  😕 請你花一分鐘介紹這個產品給我們認識。

- 撰寫網路爬蟲解決小編每天搜集資料的痛苦，並將開發過程投稿至第 12 屆 iT 邦幫忙鐵人賽，榮獲 **AI & Data** 組佳作。

😀 為什麼會想要參加這個比賽，是什麼動力讓你完賽的？

■ 希望工程師都能找到自己應有的價值，因此將自己全端的學習歷程與職涯經驗投稿至第 13 屆 iT 邦幫忙鐵人賽，**榮獲 Software Development 組佳作**。

😀 怎麼會想參加第 2 次呢？這次比賽有新的收穫嗎？

■ 受出版社邀約將爬蟲系列文章彙整成冊，**在預購期間便登上天瓏書局週暢銷榜 TOP2**。

😀 你花了多久時間寫這本書？在寫書的過程中，工作與生活是如何平衡的？

■ 碰上有趣的想法就會研究相關技術，並將其寫成 Side Project 在 GitHub 上分享。

😀 你所研究的技術非常多，不覺得這樣學得有點太雜了嗎？

■ 將過去解決的問題、研究的技術整理成文章，至今已在 Medium、iT 邦幫忙**發表超過 200 篇文章，累計瀏覽數超過 70 萬**。

😀 為什麼要分享技術給大家，不覺得在增加自己的競爭者嗎？

2.3 寫好履歷後要做的功課

你可以美化履歷，但內容絕對要真實。

2.3.1 檢查寫好的履歷是否有如下問題

■ 錯別字

　● **自己先檢查兩遍以上**

　　自動選字在加快打字速度的同時，也產生了**非常多的錯漏字**；最常見的如「在、再」不分這類諧音字的錯誤，自己檢查兩遍一定會發現有很多這類的問題，如果不放心也可以多**複誦幾次**直到通順。

- 請親友檢查

  看自己寫的東西一定有盲點，大腦會將熟悉的資訊自動補全，所以有些明顯的問題就算檢查多次卻依然被忽略；但這些問題在第一次閱讀的人眼中是非常容易找出來的。

■ 專有名詞混亂

- 專有名詞不統一、大小寫錯亂

  像 JavaScript 就是一個很好的範例，因為它的表達方法太多了，如：「JavaScript、Javascript、javascript、JS、js」，儘管大家都看得懂你想表達的意思，但如果**履歷中多次使用到專有名詞，請一定要統一規則**，建議比照官網最沒有風險。

■ 排版問題

- 履歷格式讓人難以理解

  儘管履歷沒有絕對的撰寫格式，但如果你的履歷有時間軸錯亂、用詞艱澀、看不到重點的慘狀，請先參考本篇文章的履歷範本完成一個初稿，再進行後續的優化。

- 字體不統一

  有些履歷會使用多種字體，像是大標用華康、次標用圓體、內文用黑體；但老實說，除非你對自己的美學很有把握，不然這樣的設計容易降低閱讀體驗，安全牌就是**統一使用微軟正黑體**。

- 每個段落格式不統一

  「大標、次標、內文」的字體及大小要統一，上下行距、段落間隔、標點符號全形半形，以及左右邊界的設定也要注意，盡量讓讀者有一致的閱讀體驗。

2.3.2 不要寫自己沒有把握的內容

很多人為了讓自己的履歷好看一點，會把略懂的技能都寫上去，營造出自己是一個全才的假象；但除非你真的是全才，不然建議只放自己最熟悉的部分，萬一因為自己營造的假象而獲得 Offer，我認為這才是雙方悲劇的開始。

你敢放到履歷上的東西都要經得起對方的詢問，就算對方詢問 3 年前的專案你具體負責哪一塊、使用什麼架構，你都要能倒背如流；至於**不復記憶的專案我建議就不要放了**，那根本是挖坑給自己跳。

2.3.3 用面試官的角度看自己的履歷

我強烈建議在完成履歷初稿後，要先用「2.2 面試官從履歷中看到了什麼」的方式來模擬面試官思維，以此反思：

1. 履歷中的每段資訊是否都有存在價值

切記不要流水帳說明專案的細節，履歷只是大綱，面試官會挑自己感興趣的詢問。

2. 對自己的描述是否有具體事證

很多人會說自己是個「自律性高，具備主動學習能力」的人才；但卻沒有舉出具體事證。如果要寫，可以參考下面的範例：

- **自律性高，具備主動學習能力**：下班後鑽研技術，並將研究成果定期發表到部落格，已在 iT 邦幫忙、Medium 平台上發表超過 200 篇文章。

3. 裡面放的技術、經歷有辦法接受考驗嗎

如果發現從技術、經歷所衍生出的問題是你無法應對的，千萬不要心存僥倖把它放上去。

4. 這份履歷有吸引力嗎

一個跟你毫無關聯的陌生人，在看到這份履歷時會燃起：「我一定要認識這個人！」的想法嗎？

5. 履歷的陳述方式是否會讓人反感

你也許真的很強，但在履歷中請不要表現得過度自負；你可以重點說明自己對團隊的貢獻，但千萬不要刻意強調其他人的失敗。

如果上面 5 點無法全部滿足，就代表還有調整的空間。

◀᳁ 筆者碎碎念：

我相信這個章節中提到的問題，也是很多人在真實面試環境中會遇到的，所以在「PART 3~7」會跟各位讀者分析為什麼面試官會提出這些問題，同時給予參考的回答，並分析可能會一同出現的衍伸問題。

用簡報讓面試官集中注意力

同樣是電視劇，難看的連一分鐘都看不下去，好看的卻能讓你廢寢忘食地去追；
同樣的道理也能放到簡報上面。

我想很多人都聽過木桶理論，一個木桶可以裝多少水是取決於最短的木條；但木桶不一定要正著放，如果你把木桶斜放，**只要角度正確了，能裝多少水就取決於最長的那根木條。**

面試的時候也一樣，盡量發揮自己的長處，簡報可以引導對方問你知道的問題，而非不熟悉的問題。

3.1 準備面試簡報有哪些好處？

在說明好處之前，我還是先提醒一下，並不是**每場面試你都有機會把簡報拿出來講**；每間公司的面試流程不同，我建議在對方請你做自我介紹時詢問：「我這邊有準備一份簡報，請問我可以用它來做自我介紹嗎？」

3.1.1 延長對方認識你的時間

如果你今天面試的是「Senior Engineer、Tech Lead、Project Manager」這類的職位，無論是基於人事成本還是組織營運的考量，絕大多數的公司都願意花多一點時間來評估這個人選是否合適。

大部分面試的時間長度會落在 0.5~2 小時之間，當然時間長短沒有絕對的好壞，但可以作為對方是否對你感興趣的指標之一；而「面試簡報」如果做得好，是可以**大幅提升面試官對你的興趣，同時延長此次面試的時間長度**；如果你本身是個有料的人，對方越認識你，其實你是越佔據談判優勢的。

3.1.2　幫面試官畫重點

面試官手上的是**文字為主的紙本履歷**，其實能夠進入面試階段，你跟對手的能力都大同小異；甚至有些面試官直到面試當下才開始瀏覽求職者的履歷，假設你是今天面試的第五位求職者，他在聽你說話的當下或許已經精神不濟，如果你想要讓面試官在疲乏的面試**中精神為之一振**，簡報就是非常好的辦法！

好的簡報能讓對方重點了解你的技能、經歷、個人特質，大幅**強化面試官對資訊的吸收能力**。

3.1.3　讓每次面試都能穩定發揮

有些人一面試就緊張，一緊張原本滾瓜爛熟的自我介紹通通忘光光；就算是面試老手，也常在面試中漏講了一兩個重要經歷。

但只要你有準備簡報，並在**備忘錄**中寫好每一頁的應對進退，我相信你能做出最接近完美的表演，面試簡報不僅是幫面試官畫重點，更是**幫助自己在每次面試都能穩定發揮的武器**。

3.1.4　引導面試官提問方向

我們可以利用人類本能，當大腦有一條輕鬆的路可以走，它往往會直接選擇這條路。

在有面試簡報的狀態下，面試官往往會放下手中的紙本履歷，把注意力集中在你的簡報上；此時**你是掌握話語權**的人，面試官的**提問也會集中在簡報所呈現的資訊上**，只要你對簡報的知識瞭若指掌，面試官就會下意識地認為你已經掌握履歷上的所有知識。

> 如果白板題答得不夠好，但在簡報中與面試官的問答流暢，有些面試官就會腦補你是因為緊張而導致白板題發揮不良；**透過放大優點、縮小缺點的策略，就能提高獲得 Offer 或是取得下一輪面試的機會！**

3.1.5 遠端面試必備

因為疫情關係，有不少面試都改為遠端，而遠端面試常常會遇到以下問題：

- 視訊時鏡頭模糊
- 聲音受到干擾
- 肢體語言表達被限制

而上述這些常見問題用簡報就能有效解決：

- 視訊時鏡頭模糊 → 用螢幕分享自己的簡報，畫面清晰。
- 聲音受到干擾 → 即使有時聲音受到干擾，面試官也能從簡報腦補你大概描述的內容。
- 肢體語言表達被限制→ 在簡報你可以放上相關的佐證圖片，彌補無法用肢體語言的缺點。

3.2 簡報要有哪些內容

我不敢說自己的簡報做得很棒，只能說這份簡報有傳達**重點內容**；後續美化的部分，建議讀者參考其他大神。

> 參考我的描述，不要參考我的美術。

3.2.1 首頁大綱

- 放上你認為最棒的照片（形象照）
  - 工程師請放上讓人**第一眼看到就覺得專業**的照片，學士照、證件照相對來說不合適，生活照則很看面試的公司。
  - 再次建議請**專業人士**幫忙拍照，有質感的照片是值得花錢的。

- 簡報大綱
  - 在首頁放「簡報大綱」的目的，是為了讓面試官對你接下來分享的內容有**心理預期**。

圖 3-1 簡報大綱

3.2.2 專業技能

- 把最強的專業放上去
  - 放上去的專業**絕對要經得起考驗**，面試官十之八九會從這裡出題目。

- 建議使用 **Logo** 代替技術名稱
  - 這是一個小技巧，相比於文字，圖片在畫面佔的比例更大，會讓人產生一種你有豐富技能的錯覺。

- 記得解析度要找差不多的，並且 Logo 格式要有**一致性**（ex：都是長方形）。

圖 3-2 放上自己最強的專業技能

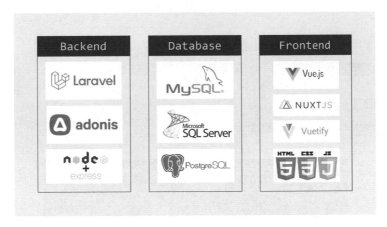

圖 3-3 用 Logo 代替技術名稱

3.2.3 工作經驗

這裡我會挑選過往工作中，自己參與度最高、最具代表性的幾個專案，如果你的工作以維護系統為主，則可挑選幾個重要的 Feature。

我個人會把簡報**大部分的時間放在分享工作經驗上面**，畢竟硬實力才是最重要的。

- 簡述專案
  - 建議擬逐字稿，**字數最多不超過 100 個字**，只講代表性功能即可。
  - 如果有獲得特殊成就（ex：成為指標性專案、上知名排行榜），可以在結尾時重點強調。

- 在工作 / 專案擔任的角色
  - 你擔任 Full-Stack / Frontend / Backend / MIS / PM ？
  - 有需要跟客戶或是其他部門溝通協調資源嗎？

- 這個專案用到什麼特別的技術
  - 為什麼用到這個技術，它解決或完成了哪些 Feature。

- 你曾經解決過什麼問題
  - 簡述遇到的問題以及解決方式。

圖 3-4 放上自己最得意的工作經歷

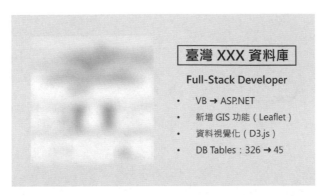

圖 3-5 在專案擔任的角色、使用的技術、解決的問題

3.2.4 分享知識

這邊筆者用**部落格**來舉例，讀者可以自行替換成**讀書會**、**技術分享會**、**線上技術社團**⋯

> 如果能力與時間所及，我非常建議讀者經營部落格，在分享的過程中會得到更精煉的知識。

- 表達自己是樂於分享的人
- 用實際案例證明自己持續學習
- 側面說明自己有很棒的文字表達能力

圖 3-6 展現自己樂於分享的一面

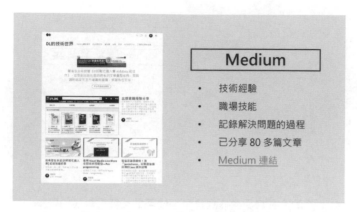

圖 3-7 透過分享知識來持續精進自己

3.2.5 傑出表現

在這個 PART 要強調下面 2 點，讓面試官對你產生強烈印象：

1. 表現自己的人格特質。
2. 要有獨特性與記憶點。

舉例：

■ **連續寫超過 700 天的部落格**

這個行為會讓人覺得你是一個非常有**恆心**、**意志力**的人。

■ **參加技術比賽得獎**

會相信這個人的**技術力**沒問題（所以該報名鐵人賽啦～）。

■ **下班後自學新技術，解決生活中遇到的問題**

是個**自驅力很強**的人，並且有**解決問題**的能力。

圖 3-8 苦心人，天不負

圖 3-9 放上自己最得意的傑出成就

3.2.6 總結頁面

■ **再次強調簡報的重點**

如果前面講太多，面試官一路聽下來也會消化不良，你在這裡要幫他們把**重點中的重點**呈現出來。

■ **只要面試官沒說，你就不要把簡報關掉**

大部分的面試官會請你回到「專業技能、工作經驗」的頁面，從簡報的內容來提問；只要走到這一步，這份簡報就充分發揮它的價值了。

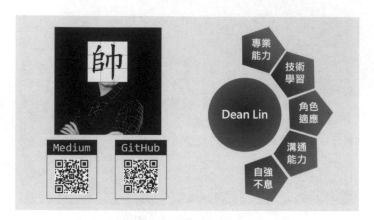

圖 3-10　簡報總結

3.3　有效提升簡報穩定度的 4 個方法

3.3.1　善用「備忘錄」

在簡報投影時，你可以光明正大的看著「備忘錄」上的小抄，下面推薦兩個適合放進去的內容：

- **簡報註解**
  - 放重點即可，如果放太多內容或是逐字稿，有時講起來反而不順。
    > 這塊因人而異，選擇能讓自己表現最好的方式即可。
  - 每次面試結束後，請在記憶猶新時不斷優化它。

- **專業知識**
  - 像是面試官問到後端框架的問題時，你可以很自然地切換到那頁簡報，看備忘錄上的**關鍵字**提醒自己回答方向。
  - 有些技術的專有名詞很難記或是不好唸，你可以放上去讓敘述起來更加流暢。

3.3.2　一定要事前演練多次

做完簡報只是一個開始而已，你要透過多次的演練來了解：

- 簡報所需時間
- 我容易在哪個環節卡住
- 是否有前後不一的內容
- 是不是有贅詞、口頭禪

在能夠獨自把簡報講得通順後，我建議要**找周圍的親朋好友實際演練**，畢竟對著螢幕講話跟對著真人講話，兩者難易度還是差很多的；同時你也可以藉此得到對方的反饋，了解哪些部分需要調整。

3.3.3　要能夠隨機應變

筆者的面試簡報一共有 16 頁（會根據公司、職缺來調整頁數和內容），報告時間會抓在 5~10 分鐘之間，根據不同的面試對象，我會調整**重點**講述的內容。

- **技術職面試官**
  分享專案使用過哪些技術，用技術解決過哪些問題。

- **市場行銷的面試官**
  分享與客戶溝通的經驗，解決過客戶哪些痛點。

- **公司高層**
  分享跨部門溝通的經驗，像是用什麼方法整合不同部門的需求，提出雙贏的方案。

3.3.4 依據面試公司客製化內容

如果你行有餘力，並且對面試的公司有極大興趣；我建議你的簡報可以客製化，以符合該公司職位所需內容。

如果這樣做，面試官就不用去思考你的能力哪些是公司需要的，哪些是不需要的；反而會覺得你真的很適合這份工作，以此大幅提升錄取率。

> 如果有依照產業客製化履歷、自我介紹的需求，那一定要參考「PART 9 讓 ChatGPT 成為你的職涯推手」，讓自己做事更有效率。

◀》筆者碎碎念：

面試簡報的製作及提醒到這裡就告一個段落了，**現在會準備面試簡報的人還不算多，如果你有準備就會立刻凸顯自己的優勢**，很多人會説面試的自我介紹不要超過 3 分鐘，因為説太多面試官會記不住。

但有了這份簡報後，我個人認為把自我介紹的時間拉長至 5~10 分鐘都還算合理；但請記住，**你所呈現的內容必須全部都是精華**，冗詞贅句的 10 分鐘簡報，比 1 分鐘沒重點的自我介紹更慘。

PART **2**

面試前的準備

事前準備看似浪費時間，但從長遠角度來看，這是非常划算的投資。
如果進入一間不適合自己的公司，你的人生可能被耽誤好幾年。

Ch4 了解自己的市場價值，分析面試管道優劣
走出舒適圈，看見自己的盲點，並了解不同職涯階段適合的面試管道。

Ch5 做好自我檢核，面試就是上戰場
為了讓讀者在每場面試都能表現出穩定的水準，這篇文章將分享筆者
面試前的檢核表。

Ch6 跳槽加薪常見的 7 個問題！
現實生活不是遊戲，人生沒有那麼多試錯的機會；但如果有「過來人
的經驗」可以參考，我們就能做出更適合自己的選擇。

Ch7 準備好要詢問公司的問題，面試就是資訊戰！
除了公司要了解你之外，你也要了解公司，如果在沒問清楚的狀況下
入職，那就只是一場賭博。

Ch8 留任還是離職？看完這篇再決定！
不要被一時的情緒帶著跑，冷靜思考對自己的職涯而言，現在做什麼
才是最佳選擇。

Ch9 工程師選擇公司要考慮哪些細節？常見迷思分享
繼續當工程師還是轉管理職？要繼續待在同一個產業嗎？大公司跟小
公司哪個比較好？就讓這篇告訴你選擇公司時要考慮的種種細節。

了解自己的市場價值，分析
面試管道優劣

有實力不代表想做什麼就能做什麼；而是不想做什麼就不做什麼！

面試是用來衡量自己市場價值的方式，有時無法成長未必是不夠努力，而是被產
業限制了發揮。

4.1　了解自己與市場的差距

有些人認為「面試」是一種對公司不忠的表現；但我認為面試是一種「提醒」自
己與市場差距的行為。

4.1.1　了解市場所需具備的技能

每個產業都有自己的 Know-how，如果在同一個產業待太久，你的思維與技能也
會被限縮在這個產業之中，舉例如下：

- **接案公司**

  在熟悉一個可以順利結案的 SOP 後，往往後面的案子也會依照這個 SOP 進
  行；而且接案通常都有時程壓力，所以**不求有功，但求無過**的心態會讓人避
  免加入不熟悉的技術，時間一拉長，你的技術可能就與社會脫節了。

- **傳統產業**
  大部分會接觸到的是該產業的管理系統，主要使用者都來自企業內部，通常這類系統比較沒有開發時程的壓力；但因為系統先天就是為了企業服務，所以**較少接觸到大流量**的情境。

- **新創公司**
  依照你進去的時間點會面臨到不同的問題，但通常要面臨前期快速開發累積的技術債，而且因為是新創，許多**流程與體制都相對不完善**。

除非你打算在某個產業一路走到老，不然我建議**透過面試去了解不同產業所需要的技能**；時刻保持憂患意識，我們並不知道自己還能待在舒適圈多久，也無法確定現在賴以為生的技能在幾年後是否會被產業淘汰。

4.1.2 確認自己的行情

我相信絕大多數人都不滿意現在的薪水，認為自己值得更高的行情；那既然你有這樣的想法，為何不直接去面試？

每間公司的調薪制度不同，如果你在規定一年調薪不得超過 5% 的公司上班；即便立下汗馬功勞、一個人扛下整個部門的任務，幾年下來薪水也會落後市場很多，而透過面試你可以很清楚地知道：「這些年來自己累積的是**年資還是實力**。」

4.1.3 思考現在的公司是否適合自己

▌ 在同個框架下待太久，你會誤以為外面的世界都長一樣。

「繼續待在原本的公司，還是要出去闖蕩？」這個問題隨著年齡的成長，你會更傾向於前者的選擇；因為比起獲得，人類更害怕失去。

但生命只有一次，你的選擇也不是只有一個；為什麼不透過面試來探索不同的產業呢？

面試其實是一個低成本的嘗試，在這個過程中，你可以思考自己感興趣的產業、適合的公司文化，並看看外面的世界如何運行。

4.2 我們能從面試獲得哪些好處

儘管準備面試很累，請特休寫「私事代辦」還要被追問；但我相信每場面試都有你能學到的東西。

4.2.1 看到自己的盲點

▌ 真正的勇士敢於直面慘淡的人生，敢於正視淋漓的鮮血。── 魯迅

比起順風順水的面試，**我更期待自己被問到啞口無言的面試**；因為後者往往能看到自己更多的盲點。

在習慣現在的工作模式後，我們通常會選擇自己最有把握的方式來解決問題；久而久之，我們成長的只有年資，所擁有的只有這間公司所需要的技能、以及公司裡面的人脈；如果沒有足夠的外力刺激，這個**溫水煮青蛙的過程，會讓人變成庸才而毫不自知。**

通常我們周圍的朋友也是同溫層居多，他們並不具備指出你身上盲點的能力；而面試卻是一個非常棒的機會，因為對方不認識你，所以沒有預設立場，為了確保你是合適的人選，他們**問的問題可不會那麼客氣**，這樣的做法反而可以**讓你知道自己所忽略的盲點。**

4.2.2 提升自己的表達能力

▌ 如果沒有事先思考過，就算是自己熟悉的議題，也常常會不知從何說起。

在面試過程要不斷展示自己的價值，並且要能**讓初次見面的人輕鬆吸收你想傳達的資訊**，你可以先嘗試下面幾道簡單的題目，看看自己能否流暢回應：

- 你可以說明一下最近專案的系統架構嗎？
- 在資料庫設計上，你會注重哪些細節？
- 過去工作上有遇過哪些挫折，你是如何面對與解決的？

上面的題目都算是常見面試題，但如果用口語表達其實很容易卡住；**並不是回答不出來，而是大腦想要表達的資訊量太多**，導致表達的內容斷斷續續缺乏邏輯體系。

在後續 PART 3~PART 7 的文章中會舉出一些面試題作為範例，讀者可以參考筆者回答的思路；相信這些問題只要你本身硬實力夠，**有空的時候刻意練習**，通常在經歷幾場面試後，就能掌握回答的方式並瞭解面試官想得到的資訊。

4.2.3 保持危機感

在工作崗位上認真負責的人，容易有「英雄情結」；他們覺得公司是靠自己撐起來的、專案少了自己肯定做不成。

但事實真的是如此嗎？這個答案在你請假的時候就會知道了（大於 2 天），假設你已經跟職務代理人做好交接：

- **完全沒有被公司打擾**

  那就證明公司少了你也沒差，有時我們太高估自己的重要性了，總以為自己不可替代。

- **電話接被打爆、私訊被灌爆**

  ＯＫ！你真的是公司的英雄，少了你公司就難以運轉；但面對這個結果你應該要更擔心，**因為公司的體質太弱了，缺乏抗衡風險的能力**。

無論是上面哪個結果，相信都能給待在舒適圈的人一個警鐘。

4.2.4 增加自己的談判籌碼

有些公司在明知你有卓越貢獻的狀態下也不願意加薪，甚至拿著成績單去找上級，也會被以公司制度為由只能微幅調整，如果對這間公司還有留戀；**我的建議絕對不是什麼加強向上管理能力，或繼續努力總有一天會被發現的廢話**，因為這些做法是否有效完全取決於上級的良心。（往往都沒什麼良心ＱＱ）

與其長期投資一個不確定的未來，又將最終決定權交到對方手上，還不如自己主動獲得談判權；如果在其他公司拿到不錯的 **Offer**，不僅可以做為跟公司談判的籌碼，也保留了談判破局的後路。

實際在談判時，筆者建議用比較委婉的方式跟上級溝通，比如：「我不是很在意錢，只是最近剛好遇到了 **XXX** 的機會，他開了 **YYY** 的薪水讓我了解到自己的市場價值；但比起那些，我更想要留在這間公司跟大家繼續打拼，想了解有沒有調整的空間。」

> 📌 警告：
>
> 這個是殺手鐧，一間公司大概用一次就是極限了，**即使是暗示也沒有人喜歡被威脅**；部分公司會因為這些話給你貼上「不忠」的標籤，絕對要經過謹慎分析與思慮後再使用這招。

4.3 面試有哪些管道？各自的優劣？

前面說了那麼多面試的好處，現在讓我們來了解不同面試管道的優劣吧～

4.3.1 自己投遞履歷

- 優勢
  - 目標明確

    你一定會先找自己感興趣、或是能力符合的公司投遞履歷；所以不會出現你對這間公司一無所知就去面試的狀況。

- 缺點
  - 已讀不回

    你感興趣的職缺，通常很多人都感興趣，因此你要有履歷經常石沈大海的心理準備。

  - 需要更多的時間準備

    通常得依據對方公司的需求客製化自己的履歷，以提高獲得面試通知的機率（不過現在有了 ChatGPT，我們可以用更有效率的方式來完成客製化履歷）。

  - 不確定因素較多

    除非是大公司或是網路聲量高的公司，不然相關的薪資待遇、公司文化都無法事先得知。

4.3.2 公司主動找

- 優勢
  - 擁有話語權

    如果能力符合對方需求，在談薪資待遇時會有更多優勢。

  - 提前知道職缺的基本資訊

    在收到人資的電話後，你可以先在電話中詢問該職缺的基本資訊，以此快速判斷這個職缺是否適合自己。

■ 缺點

● 不理解內部情況

合格的人資不可能批評自己的公司，就算真的有問題也會將其美化，所以很難從人資那裡得到太多內部的真實資訊。

4.3.3 朋友推薦

■ 優勢

● 了解內部狀況

進去後有朋友照應，可以快速熟悉環境。

● 錄取率超高

只要技術不要太差，面試就只是走個過場。

■ 缺點

● 友情未必能保全

能當朋友未必適合當同事；如果在工作上合作不愉快，往往連朋友都當不成了。

● 地位差距造成的心理負擔

當朋友時你們是平輩，但如果進入公司後你變成朋友的下屬，在這樣的狀況下，你的心態是否能保持平衡？（友誼的小船說翻就翻ＱＱ）

> **♪ 友情提醒：**
>
> 如果把以前的主管、同事或是朋友找來當下屬，請先做好評估，確認自己在工作上可以跟他們有良好的溝通與合作。
>
> 工作既競爭又辛苦，你要找的是能幫自己的助力，而不是阻力。

4.3.4 獵頭推薦

- 優勢

  - 情報完整

    獵頭手上的公司非常多，所以他們對公司內部的文化氛圍、工作模式較不會避而不談；優秀的獵頭對公司的了解程度甚至高於公司的人資，你想問的問題，只要在合理範圍內他們都很樂意為你解答，比如：

    - 完整的面試流程與考古題
    - 公司內部的真實環境
    - 公司的核薪邏輯（事先知道 $$ 的範圍是很重要的）
    - 部門的工作氛圍

    有些獵頭是固定幫某幾間公司做招募的，因為他們過去推薦的人才已經進去任職，所以會有更即時的消息來源。

  - **有人幫你先做初步的篩選，錄取率相對高**

    他們會找你，通常是因為你符合他們手上 JD（職位描述）的條件，而你也可以從這些 JD 中挑選符合自己期望的公司去面試，這種媒合方式省去了自己大海撈針的時間。

- 缺點

  - **你需要在短時間證明自己**

    當你錄取後，公司需要支付一筆錢給獵頭，有些公司與獵頭的合約上載明：「如果錄取人員的工作能力在 3 個月內未達要求，獵頭必須尋找替補人選。」也就是說你必須是真正的即戰力，不然可能做不到 2 個月就被 Fire。

做好自我檢核，面試就是上戰場！

千萬不要在毫無準備的狀態下奔赴戰場！

面試已經是充滿未知數的戰場，如果你到了戰場才發現自己把裝備忘在家裡，那不就是**自尋死路**嗎？筆者將在這篇文章分享自己**面試前的自我檢核表**，面試不求超常發揮，但至少不要犯下低級錯誤。

5.1 確認以下內容你已極度熟悉

■ 履歷所有的內容

再次確認履歷中所呈現的資訊都在你回答的守備範圍，如果不確定自己是否能夠應對，那請**找一個在相同業界，並且比你強的朋友來模擬面試**，如果朋友擔任 Tech Lead 又有面試人的經驗會更好。

不過如果你覺得請朋友幫忙會欠人情，花錢請業界高手又會傷荷包。

那不妨嘗試看看「Ch34」的方案，讓 ChatGPT 扮演面試官，以此熟悉各種可能會被問到的問題。

> 不過這並不能完全取代真人模擬面試，畢竟除了專業知識外，臨場感也是需要鍛鍊的。

- 中文自我介紹

  面試就是一場表演，所以強烈建議**撰寫逐字稿**，如果你不清楚現在的自我介紹是否合格，**請找一個非相關科系的親友來聽**，如果他聽的過程想睡覺，就代表還有需要改善的地方；好的自我介紹是會讓陌生人都對你產生興趣的。

  > 並不是每場面試都能用簡報自我介紹，所以請準備一份 1~3 分鐘純口說的版本。

- 英文自我介紹

  不管面試的職缺對英文要求為何，你都要**準備一份倒背如流的英文自我介紹**；現在網路上的資源很多，你可以模仿他人的自我介紹來改寫，又或者付費請人幫忙優化內容，千萬不要以自己英文不好為藉口不準備。

  Tips

  可以參考「Ch32、Ch33」的章節，用 ChatGPT 幫你產出有一定水準的英文履歷＆英文自我介紹。

5.2 面試要帶的東西

1. 紙本履歷

- **避免面試官沒有履歷的窘境**

  儘管面試官手上有履歷應該是一件理所當然的事情，但筆者也遇過**人資忘記給面試官履歷**，讓面試官在對你一無所知的狀態下進行面試；老實說這樣的面試效率極低，而且也側面說明這間公司的行政流程可能存在瑕疵，如果有選擇的機會，建議不要去這種公司。

- 凸顯自己的特色

  因為一般人力銀行產生的履歷都比較制式化，所以我會**做一份凸顯自己優勢的紙本履歷**，並且在面試期間隨身帶 5~10 份防身；這份履歷我會視現場狀況給面試官，畢竟有些面試官一上來就先考你白板題，通過後才給你自我介紹的機會。

- 作為備忘錄，降低緊張感

  有些人面試容易緊張，如果桌上放一份履歷當小抄就會心安許多。

2. 證件（身分證、健保卡）

- 有些公司門禁森嚴，必須要換證件才能上樓；如果你**沒有攜帶，真的連面試的資格都可能被取消。**

3. 茶水

- 並不是所有公司都會給求職者準備茶水，**但有些面試可能一聊就長達兩個小時**；在沒水喝的情況下長時間面試，狀態會逐漸下滑。

4. 筆記本

- 紀錄面試官的提問

  有些面試官會一次提出很多問題，如果你沒有記錄下來，**很容易回答了前面兩題，後面的全都忘光了。**

- 紀錄面試官給的建議

  面試官給你提出建議的時候，如果你一邊點頭一邊寫筆記，會讓對方覺得你很重視他所説的話，**增加面試好感度。**

> **Tips**
>
> 就算對方説的你都懂，也不要隨便打斷他的話來展現自己的學識，大部分的人不喜歡跟傲氣的人一起共事。

5.3 每場面試前都要做的基礎檢核

1. 公司名稱

- **千萬不要講錯**

  如果你把面試安排得非常密集，那再進行下一場面試前，請先看清楚對方的公司名稱，避免在面試過程中講錯。

- **中文英文都要知道**

  有些公司的中英文名差異極大，你一定要事先調查，避免對方提及時自己搞不清楚狀況，還誤以為是競爭對手的公司。

2. 公司產業

- **了解概況**

  能說出為什麼來面試、公司在做什麼、對公司哪裡感興趣、自己的專業能幫上什麼忙。

  上面的答案需要花一點時間來準備，但如果這塊準備好，就能快速建立公司與自己的連結。

> **⚐ 說話的藝術：**
> 在面試過程中，筆者建議**用較謙虛的態度**表達自己有事先做過調查，讓對方瞭解為了這個面試你有特別準備。

3. 服裝儀容與氣味

- **服裝**

  不管產業，男生西裝、女生套裝基本上不會有大問題；如果經濟允許，盡**量穿合身的衣服**，如果衣服尺寸不合，會給人一種渙散、不專業的觀感。

- 儀容

  進入面試的會議室前，記得**先去洗手間照個鏡子**，確認臉上沒有擦汗留下的衛生紙屑、牙齒沒有卡住的菜渣、鼻孔沒有噴出的鼻毛；如果犯了以上錯誤，說實在面試官很難集中注意力在你的專業上面。

- 氣味

  我建議**噴一點淡香水再進去會議室**，整天在外奔波難免流了一身汗，第一次見面就是「汗味戰士」真的很不 OK；建議**隨身攜帶漱口水 or 口香噴劑**，有些面試官會因為對方有口臭而不錄取。

  > 日本曾有個實驗，讓 Model 混在大學生中參加面試，結果錄取的都是 Model。儘管這個實驗有點極端，但打理自己，把自己最好的一面展現出來是很有必要的。

4. **面試時間、地點**

- 時間

  如果發現人資給你的面試時間跟電話中說的不同，記得要立即反應並確認**正確時間**，筆者真的遇過發錯的！

  最好提早 10~15 分鐘抵達，除了可以舒緩緊張、整理思緒外，在夏天也能讓衣服的汗漬早點消失。

- 地點

  不要跑錯面試地點了，有些大公司的一面、二面、三面都在不同的地點，千萬要看清楚地址再出發。

  建議選擇能掌握時間的交通工具，我非常不推薦用公車前往面試地點，因為交通路況太難掌握。**如果你在台北，捷運是我最推薦的交通工具**，因為不用考慮塞車問題且發車時間穩定。

5.4 遠端面試注意事項

因為疫情，許多面試都改為遠端（ex：Zoom、Google Meet），這裡跟大家分享一些技巧與觀點：

1. **在開始前確認雙方的聲音、畫面都是清楚的**
   如果面試官的聲音模糊或太小聲，**一定要即時反應不要怕**；如果你聽不清楚題目，怎麼可能有辦法回答得好？

2. **盡量找有乾淨背景、合適光源的場地**
   如果在家進行遠端面試，請盡量找**乾淨的背景**，或是使用內建的虛擬背景；同時注意光源，**如果背光你的臉會黑掉。**

   ▎ **小提醒**：在網路環境不佳的環境下使用糊化背景，你的人也會被糊化。

3. **盡量找安靜的環境**
   如果周圍環境音太多會嚴重影響面試品質；如果在家面試，要提醒家人不要在面試時打擾自己。

4. **比照現場面試的服裝儀容**
   不要因為遠端面試就隨便，穿著正裝是一個基礎禮貌；而且**穿著正裝時，也會給自己一個這是重要會議的心理暗示。**

5. **最好有雙螢幕**
   這樣你在分享螢幕時較不容易錯亂，同時也方便即時做筆記、看小抄。

6. **不要在上班時間偷偷面試**
   這是基本的職場倫理問題，而且這樣做還要擔心會不會面試到一半，突然被公司奪命連環 Call，導致無法百分百投入面試，**要面試請乖乖請假。**

跳槽加薪常見的 7 個問題！

現實生活不是遊戲，人生沒有那麼多試錯的機會。

被社會教訓幾年後，筆者深深體會到「過來人的經驗」有多麼寶貴，過去幾年在跟同行吃飯時，幾乎每次都有人在分享、討論「跳槽」的經驗與心得，可見大家對這個議題的重視與好奇。

因此在這個章節，筆者統整了最常見的 7 個問題分享給讀者；不過每個人所處環境不同，還請讀者依照實際狀況酌情參考。

6.1 要在職中找工作，還是辭職專心找工作？

我們將問題分成 3 種情境來討論：

1. 現在的工作環境可以忍受

   騎驢找馬是最安全的，因為面試沒上對你來說不會造成太大壓力，同時也能知道自己有哪些職能上的不足。此階段可以用下面三種方式來試水溫：

   - 主動投遞履歷
   - 詢問周圍好友是否有合適機會
   - 找獵頭聊天瞭解市場

> 注意！如果你用開啟履歷的方式找工作，接下來也許會被公司的人事約談。
> （因為這個操作會讓現在的老闆知道你準備要跳槽了）

2. **現在工作忍無可忍，且有 3 個月以上的預備金**

如果繼續工作下去會崩潰，那辭職未嘗不是一個選擇；如果你在精神不濟的狀態下面試，通常不會獲得一個好的回應。

而在預備金足夠的狀態下，你可以全身心投入履歷製作、準備面試上，**當專心在一件事情上的時候效率才會最高**。

3. **現在工作忍無可忍，但身無分文**

盡量不要把自己逼到要背水一戰的地步，在這樣的情境下我不敢勸你離職，**因為錢是最現實的問題**。

假如你在此刻離職找工作，也容易因為金錢壓力，在考量不夠周全的狀態下選擇一份不適合的工作；這份工作可能只是另外一個火坑而已。

> **Tips**
>
> 請做好基礎準備後再面試，沒有準備就去面試只是在浪費彼此的時間。

6.2 有一定的經驗後面試關卡變好多，關卡多核薪會比較高嗎？

隨著年資的增長，你的面試往往有 2 道以上的關卡，不要嫌這些關卡繁瑣；你反而要去思考：「如果一個高薪職位只要 30 分鐘的面試就能入職，這個職缺是不是在抓交替？」

這邊我先分享關卡多的好處：

1. **更了解彼此**

    隨著年齡的增長，每一次換工作都是重大的抉擇；如果看走眼了，對雙方都是不小的損失，比起承擔錯誤選擇的後果，不如多花一點時間在了解彼此上。

2. **對公司組織架構有更明確的認識**

    筆者曾面試一間上市公司，除了筆試外還有五道關卡：「小主管 & 資深工程師 → 部門主管 → 合作部門主管（IT 相關）→ 跨部門主管（行銷、業務）→ 人資部門」從筆試到最後收到 Offer 耗時近 3 個月；儘管最後拒絕了這份 Offer，但這個面試流程，讓我對這間公司的組織分工有非常深刻的印象。

3. **有機會接觸高層，了解公司願景、未來計劃**

    Senior Engineer 或是 Tech Lead 的職缺在最後關卡有機會面對公司高層（ex：技術長、營運長、執行長），通常走到這一步距離 Offer Get 只有一步之遙，他們在這個關卡更關心你的**人格特質**是否與公司吻合，你也可以趁這個機會向他們詢問公司願景、未來兩三年準備發展的方向。

    > 如果該公司的願景、未來兩三年的發展方向都有發新聞稿，那你就可以在這個基礎上分享自己的見解（可以深入探討，但切記不要批評）。

儘管前面講了不少關卡多的好處，但同時也要跟你說：「**關卡數量跟核薪高低基本上沒有太大關聯性！**」

筆者認為要了解彼此，大概 2~3 關就足夠了；除非你是面試的是 Google、Facebook 這類知名的外商公司，不然本土企業就算你就算關關難過關關過，最後核薪的數字也可能讓你想吐血。

6.3 有獵頭來找我，我該跟他合作嗎？我需要付他錢嗎？

如果有經營 LinkedIn 或把履歷放到 CakeResume 這類平台，你就會不時接到獵頭的電話，同時信箱也會出現一些獵頭發的 JD；此時你不要太興奮，覺得被獵頭挖角好像很厲害，因為現在要當獵頭真的沒什麼門檻，很多都是只受過一點培訓、沒什麼社會歷練的應屆畢業生，因此這個行業的專業水平落差極大。

以筆者及周圍朋友的經驗來說，與獵頭培養關係是有必要的，但合作的獵頭一定要謹慎選擇，我會先用以下幾點評估：

1. 他有做功課嗎？

   - 他了解你的專業嗎？

     不是我想吐槽，但真的很多獵頭連你的專業都搞不清楚，就直接打電話過來，我覺得這種行為簡直是在敗壞獵頭的名聲。

   - 他了解你現在從事的產業嗎？

     如果他對你現在產業的 Know-how 一無所知，就很有可能推薦一些根本不適合你的工作機會，讓求職者無用武之地（ex：像是把一個在電商平台工作，熟悉大流量解決方案的人才，推薦給需要熟悉管理系統的傳統產業，只因求職者會 Node.js）。

2. 獵頭過去的經驗

   - 在這一行多久了

     誰都有是菜鳥的時候，但大部分的人都不太願意把攸關自己人生走向的任務交給經驗不豐富的人。

   - 過去主要推薦哪些產業的人才

     可以從這裡判斷他有哪些產業的 Know-how，每個獵頭擅長的產業都不太一樣，你可以先看看有沒有跟自己喜歡的產業對應到，再思考後續的合作。

如果你有合作意願，他們通常會向你詢問以下資訊：

1. **最擅長的專業技能**

   後端還是前端？後端比較熟悉 PHP 還是 Node.js ？如果職缺是後端工程師，
   但有時需要幫忙前端你可以接受嗎？

2. **期待的產業類型**

   特別喜歡／排斥的產業，**這塊我建議要明確的拒絕博弈產業**（原因請詳見
   「章節 9.2 工程師在不同產業的發展」）。

3. **期待的公司名氣、規模**

   獵頭大概會給你幾個選擇：「上市上櫃大企業、中小企業、準備要上市的新創
   公司、剛成立的新創公司。」

4. **目前工作的年薪、薪水結構**

   這塊要不要給看個人，因為有些缺乏職業道德的獵頭會把這些資訊亂傳。

5. **找新工作的原因**

   我基本上都是回答：「想突破自己的舒適圈。」**千萬不要辱罵前公司，或掏心
   掏肺的跟獵頭說真實原因**，這個社會很黑暗的，小心為上。

6. **是否還在職、離職預告時間**

   這塊就老實說吧，如果謊報會造成後續很多合作上的問題。

7. **期待年薪**

   原則上至少要有 15~25% 的漲幅才有跳槽的價值，大家可以參考這個比例作
   為期待年薪。

8. **期待薪資結構**

   每間公司的薪資結構差異很大，常見的有：「低月薪高年終、月薪普通全靠分
   紅、高月薪的 13 個月。」**如果你無法接受薪水結構中獎金佔大部分比例，也
   可以先跟獵頭告知。**

原則上獵頭幫你找工作，你是不用付他錢的，這筆錢是由公司出。專業的獵頭能快速找出符合你需求的公司，就算他擅長的產業與你的需求不符，也會介紹其他同事幫你找，這就是我說與獵頭建立合作關係的好處。**一般來說我們不會沒事到處搜集公司資訊，但獵頭每天的工作就是搜集這些資料。**

6.4 獵頭推薦的工作薪水會比較高嗎？

如果你應徵的職位是**資深工程師、初階主管**，那醜話說在前頭：「**不會！你的能力在哪裡，通常薪水就是在哪裡。**」他們只是一個仲介的角色。

而且你還要注意，有些公司會把他們付給獵頭的錢算在你頭上，導致你入職後比其他員工更累。

6.5 LeetCode 刷題重要嗎？

如果你想進的公司在面試就是考 Medium/Hard 等級的題目，那刷題對你來說就非常重要 XD。

在面試考**很難白板題的公司通常年薪都還不錯（>120W）**，如果你的薪水還沒到這個級距，刷題是 CP 值很高的加薪方式。

我知道大部分的人都不喜歡刷題，但你**至少要具備即時解決 Easy 等級題目的實力**，因為很多公司在正式面試前就會先丟題目考你，在時間內完成才能進入下一關。

最後還是老話一句：「選擇最能展現自己優勢的場地！」

6.6 收到 Offer 後，還能爭取到更高的年薪嗎？

如果對方願意給你 Offer，那就代表公司對你感興趣，且你的能力也符合該職位的需求，所以其實可以嘗試跟公司談判，**在原有 Offer 的基礎上爭取更高的年薪**。

至於用什麼理由，你可以從下面幾個**面向發想**：

- **職位契合度**：說明自己的能力非常契合該職位，可以在短時間上手。
- **未來的潛力**：提出可以證明自己學習力、職位晉升適應力的履歷。
- **自己的誠意**：強調對這份工作的嚮往，並說出自己期望的數字。
- **其他的 Offer**：你可以用其他的 Offer 作為談判籌碼。

同時也提出幾個**警告**：

- **真的有入職意願再去談判**：如果對方接受條件後，你又突然毀約；除了浪費彼此時間外，還容易留下不良印象。

- **任何談判都有風險**：你有可能因為談判而失去原有的 Offer，如果覺得這樣也沒關係，就可以採取更強硬的談判姿態。

- **談判不要超過 2 輪**：談判是一個雙方展現誠意的行為，如果談判的次數超過 2 輪，即便得到一個很高的薪酬，給你這個薪水的公司還是會有點不爽，他們加上去的錢會想從其他的地方凹回來，儘管**跳槽是為了高薪**，但不建議過度消耗未來的籌碼。

6.7 我收到 Offer 了，但合約上的年薪跟當初談的不同

筆者有朋友曾在 Offer Get 閱讀合約時有被詐欺的感覺，事情是這樣的：

朋友面試表現傑出，在最後與人資談薪水時説出自己的期待年薪，人資這邊也沒有壓他的年薪；但跟我朋友説公司的**薪水結構為 12 + 6 個月**，所以他的月薪會是期待年薪 /18，並詢問他是否接受；朋友對此次的年薪漲幅很滿意，儘管獎金集中在年終也還能接受。

但隔天收到的**合約卻只保證一年的薪水為 12 個月**（一年本來就是 12 個月啊 ...），他打電話詢問人資這是怎麼回事時，人資只給制式的回覆：「合約依照公司規定，至於獎金的部分，去年與你相同部門的同事年終都有 6 個月。」

於是他很崩潰的跑來跟筆者討論如何處理這個 Offer，我當時給他幾個指標判斷：

1. **這間公司完成承諾的可信度**

   建議把求職天眼通、PTT、Dcard 討論區中跟這間公司有關的留言通通看一遍，如果**這間公司過去有沒完成的承諾通常都會被爆料**，不要不信邪－要相信前人的遺言啊（誤。

   如果在網路上找不到相關資訊，就只能賭公司的人品了；但公司每年的經營狀況與市場環境都不一樣，所以沒載入合約的獎金變數也很大。

2. **自己是不是真的非這間公司不可**

   如果你對這間公司的願景非常嚮往，就算年終 0 個月也能接受，那就去吧。假如你手上還有其他選擇，只是年薪加總比它略低；**我強烈建議選擇薪水有寫在合約上的公司**，沒合約你毫無保障，甚至為了考績還要拼命阿諛奉承、拉黨結派。

3. 合約上的 **12** 個月是否比現在的年薪更高

   如果這間公司就算沒年終，年薪還還是比你原本的高，那嘗試看看也沒壞處；但你必須**抱持根本沒年終的心理預期入職**。

   > **關於這起事件：**
   >
   > 筆者的朋友最後在 PTT 討論區看到這間公司過往都是用高年薪、高獎金的話術引誘求職者；但實際發年終時幾乎沒幾個人領到當時承諾的獎金，於是每次發完年終後都會爆發一波離職潮 …

準備好要詢問公司的問題，
面試就是資訊戰！

打著「吃虧就是佔便宜」的口號，許多人別說去爭取不屬於自己的東西，
連屬於自己的東西都沒有開口的勇氣。

我認為**面試就是在打一場資訊戰**，除了公司要了解你之外，你也要了解公司；很多人在面試時不敢提出自己內心真正的問題，深怕問錯一個問題就錯失了工作機會；如果有這些擔憂，可能是因為對自己的專業沒有自信，又或許是過去人生的負面經驗所導致。

但老實說，找工作並不是一件可以隨便的事情，如果能在沒問清楚的狀況下進入一間好公司，那是你洪福齊天；**絕大多數沒搞清楚就進去的都是掉入火坑。**

7.1 在接到人資 / 獵頭邀約時要詢問哪些基礎資訊

不要一有面試邀約就答應，先確認職缺是否符合自己的期待，並初步判斷自己的專業能否勝任該職位。

7.1.1 確認公司沒有觸碰到自己的地雷

每個人的地雷不一樣，自己零容忍的問題一定要先問，下面是筆者個人的地雷：

- **是否為博弈產業？**

  如果是博弈相關我會直接謝謝不聯絡。

- **如果加班，公司會依照勞基法給予補休或是加班費嗎？**（或委婉的問：「如果臨時有工作必須加班，請問會有相關補貼嗎？」）

  經詢問，我發現**大部分的求職者都不敢問這個問題**，但台灣真的有部分企業完全無視勞基法；如果你沒有在一開始把這些不合法的企業篩選掉，難道要等到入職後再來抱怨加班沒有加班費？老闆是慣老闆？

  > 天助自助者，自助人恆助之。
  >（ God helps those who help themselves. ）

7.1.2 了解職缺基礎資訊

在聽完人資／獵頭對這份工作的簡介後，我會先詢問下面的問題，再判斷是否要去面試。

- **實際上班地點**

  請注意，你的面試地點不一定是上班地點；JD 裡面的公司地址也未必就是上班地點；**這個問題能讓你了解上班的地點是確定還是浮動的**，藉此估算通勤時間成本，如果每天通勤時間超過 2 小時，就算薪資不錯也會讓人猶豫。

  - 有些集團類型的公司，甚至會讓求職者去很多個地點面試；最終被分配到哪個部門，是他們最後開會討論出來的，並不是一開始就確定的。
  - 如果是「駐點工程師」的職缺，就只有面試地點在公司。

- 上班時間
  - 上班時間幾點到幾點，是否有彈性上下班時間

    有些公司要求早上 8 點前就要準時抵達，有些則是中午 12 點；每個人的生活作息不同，你要了解自己的生理時鐘，不然錄取後天天遲到會給人很差的印象。

  - 午休時間多長

    因為每間公司的午休時間不一樣，從 30 分鐘到 2.5 小時都有，這會間接影響到你的下班時間；如果希望在下班後有自己的時間，那就要考量到這個因素。

請謹慎考慮：

「上班地點＋上班時間」是綜合考量條件，如果有一間公司的薪資與工作環境符合你的理想；但是通勤時間長、又要很早上班，你就得**評估自己是否能長期承受這樣的生活，又或者考慮在公司附近租屋。**

- 座位是 OA 隔間還是開放式？

  每個人喜好不同，有些人在開放式的環境下工作會有壓力、覺得自己沒有隱私；而有些人在 OA 隔間的環境下會覺得溝通受到阻礙。

- 是否需要出差（國內／國外）？會需要跨日的出差嗎？

  如果家裡有老人小孩需要照顧，是個不能出差的人，那一定要問這個問題。

  備註 1：不是只有業務需要出差，在做出產品後，**有些公司的業務在出差時，會帶幾個開發這項產品的工程師**，以處理客戶問到的專業問題。

  備註 2：如果是外包類型的公司，也很常帶**工程師去跟客戶簡報、Demo 產品、討論需求。**

- **公司正式員工人數、部門人數**

  除了要知道公司的規模外，你更要知道**自己面試的部門有多少人**；筆者的朋友曾面試過 2000 人的大公司，但入職後卻是這個部門的第 1 人，他需要從零開始自己 Build 一個 Team。

- **職缺預算與薪資結構**

  - **職缺預算**

    如果你面試的是比較資深的職位，我會建議你在面試前要先了解公司對該職缺的預算，如果發現自己的期待薪資已經是這個職缺預算的頂，基本上我會拒絕這個面試機會；我們盡可能**挑選期待薪資落在職缺預算中間的**，**以增加薪水談判的空間。**

  - **薪資結構**

    同樣的年薪，不同的薪資結構也會影響到大家的選擇；**在年薪相同的狀態下，我個人推薦選擇月薪最高的那個**，這樣無論在一年的哪個月份離職都比較不會心痛。

7.1.3 了解面試流程

這個很重要，如果能提前取得資訊，你就能夠作出相應的準備。

- **面試有幾關，每關大概會面對哪些人、有哪些考試？**

  因為每間公司的面試關卡差異很大，有些考技術、有些則是看你的人格特質；在不同心裡預期的狀態下，會影響到求職者的發揮水平（ex：原本以為這一關要了解你的人格特質，結果一上來就考白板題）。

- **如果順利，從面試到最後 Offer Get 需要多少時間？**

  有些公司的面試流程非常冗長，用人單位跟核薪單位也不同；所以長達 3 個月甚至半年也是有可能的，**如果你急迫需要一份工作，最好問清楚這些細節。**

7.2 準備詢問面試官的問題

面試進行到一半時，面試官通常都會問你：「有什麼想問我們的問題嗎？」

這個不是客氣話，有問題真的要發問，不要入職後再來懊惱為何自己當初沒問；而且很多面試官會從你提出的問題，來判斷你的人格特質以及對公司感興趣的程度。

就算面試官沒有主動提出讓你詢問，你也可以在**回答完面試官的問題後進行反問**。

> ✦ 警告：
>
> 筆者下面所列的問題，請挑自己最在意的詢問，如果全問可能會讓面試官崩潰！

7.2.1 使用的技術與團隊工作方式

筆者在下面列舉的問題是向你未來主管詢問的，如果他答不出來；你可能要對這間公司的技術力打上一個問號。

- 工作使用的技術以及專案架構
  - 專案使用的前後端框架、資料庫？
  - 公司是否有使用 GCP、AWS 的雲端服務？

- 了解團隊分工的模式
  - 確認開發團隊大小以及職能分佈
  - 工作是商量過才分配還是直接指派？
  - 會有 Partner 一起完成一個 Feature 還是單獨作業為主？
  - 每個人角色明確還是會有身兼多職的情形？

> **Tips**
>
> 以 Web Team 來說，理想狀態下會有這些職位：「Frontend、Backend、DevOps、UI/UX、MIS、DBA、SA、QA、PM…」
>
> 但實際上除非是純軟大公司，否則一個人身兼多職的狀況非常普遍（ex：Frontend 兼 UI/UX 、Backend 兼 DBA）。
>
> 上面這些問題能幫你預估未來的工作份量，以及評估這份工作的薪水要開多少比較恰當（如果知道進來會很操，那薪水當然往高處開）。

- 開發流程
  - 收到一個新需求後，專案經理會如何推動開發的進度？
  - 功能完成後，有專門的測試以及部署人員來保證產品的品質嗎？
  - 有導入敏捷（Agile）開發嗎？

- 部門資訊
  - 因為公司有很多的產品，想了解貴團隊負責的是哪一塊？
  - 負責的產品有多少活躍使用者？過去平均多久會做一次新版本的 Release ？

- 工作所需設備
  - 入職後公司是否會配電腦以及外接螢幕等工作所需設備？
  - 如果電腦配置不足導致開發效率下降，是否可以申請新電腦？

> 🔊 **筆者碎碎念：**
>
> 這些問題不是廢話，因為筆者的朋友在入職後配的電腦根本不堪使用（i3 / 4G / 500G），他還要自掏腰包買一台 Mac 否則根本無法工作（大概花了 7 萬）。

7.2.2 職位期許與可能面對的困難

要讓面試官體會到，你是真心希望加入這間公司，想了解這個職位期待什麼樣的人才、會遇到哪些困難。

- **公司對這個職位的期許**
  - 希望這個職位的人有什麼樣的人格特質，在組織中扮演什麼角色？
  - 您期望我在入職後的 1～3 個月完成哪些目標？

- **未來工作中可能遇到的考驗**
  - 什麼樣的人會在貴公司待下來，什麼樣的人不會？
  - 這個職位在未來要面對哪些挑戰？要做到什麼程度才算成功？

- **職涯發展**
  - 方便詢問貴公司過去在人才培養上，有什麼補助或是獎勵嗎？
  - 如果有榮幸加入貴公司，我未來的職涯會有哪些發展方向呢？

7.2.3 讓對方有表現機會的問題

面試時除了求職者要展現自己的實力，也要讓面試官有炫耀自己工作的機會；如果問完下面的問題，發現連面試官都對現在的工作毫無熱情，那我勸你還是不要把未來的職涯賭在這間公司。

- **成就感**
  - 請問您是如何帶領團隊成長的？
  - 這份工作給您帶來哪些成就感？

- **未來展望**
  - 公司目前在市場有一些競品，比如 XXX 跟 YYY，想了解未來發展的方向？

我們最初有可能因為薪水選擇了一間公司，但只有在充滿願景的環境，才會全力打拼、持續成長。

> **Tips**
>
> 在問完面試官問題後，你可以用這句話做結尾：「感謝您的回覆，我會問這些問題，是因為想確保自己未來在這間公司是會成功、留得下來、能有貢獻的人。」

7.3 面試官的種類

面試官種類很多，雖然面試的感覺不代表一切；但如果你在面試的當下就感覺很不舒服，我認為要相信自己的直覺。

- **從你會的技術出發，確認你對技術認知的深淺**

  通常第一關面試你的，是未來的直屬主管、以及合作的資深工程師，這一關會著重在確認你**是否具備這個職缺的技術力**。

- **從你的履歷出發，用聊天的方式互相認識**

  在跟公司高層、人資面試的時候，他們更關注你的**穩定性、發展潛力、人格特質**。

- **連環提出問題，不給你任何思考時間**

  有些面試官會連續拋出問題，中間不給你喘息時間；通常這樣做是想了解求職者在**職場上的應對進退**，常發生在內部競爭激烈的公司，這類公司你不只要做產品，還要面對其他部門的競爭壓力。

- **專門問刁鑽、冷門的問題**

  如果只有其中幾題這樣，那面試官是想看你**遇到答不出來的問題時會如何應
  對**，是瞎掰一個答案、直接承認自己沒接觸過、還是跟面試官討論；但如果
  接連好幾題都是刻意刁難，那可能是面試官想**壓你薪水**。

- **不斷攻擊你的履歷，用很差的態度面試**

  現在有些公司流行**壓力面試**，也就是用很差的態度面對求職者，職場如戰
  場，他們會用這種方式面試也是有道理的；因為有些公司的政治氣味濃厚，
  如果抗壓性不足、隨機應變能力不夠，真的不適合這樣的環境。

俗話說：「不是一家人，不進一家門。」雖然不是絕對，但透過面試官的風格，你
可以大概了解這間公司的風氣，也對未來的職場環境有一個心理預期。

留任還是離職？看完這篇再決定！

錢，沒給到位；心，委屈了。 —— 馬雲

在這個快速變遷的世代，絕大多數人都不可能在一間公司終老；但在什麼時機點跳槽卻也是一個學問，這篇文章會先帶你綜合評估現在的公司，**讓你理性思考要留任還是離職。**

8.1 檢視入職到現在的成長，評估待下去的發展性

▌ 繼續做下去未必比較壞，跳槽換公司未必比較好。

之所以糾結是否要離職，就是因為有推力及拉力在抗衡，**很多時候離職都是被一時的情緒所主導，冷靜下來後才後悔莫及；**為了避免憾事發生，筆者整理了以下幾點供大家檢核。

8.1.1 個人成長空間

■ 專業技能

先問自己幾個問題：「入職後，有學習到新技能嗎？除了更熟練工具外，有深入探討每個技術的原理嗎？跟入職前的自己相比，真的有實質上的進步嗎？」然後思考繼續待在這間公司能否給你專業上的精進。

- **職場技能**

  無論你待的是大公司還是小公司，總是會面臨到：「與客戶討論需求、跨部門溝通、跟 PM 討論開發時程、內部簡報、教育訓練 ...」等各式各樣**需要軟實力的場合**；你可以思考自己是否能從容不迫的與各方應對，又或者**還需要一點時間磨練**。

如果覺得現在的工作無法讓自己成長，但又有總總考量無法離職，那不妨在做專案時多思考下面幾個問題：

1. 這個專案是為了解決什麼問題？有哪些利害關係人？
2. 當初為什麼採用這個方案？還有其他解決方案嗎？每個方案各自的利弊是什麼？
3. 只有我能負責這個專案嗎？換成其他人也可以做好嗎？如果別人可以做得比我更好，我有哪些地方可以改進？
4. 在專案完成後，有想到更好的解決方案嗎？
5. 如果再給我重新做一次的機會，我會怎麼做？

透過思考上面的問題，我相信即使面對類似的專案也可以給你帶來成長；如果你擔任主管，也可以嘗試反問團隊這些問題，讓大家在工作中持續成長。

8.1.2 人脈的考量

- **值得學習的對象**

  不一定要與你相同領域，但他必須在某個領域比你優秀（ex：系統設計、專案管理、程式撰寫），又沒有比現在的你強太多（大概就是多你 1~2 年經驗），如果覺得在他身上有值得學習的地方，並且對方不吝與你分享；那這可能成為你留在原公司的理由，因為**他們走過的坑，你在不久的將來都有機會遇到**。

  > 曾經有人說過，小學 3 年級最好的數學導師不是數學方面的專家，而是小學 4 年級的學長姐。

■ 你在公司的地位

在一間公司待幾年後，只要不要混得太慘，原則上你在各部門都有一定的話語權，且會有一些新進人員可以幫你處理瑣事；如果**換到一個新環境**，你就**必須從零開始重新適應**。

8.1.3 工作年資是否符合社會期待

■ 這份工作做了多久

這個社會很現實，如果你每份工作經歷都不到 1 年，就算能力很強，你的履歷也容易遭到人資淘汰，**大部分公司還是期待穩定性高的人才**；如果沒有非離職不可的理由，建議一份工作至少要做 2 年以上。

■ 你的能力跟年資相符嗎

面試官會**先用年資來預估你所擁有的能力**，如果入職後就不再精進，跳槽未必都是往上跳的。

> 隨著年齡成長會有更多的經驗，但讓你變強的不會是經驗，否則每個老人都很強。

8.1.4 現在的薪資符合市場水平嗎？

■ 從入職到現在薪水漲了多少

你的薪資漲幅跟得上物價漲幅嗎？這間公司的調薪符合你的期待嗎？

■ 你的薪水在業界屬於什麼水平

人資手上有一個薪資矩陣，上面會以職業、工作年資、行業別來區分人才目前處於業界的哪個級距。

● 在 PR 50 上卜

即使能力平平也可能年年調薪，但調整後的薪資還是落在 PR 50 左右。

- **PR 75 以上**

  即使有重大貢獻也不一定會調薪，通常公司都是採用高獎金的方式來留住這類人才。

  > 自己現在的 PR 值可以參考：
  > 104 薪資情報（https://guide.104.com.tw/salary/）

8.1.5 內部晉升的機會

你可以先觀察公司對員工職務調整的頻率，以及近一年內是否有合適的缺；如果有這個缺，公司往往會先思考**內部是否有人才可以勝任**。

假使有合適的人選，沒人會想花錢、花時間去找一個新人；如果你對這個可能存在的 Title 感興趣，也是留下來的理由之一。

在選擇要提拔哪位下屬時，部分公司考量的順位是「忠誠 > 態度 > 能力」；把公司想像成「系統」，你就能理解為什麼「穩定度」的權重是最高的，所以上位者未必能力是最好的，但肯定是忠誠的。

8.2 有哪些理由讓你想離職？

▎有時你遲遲不願改變，只是因為你對現狀還抱有一絲幻想。

俗話說：「合理的要求是訓練，不合理的要求是磨練。」但你要能分清楚這些不合裡的要求，是否真的能幫自己成長。

8.2.1 工作用品不堪使用

■ 公司面對辦公用品損壞的態度

像是你坐的椅子壞掉了，公司的處理方式不是幫你換一個新的，而是**帶你去報廢部門選一個壞的沒那麼徹底的**；又或者是茶水間原本有兩台飲水機，其中一台壞掉後不是維修或是再買一台，而是乾脆讓員工排隊用剩下的那台。

■ 公司提供的設備無法滿足工作所需，**要自費**

工程師寫程式的效率跟電腦設備雖然沒有絕對關聯；但如果配給員工的電腦 Build 一次程式就要花 15 分鐘（規格夠的電腦只需要 1 分鐘），你就不要怪他開發的效率太差；一間因為設備無法讓員工以最高效率去工作、甚至連工作用電腦都要員工自費的公司，如果打算待下去真的要三思。

表面上公司省的是錢，但實際上省去的是生產力與忠誠度。

8.2.2 工作無法帶來成長

■ **難度太低、沒有挑戰性**

如果只做自己有把握的事情，你會對工作慢慢**失去熱情**，而且能力也會**停止成長**。

■ **對專案不感興趣**

如果你對工作的專案就是不感興趣，那做事的**效率肯定不會太高**，**也不會認真思考專案的每個細節**。

> 筆者看過一些職業素養較差的人，會把「對專案不感興趣」當成一個上班耍廢的藉口；其實我覺得沒必要互相傷害，儘早離職換一個適合自己的工作比較實際（不然也只是在等公司把你 Fire）。

8.2.3 公司做事效率低下

■ 辦公室政治拖垮進度

公司裡面有派系實屬正常，畢竟良性競爭可以提高整體實力；但如果演變成內鬥，互相濫用各自的權限箝制對方，**長期下來許多項目的進度都會被拖垮，公司未來發展堪慮。**

■ 同事跟不上進度

在工作合理分配的狀況下，跟不上進度主要有兩個原因：「上班不認真、能力不足。」我認為只要肯努力，能力還是可以培養的，但如果你周圍大部分的同事都沒有認真工作，上班只是混日子；我勸你早點脫離這個環境，**近朱者赤，近墨者黑，不要低估環境對一個人的影響力。**

近幾年職場體悟：

公司想壯大，所有人都必須跟上腳步；但並不是每個人都有一顆登頂的心，即便是筆者自己，也未必在人生的每個階段，都想繼續向更高峰發起挑戰。

8.2.4 同事間相處不愉快

■ 辦公室霸凌

每個人都會有自己的人際圈，但有心人士會利用人際圈去排擠某個人，甚至造謠生事，無端誣陷對方。

■ 上司不值得追隨

- 面對客戶提出的需求變更，無法適當的阻擋或是談判。
- 當下屬績效達標時，無法為他爭取到對應的福利。
- 任務分配不均，能者過勞；又沒能力讓其他在混的同事提高生產力。

■ 常背黑鍋

三不五時就會被同事／上司在背後暗算，把不是你的責任往你身上扣，讓你**上班時常處於負面情緒。**

假使你遇到上述狀況，又無法改善，長久下來會影響到你的身心靈健康與價值觀，也容易產生心理疾病，**是離職的重要指標。**

8.2.5 公司的態度＆誠信問題

■ 朝令夕改，外行領導內行

如果公司的運作沒有固定流程，而是看上位者的心情來決定做事的方式，那通常會**讓很多人做白工**；以軟體業來說，有些高層會不斷追逐最新的技術，而不去考慮員工是否能掌握這些技術、出問題時是否有人可以處理；又或者盲目追求新的專案管理工具，卻不考慮能否適用於當前專案。

> 筆者朋友任職的公司在 3 年內換了 8 次專案管理工具，因為頻繁的遷移導致許多紀錄遺失，使得部門間各說各話又無法追溯。

■ 薪水、職位跟產值沒有正相關

談錢傷感情，但工作不談錢難道是來談感情的？**如果發現無論努力還是不努力，公司都是給一樣的薪水，我相信絕大多數人都會選擇不努力**；但這個惡性循環會間接讓你能力衰退，是一個離職的檢核點。

■ 員工離職率高

有些公司把員工當成免洗餐具，他們並不重視一個員工要不要繼續待下去，比起付出更多的薪水提拔老員工，他們更傾向於用便宜的薪水僱用新人。

■ 留不住有能力的功臣

如果一間公司的老闆不去思考如何讓有能力的員工留下來，我建議儘早離職，因為這間公司最後留下來的都是沒有能力離開的那群人。

■ 老闆只會講幹話

如果**老闆常常在錯誤的時機講幹話，會讓員工對公司的信仰跌停**，面對這種老闆我建議儘早離職，因為工作氛圍很糟。下面分享幾個筆者朋友親身經歷的經典語錄：

● 加班到晚上 9 點，老闆路過你身旁說：「公司給你筆電，就是希望你把工作帶回家，你不知道留在公司加班很浪費冷氣嗎？」

● 做出績效跟老闆要求加薪時，老闆用恨鐵不成鋼的語氣說：「年輕人不要只在意錢，你要看得更遠一點，公司會用股票獎勵你的！」

> But... 傳說中的股票到離職時都沒拿到 ...

● 公司的冷氣在夏天壞掉，老闆表示：「想當年我工作的時候連冷氣都沒有，年輕人吃苦當吃補！」

● 公司冷氣修好了，老闆表示：「上班有冷氣吹可是員工福利！」

● 分配非本職的工作給你（ex：要工程師寫行銷文案），當你婉拒的時候老闆說：「請記住，你先是我們公司的員工，而後才是工程師。」

● 你出差時在車費上多花了 4 塊錢，被老闆叫進辦公室：「你知道我養女兒很辛苦嗎？一個月房租要 2 萬誒！」

■ 不符合勞基法

如果你聽到公司說：「我們的工作是責任制，所以沒有加班費。」

千萬不要相信這些慣老闆的鬼話，**請記住：「責任制跟沒有加班費是兩件事！」**如果你在意加班費，絕對要在一開始詢問是否有依照勞基法，因為有些公司真的沒在管勞基法的。

8.2.6 有更好的未來職涯

■ 取得理想 Offer

在取得 Offer 後，選擇權就回到了員工身上；如果你離職是因為待遇不夠、升遷受阻，你要思考**萬一原本的公司為了挽留你，也滿足這些條件時**，自己是否願意待下去。

■ 個人成長速度遠高於公司平均水平

現在適合你的公司未必適合兩年後的你，如果你的能力已經超過周圍同事太多，又得不到提拔，我會建議往更高的層次挑戰；**羊群中最強的還是一隻羊，但在狼群中，哪怕最弱的也是一頭狼。**

❙ 在糟糕的環境中，合群有一個同義詞 ——「浪費時間」

◀» 筆者碎碎念：

職涯的轉換一定要經過深思熟慮，我只是把你應該要思考的點陳列出來，如何做選擇還是看自己。

很多事情只有在經歷過後才會明白，但如果可以提前知道，也許大家都會更幸福吧。

工程師選擇公司要考慮哪些細節？常見迷思分享

對工程師而言，25~40 歲是職涯發展的黃金歲月，每一次的抉擇都至關重要；因為每次都要付出兩年以上的代價，人的一生又有多少個兩年可以嘗試呢？

新聞時常報導有些人在中年轉職工程師後取得巨大成功，這類新聞讓許多人誤以為轉職工程師是一件很輕鬆又能發大財的事情；但你們可以做個反向思考：「**之所以能登上新聞版面，就代表這件事在現實生活不常發生！**」

即使工程師有在持續精進技術，跳槽到新的產業後也未必能夠適應；因為不同產業都有各自解決問題的方式，許多知識、技術、文化都要重新學習，年輕的時候學什麼都快，但 10 年後呢？

這篇文章用選公司的角度讓你思考自己的職涯路線，並了解常見的公司類型。

選工作跟選伴侶的邏輯類似，要選適合自己的，而不是一昧追求最好的。

9.1 你想繼續當工程師還是轉管理職

當了幾年的工程師後，在職涯上會出現幾條岔路：

- **資深工程師（Senior Engineer）**

  如果你很熱愛程式並具備寫程式的天賦，其實未必要轉管理職；但你也要思考再過 10 年，自己是否還能持續吸收新知、技術是否依舊領先業界、眼睛能否繼續支持你撰寫程式。

- **技術領導（Tech Lead）**

  技術領導未必是技術最強的那個人，但通常是團隊中技術最全面、經驗最豐富的人；他能讓新人快速上手成為即戰力，在系統遇到突發狀況時能給予即時的處理，坐上這個位置後親自寫程式的頻率會大幅下降，取而代之的是系統分析、Code Review、思考專案優化方向；當然也要持續吸收新知、強化技能，不然容易讓新人覺得這個前輩沒什麼料。

- **專案經理（Project Manager）**

  工程師出身的專案經理，因為了解技術，所以他們更能夠預估每個功能所需要花費的時間，並且在與工程師溝通時較不會出現障礙；不過有些工程師剛轉職成專案經理的時候，會因為看到同事寫程式卡住，而產生親自下去寫 Code 的衝動；但請千萬克制這個衝動，你現在的任務是**透過溝通協調來確保每個人的工作進度**，而不是親自跳下去解決問題。

> **Tips**
>
> 1. 不要把組員的問題變成自己的問題，更不要讓自己忙死而組員閒閒沒事做。
>
> 2. 技術領導及專案經理雖然在職稱上為管理職，但不一定會有領導加給。

9.2 工程師在不同產業的發展

公司類型會影響到你的**未來職涯**，以及跳槽的薪資漲幅。

- 純軟
  - 優點

    通常純軟公司的**利潤是最高的**，所使用的**技術也會是最新的**，只要**能力夠**，薪水可以談到很高，在未來跳槽時也有較大的優勢。

  - 缺點

    這裡能力至上，如果你的**能力不夠，被 Fire** 的機率很高；相較於其他產業的**工作壓力更大**。

- 金融
  - 優點

    只要你願意學習，**金流串接、大數據、資料穩定性、高併發等議題**都有機會接觸到，而且有前輩的經驗可以參考。

  - 缺點

    金融業歷史悠久，組織龐大，且有不少相關法規的限制；因此進入產業後，你面對的眾多問題中，專業技術是比較小的那個。

- 傳產
  - 優點

    很多傳產在**積極轉型**的過程會開出不錯的薪水來吸引好手，因為公司過去比較沒有軟體方面的經驗，所以**專案的時程相對寬鬆**。

  - 缺點

    因為大部分傳產員工的平均年齡都不低，進去後會**需要花很多的時間在溝通上**；且大多時候**沒有學習的對象**，這片天你一個人撐起都算是家常便

飯，如果無法具體列出你幫這間公司做出哪些改變，未來跳槽到其他產業的優勢並不大。

- 博弈
  - 優點
  如果你**能力普普又想要追求高薪**，這個產業是一條捷徑。

  - 缺點
  可能會有**法律問題**，就算幸運沒有被告，進去後履歷就爛掉了，未來想**跳槽到其他產業都會受到異樣的眼光**；除非你打算一輩子都待在這個產業，不然能不碰就不碰。

9.3 了解薪資結構分成哪幾種

下面筆者分享幾個除了 12 個月底薪外的薪資結構：

- 不同的年終
  - **1~2 個月**：這是一般公司最常見的結構。
  - **4~10 個月**：常見於金融業產業。
  - **12 個月以上**：為了吸引頂尖人才，並且降低流動率而設計的策略，**群暉科技就是個案例**。

- 季獎金 / 分紅
  常見於**賺錢的硬體大廠**，這塊比較看你待的部門績效好不好。

- 久任獎金
  當月薪到一定水平後，有些公司為了**減少人才流動率**以及公司經營成本，會用久任獎金的方式留住人才；久任獎金比年終高是很常見的事情，但如果你沒有待到契約日期，一塊錢都不會有。

- 股票

  有些公司會用給員工配股的方式吸引人才，並且讓員工入職後每年可以認購一定數量的股票；如果這是一間**很有潛力的公司**，股票是有機會讓你走上人生巔峰的。

年薪雖然很重要，但組成結構也是重要的考量，假使有一年 117 w 跟 126 w 的收入讓你選擇，我想大部分的人都會選擇 126 w 的，但如果知道他們的薪水結構是：

9w（月薪）x 13（月）= 117w

7w（月薪）x 18（月）= 126w

我相信會有不少人**改為選擇高月薪的**，因為你無論在一年的哪個時段跳槽都不會太心痛；而高獎金制度會直接把人綁死，你只能撐到領完年終後才能走，不然絕對心有不甘。

9.4 選大公司好還是小公司好？

比起執著於大公司還是小公司，應該更**關心這是不是一間好公司**。

- 好的大公司優點：
  - 能夠學習的對象更多
  - 你在公司的選擇更多
  - 跳槽時更容易

- 好的小公司優點：
  - 強者不會被埋沒
  - 如果小公司做大你就是元老

  | 如果你的目標是**逆天改命**，優秀的小公司是最有機會的。

如果硬要做個排序會是：「好的大公司 > 好的小公司 >>>> 爛的小公司 > 爛的大公司」，同時讓大家了解為什麼盡量避免爛的大公司：

- 因為通常有非常多的辦公室政治
- 新人往往永無出頭之日
- 這間公司爛的很有名，離職後不好找工作

如果你工作的目標是**領高薪混日子**，**那大公司比較有機會**，根據 80/20 法則，當組織到一定的人數後就會產生冗員。

小公司因為老闆可以掌握每個人的工作進度；因此除非你是皇親國戚，不然在**小公司領高薪通常要有極高的工作效率及產值**。

9.5 教你用指標快速判斷一間公司

1. 這間公司進去後能否為你的履歷加分

   - 知名度

     有些公司自帶光環，像是 Google、AWS、Microsoft 出來的員工，大家都搶著要。

   - 未來性

     如果把找工作比喻成投資，那公司未來 3~5 年的競爭力就很重要（ex：上市上櫃、海外拓點、建構護城河），這個部分可以從過去 1~2 年的發展、半年內的決策來做初步預估。

2. **這間公司是否有進取心**

   如果公司只能拿幾年前的成就說嘴，那就代表這些年毫無長進，公司氛圍應該趨於保守；相反的，如果公司一直有推出新產品，那給新人出頭的機會相對更高。

> **同樣的道理也可以套用在求職者身上：**
>
> 如果求職者最輝煌的事蹟是好幾年前，那他可能最近幾年都是停止成長的。
>
> 就像一個人如果都 30、40 歲了，還在拿自己讀什麼大學來炫耀，那代表他出社會後混得很差。

3. **公司抵抗風險能力**

   - **有個富爸爸**

     有些公司也許現在不賺錢，但背後的母公司、財團看好它的前景願意燒錢。

   - **有穩定的收益來源**

     如果公司某個產品的收益高又穩定，那它就有不斷推出新產品的底氣，面對失敗也有更高的抵抗力。

4. **公司的氛圍、凝聚力**

   好的公司，大家會齊心協力把事情做到最好；但如果反過來就是一場悲劇，這塊我覺得可以參考求職天眼通，會在上面留言的人都是冒著被告的風險，是有一定參考價值的。

5. **面試你的人是否值得追隨**

   除了講場面話外，面試你的人是否真的有能力；如果有拿到名片，你可以去調查一下他的履歷。

9.6 [常見迷思] 薪水高低與工作壓力成正比

先說結論：「薪水高的工作壓力未必較大，薪水低的工作未必輕鬆。」

先排除皇親國戚走後門的存在，筆者周圍有一些朋友擁有高年薪（>150W），但他們大部分在上班的時候都可以秒回 Line，甚至在上班時間追劇、射飛鏢、打電動都是家常便飯；跟一般想偷懶還要躲在廁所的社畜是完全不同等級的存在。

不過這些領高薪又很爽的朋友都有幾個共通點：

1. **技能稀缺性**

   他們會的技能**要嘛很新、要嘛會的人很少**；有些想學還需要天賦，因此競爭者不多。

2. **時代潮流**

   通常是**市場上炒作的題材**，許多企業為了引進相關人才不惜開出高於行情的價碼。

3. **面試門檻高**

   面試通常是九死一生，**需要專門準備**才有可能通過。

符合上述三者的常見產業有：「**資安、人工智慧、區塊鏈。**」

選擇比努力重要是真的！付出相同的努力，在不同產業的收穫差距非常大；如果現在身處的產業已經是紅海市場，就算你付出加倍的努力，也未必能獲得更高的年薪。

9.7【常見迷思】形象好的公司對員工一定也很好

很多公司的**企業形象都有公關操作**，所以大家會對他們很放心；但他們對員工如何又是另外一回事了，不過有名的公司如果有劣跡，通常在求職天眼通、PTT 上面都會有很精彩的故事，如果有其他選擇，盡量不要挑戰網友們用血淚換來的教訓。

建議**面試前就先把公司在網路上的評價全部看過一遍**，不要等 Offer Get 後才在那邊擔心這是不是一個屎缺。

PART 3

前端面試題

前端是一個將資訊傳遞給使用者的橋樑，
如果橋樑不穩，就會流失大量的使用者。

Ch10 請說明你現在專案用到的前端框架

為了追求效率，大部分的公司都會採用框架來開發，儘管做事的效率
提高了，但也導致部分開發人員對技術的理解下降了。

Ch11 如何判斷專案要使用 CSR 還是 SSR？

你現在使用的技術，是經過自己的判斷，還是單純盲從前輩的選擇？

Ch12 在使用後端的資料前，你有先做驗證嗎？

在前後端分離的架構下，如果前端沒有做好資料驗證，就可能導致使
用者看到許多異常畫面。

10

請說明你現在專案用到的前端框架

用工具完成任務 ≠ 了解工具。

隨著時代演進,大部分的公司都採用框架來加速開發效率;自從有了框架,工程師可以更輕鬆,並且在更短的時間完成專案。

儘管做事的效率提高了,但因為許多核心概念已經被框架取代,導致部分開發人員做得出來功能,卻無法解釋怎麼做出來的。

10.1 了解文章結構,快速掌握面試技巧

接下來的章節會分享面試官常問的問題,為了讓讀者更快掌握面試技巧,我特別獨立出一個小節跟大家說明文章結構,以及為什麼這樣設計的理由。

10.1.1 文章結構

■ 面試官為什麼會問?

主要分成 5 個方向與讀者說明出題邏輯:

1. 履歷資訊
2. 職缺所需具備的技術
3. 常見面試題
4. 工作相關問題
5. 人格特質

- **面試官想從答案確認什麼？**

  從 3 個面向了解求職者是否為他們所需要的人才：

  1. **技術面**

     用考題判斷你是否真的掌握這門技術。

  2. **經歷面**

     用追問細節的方式核實你經歷的真實性。

  3. **人格特質**

     面對各種問題的應對進退是否符合公司需求。

- **筆者提供的簡答**

  筆者會附上自己在面對問題時的答覆，這塊僅供參考；希望讀者在理解題目後有自己的解答，**千萬不要死背答案**。

- **回答問題所需具備的知識（技術考題）**

  筆者會統整問題涉及的知識面，讓讀者不會知其然而不知其所以然。

- **衍伸問題**

  大部分面試官會根據你的回答，詢問他們想知道的細節；所以我也會分享從這個問題出發的衍伸問題。

10.1.2 為什麼用這種角度分享面試經驗？

就算同為全端工程師，每個人的技能樹也都略有不同；**這本書不是為了猜題而寫**，而是希望讀者可以透過它了解面試官的出題邏輯、自己的答題方向；如果想提升臨場力，你也可以參考筆者的文章架構，做出屬於自己的面試攻略。

▍建議先把知識面整理完，再用自己的口吻整理答案。

> **Tips**
>
> 1. 在整理的過程，你會發現就算是同一個問題，也會有很多種解答，你要想辦法去驗證它們的可行性。
> 2. 網路的解答未必都是正確的，如果未經思考直接照抄，你會連錯誤的知識一起吸收。
> 3. 技術更新的頻率越來越快，過去正確的知識放到現在可能已經變成錯誤的了。

10.2 面試官在想什麼？我可以怎麼回答？

10.2.1 面試官為什麼會問？

因為**履歷資訊**中表明求職者具備前端（Frontend）的技能：

- Vue.js：Nuxt.js & Vuetify & Vuex
- HTML5、CSS、JavaScript

其中 **Vue.js：Nuxt.js & Vuetify & Vuex** 都是框架，面試官想知道你對這些框架了解的深度。

10.2.2 面試官想從答案確認什麼？

- 想看你能否解釋這些前端框架的關聯性
- 如果要單純解釋某個框架的功能，你是否能應對
- 如果能說出這些框架解決了哪些問題更好

10.2.3 筆者提供的簡答

目前使用 **Nuxt.js** 這個 **Vue.js** 的應用框架，並使用 **Vuetify** 提供的 **UI Component** 來設計版型；同時利用 **Vuex** 來管理 Vue 框架下的全域變數，讓傳值更加便捷。

10.2.4 [小提醒] 簡答的好處

你的簡答必須包含**關鍵字**，並盡量控制回答時間最多不超過 **1** 分鐘。

- **簡答的好處**
  - 面試官會依照自己**感興趣**的技術深入詢問。
  - 因為回答的時間短，如果你的回答面試官**不滿意**，**這也只是一個小橋段**。
  - 雙方有來有往，營造出同事間的交流感。

- **詳答可能的壞處**
  - 如果詳盡的回答每個問題，整場**面試會變成只有你在說**。
  - 萬一回答的方向跟面試官期待不符，你就會在**錯誤的道路越走越遠**，還不知道要停下來。

10.3 回答問題所需具備的知識

10.3.1 Vue.js

一個優秀的 JavaScript 框架。

- **過去只有 JavaScript、HTML、CSS 時有什麼問題？**
  - **難以維護**

    專案結構龐大時，JavaScript、HTML、CSS 維護難度會成幾何式上升；像是各式各樣的邏輯都集中在 JavaScript 裡面，導致**程式可讀性極低**。

  - **效能低落**

    如果用 JavaScript 頻繁操作 DOM 元素，會不斷觸發 Reflow & Repaint 的流程，**頁面重複渲染的過程會消耗大量效能**。

■ 框架的優勢

● 資料與 UI 分離

過去 JavaScript 要動態的去更新 DOM 來塞入資料，但框架透過資料雙向綁定，**工程師可以專注處理資料的邏輯面**。

● UI 模組化

一個網站會有許多重複出現的元件（ex：按鈕、表單、表格…），在框架中可以將這些**常用的元件設計成 Component**，要使用時再根據實際需求填入資料及參數即可，這項優勢大幅提升工程師理解與維護專案的能力。

● 更好的效能

採取 Virtual DOM 概念，當資料變動時先計算好要變動的地方，以此**抵銷無意義的變更**，並且重複使用已存在的 DOM 元素。

10.3.2 Vuex

■ **Vue 過去傳值時面臨什麼問題？**

過去 Vue 裡面 Component 的參數傳遞都是採用 emit 跟 props，但如果 Components 之間的關係並非 parent/child，而是像圖 10-1 這種結構；此時想要將 Component B 的資訊傳到 Component C，不但需要很多 emit 跟 props，還會造成程式碼閱讀困難。

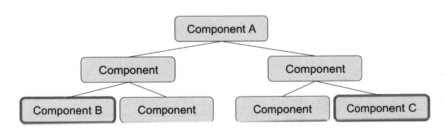

圖 10-1 較複雜的傳值結構

■ 如何解決這個問題？

根據這個問題，官方推出專門用來「狀態管理」的工具，你可以把它想像成 **Vue 裡面的全域變數**，將狀態（State）全部放在倉庫（Store）來進行管理。

● 更新 State

在 Vuex 裡面，儲存狀態的為 State，當 Component 需要更動 State 時，需要透過 Actions 發出一個 Commit 去呼叫 Mutations，再由 Mutations 去更改 State。

● 取得 State

而 Component 的資料更新，可以在 computed 裡面使用 mapGetters 的 Function，或是用 mapState 直接取用 State 的資料。

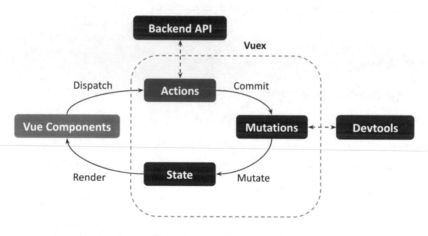

圖 10-2 Vuex 的運作流程

10.3.3 Vuetify

■ 提供前端工程師豐富的 MD Components

你可以把 Vuetify 當成 Vue 的 **Material Design Framework**，它不但省去了自己手工打造 UI Component 的時間，還為每個 Component 提供許多可以自由定義的 property 讓版型更加靈活。

■ **擁有強大的開發者社群，官方每週更新版本**

截至 2021 年底，他們在 GitHub 上有高達 30K 的星星，如果你開發時遇到問題，在 discord 上發問也能很快得到解答。

圖 10-3 Vuetify 的 GitHub 資訊

官方每個禮拜都會更新版本，在圖 10-4 你不難看出 Vuetify 在 Vue Framework 比較中的優勢。

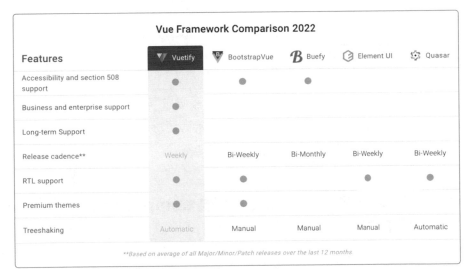

圖 10-4 Vue Framework 在 2022 年的比較

■ **自由決定導入的 Component**

官方稱為 Auto treeshaking，在使用 Vuetify 時你可能覺得它非常「肥」，裡面包了一堆專案中用不到的 Component，但因為有 Auto treeshaking 的機制，所以**專案在打包時只會導入有使用到的 Component**。

10.3.4　Nuxt.js

- **Vue.js 的應用框架**

  它把 Webpack、Vue loader、Vuex、Router 的設定都集中在一起，減少使用者的配置成本。

- **SSR 伺服器端渲染**

  由 Server 端組成 HTML 後回傳，這樣的做法讓 Google 在 SEO 解析時可以更好的分析 DOM 元素，藉此提升網站的 SEO 水平。

  備註：Nuxt.js 也是能做 SPA（無 SSR），或產生靜態網頁。

10.4　衍伸問題

大部分的面試官在聽完你的簡答後，會以此為基礎做深入的詢問；如果要你深入介紹每個框架的職責，你可以參考「10.3 回答問題所需具備的知識」來回答；除此之外，下面筆者再分享幾個常見的衍伸問題。

10.4.1　在 Vue 框架中，watch 跟 computed 的差異及使用時機

【考點】確認是否掌握框架基礎知識

watch 與 computed 都在觀察「值」的變動：

- **computed**

  有「快取」的特性，依賴值的變化去計算一個結果（多對一）。

- **watch**

  支援「非同步」，監聽一個值的變化去做一系列的事情（一對多）。

10.4.2 在 Vue 框架中，computed 跟 method 的差異及使用時機

【考點】確認是否掌握框架基礎知識

- **computed**

  有些複雜的邏輯運算會花很多時間；但靠著「快取」的特性，只要依賴的「值」沒有改變，它就不用重新運算，以此節省效能。

- **method**

  只要被呼叫，它每次都會執行，就算這些執行結果是相同的，適用於「不需要快取」的計算。

10.4.3 有使用過 React 嗎？為什麼會選用 Vue 開發呢？

【考點】是否了解或曾經用過同類型的技術，以及現在專案框架選擇的理由

因為前輩先將 Vue 導入公司專案，所以我是先學習 Vue 來開發網頁前端；對有接觸過 JavaScript 的工程師來說，Vue 是一個可以快速上手的框架。

而我個人在業餘時間有使用 React Native 來撰寫 App，因此覺得如果熟悉 Vue，React 的學習曲線不會太過困難；兩者都是優秀的前端框架，主要還是看團隊成員對哪個比較熟悉。

參考資源

1. 5 分鐘帶你搞懂 Vue、Vuex、Vuetify、Nuxt.js 之間的關係
   https://medium.com/dean-lin/875a9c69d3fd

2. Vuex 是什麼？怎麼用？
   https://medium.com/itsems-frontend/vue-vuex1-state-mutations-364163b3acac

3. 前端框架的功能與優點

   https://tw.alphacamp.co/blog/why-use-front-end-Framework

11

如何判斷專案要使用 CSR 還是 SSR？

如果前輩說什麼你就做什麼，長久下來會失去判斷能力。

除非你是草創成員，不然進入一間公司後，往往是跟著前輩訂下的規則走；而大部分前輩在教學（交接）的時候只會說要這樣做，而不會告訴你為什麼要這樣做。

不懂就問，不會就學，前輩說的也未必都是正確的。如果你發現過去的設計存在缺陷，除了有可能是當初考慮的不周全，也可能是因為當年的時空背景，所以故意這樣設計；希望大家永遠保留獨立思考的意識，與面對未知的懷疑。

11.1 面試官在想什麼？我可以怎麼回答？

11.1.1 面試官為什麼會問？

因為**履歷資訊**中顯示求職者使用 **Nuxt.js** 這個 Vue.js 的應用框架；而選擇這個框架通常是為了 SSR，於是想透過這個問題確認求職者是否明白 SSR 與 CSR 的差異，以及各自的應用場景。

11.1.2 面試官想從答案確認什麼？

- 是否可以簡述 CSR 與 SSR 的應用場景
- 細問時可以說出各自的優缺點
- 了解在實務上如何發揮各自的優點

11.1.3 筆者提供的簡答

如果是**操作頻繁**的內部管理系統，我會建議使用 **CSR**，由 Client 端負責編譯 HTML 頁面以降低 Server 端壓力；而面對**需要 SEO 優化**的網站，我會推薦用 **SSR**，因為 Client 端會直接收到由 Server 端編譯好的 HTML，利用首頁渲染快的優勢提供較好的使用者體驗。

11.2 回答問題所需具備的知識

11.2.1 CSR - Client-Side Rendering（客戶端渲染）

渲染過程全部交給 Client 端的瀏覽器去處理，Server 端不參與任何渲染。一開始的 HTML 是空白的，需要等待 JavaScript 下載並執行後瀏覽器才會顯示畫面。

- 優點
  - 減少 **Server** 端壓力

    因為 JavaScript 及 CSS 在第一次都已經發送到 Client 端，之後只需要向 Server 端取得相關頁面的 data 即可。

  - 頁面切換速度快

    因為 HTML 頁面都是 Client 端自己編譯的，所以頁面切換時不需要像 SSR 等待 Server 端回傳 HTML；而且網頁內容的改變通常都是局部的，這樣就避免了不必要的跳轉及重複渲染。

- 缺點
  - 首頁顯示慢

    明明首頁只有一點內容卻下載了所有頁面的資源。

  - **SEO** 較差

    因為一開始的 HTML 頁面是空白的；儘管現在 Google 的爬蟲也會等 JavaScript 編譯好再爬，但這塊對 SEO 的實際幫助還需要時間驗證。

- 應用場景
  - 會高頻操作且不需 **SEO** 的網站

    像是內部管理系統（ex：ERP 系統、訂單管理系統），這類系統的使用者大多不在意首頁顯示快慢，他們比較在意操作是否流暢。

11.2.2 SSR - Server-Side Rendering（伺服器端渲染）

HTML 由 **Server** 端編譯出來返回給 **Client** 端，所以 Client 看到的畫面就是最終版的 HTML。

- 優點
  - **SEO** 排名更高

    因為 Google 的爬蟲可以直接抓到網站資訊。

  - 首頁渲染快

    因為不需要下載一堆 JavaScript 及 CSS。

  - 減少 **Client** 端的耗電量

    因為編譯的步驟都在 Server 端執行。

- 缺點
  - **Server** 端承受比較大的壓力

    由於頁面都是在 Server 端進行編譯，因此在高併發場景中會消耗相當大的資源。

- 應用場景
  - 低頻操作但需要 **SEO** 優化的網站

    像是媒體類型的網站（ex：部落格、新聞網站、官方網站），因為這類網站要被搜尋到才會有流量及話題，而且大部分的時候 Client 端都在閱讀，很少有高頻操作的情境。

11.3 衍伸問題

11.3.1 在實務上有遇過什麼問題？你如何解決？

【考點】了解你在實務上是否能靈活運用

- 先簡述自己遇過的問題

  我們無法保證 Client 端的網路環境，如果採用 CSR 就可能會在首頁渲染的過程趕走一批網路較慢使用者；在這種情況下，SSR 會因為直接回傳首頁所需要的 HTML，因此使用者的跳出率會降低不少；但採用 SSR 在高併發的情境下，又會造成 Server 端太大的壓力。

- 再說明解決方式

  無論是 CSR 還是 SSR 都有各自的優勢與弱點，所以我通常會在首頁採用 SSR 來爭取更高的 SEO，其他操作頻率高的頁面則採用 CSR 讓使用者有良好的體驗；目前 Nuxt.js（Vue）、Next.js（React）這兩個框架都是很好的解決方案。

12

在使用後端的資料前，
你有先做驗證嗎？

筆者背鍋小故事

回想當年還是前端菜鳥時，我完全信任後端前輩回傳的資料。

記得當年有個產品上線前的測試一切正常，但上線幾天後 PM 就收到客戶回報，說系統上有頁面顯示不全的 Bug；因為網頁前端是我負責的，所以第一個被抓去興師問罪。

經驗不足的我在收到 Bug 後，先用本機環境模擬客戶遇到的問題，但弄了老半天始終查不出問題發生的原因；最後到客戶的正式機上查看顯示不全的頁面，才發現原來是**後端忘記更新正式機的 API 版本**，把狀況跟後端前輩溝通後，才順利解決這個 Bug。

為了避免這種狀況再次發生，之後在寫前端時，都會先驗證後端回傳的資料是否符合規格書上談好的資料結構。

12.1 面試官在想什麼？我可以怎麼回答？

12.1.1 面試官為什麼會問？

這算是**常見面試題**，主要確認你的前端技術力，這類題目範圍非常廣泛，有興趣的朋友可以看我放在參考資源的「前端工程師面試問題集」；因為幾乎無從準備，所以**面試時就看個人基本功夠不夠深**，經手的專案有沒有用到了。

12.1.2 面試官想從答案確認什麼？

- 前端在使用後端的資料前，是否有先做驗證。
- 你的基本功是否紮實

12.1.3 筆者提供的簡答

現在的專案採**前後端分離**的架構，前端在使用後端的資料前，我會先透過「jsonschema」這款套件**驗證 JSON 的資料結構**，確認後端回傳的欄位是否齊全、格式是否正確；以此避免前端顯示有問題的資訊，在遇到問題時也可以**快速釐清是前端還是後端造成的**。

12.2 回答問題所需具備的知識

12.2.1 認識「JSON Schema」

在介紹套件前，先讓大家對「JSON Schema」有一個基礎認知；它是一種基於 JSON 格式來定義 JSON 資料結構的規範，下面我們先來看一個基礎範例：

```
1.   const personSchema = {
2.     type: "object",
3.     properties: {
4.       name: { type: "string" },
5.       age: { type: "number", maximum: 150 },
6.     },
7.     required: ["name", "age"],
8.   };
```

相信上面這個「JSON Schema」應該是非常簡單易懂，它要求 JSON 的資料結構需要符合以下要求：

1. name 為 string
2. age 為 number 且最大值不得超過 150
3. name 與 age 都是必需的

12.2.2 安裝「jsonschema」並了解它的優點

現在有許多套件提供驗證 JSON 資料結構的功能，今天筆者用自己熟悉的套件：「jsonschema」來跟讀者分享，在了解使用的邏輯後，想換成其他套件都非常容易。

■ 安裝步驟

  Step 01 建立一個專案資料夾。

  Step 02 在終端機輸入 npm init 初始化專案。

  Step 03 在終端機輸入 npm install jsonschema 安裝套件。

■ 套件優點

  如果後端 API 版本變更或是 DB 的 Table 欄位修改後沒有通知前端，前端就可能發生新資料沒有欄位顯示、舊資料部分欄位為空的狀況；但有了這個套件守護前端，就能在發現問題時釐清責任，並提供 Debug 的方向。

- 可以詳細定義要驗證的 JSON 資料結構，包含內部所有參數的型態
  （string/number/array/object）。
- 驗證到錯誤的資料結構時，會明確說明錯誤的原因。
- 可以客製化錯誤訊息，轉換成好理解的文字。
- 學習及使用非常直覺。

12.2.3「jsonschema」驗證範例

Step 01 在專案資料夾下建立「simple.js」來了解如何驗證 JSON 資料結構。

Step 02 以剛剛「personSchema」作為範例來跟大家講解，程式如下：

```
1.    var Validator = require("jsonschema").Validator;
2.    var v = new Validator();
3.
4.    const personSchema = {
5.      type: "object",
6.      properties: {
7.        name: { type: "string" },
8.        age: { type: "number", maximum: 150 },
9.      },
10.     required: ["name", "age"],
11.   };
12.   var person = {
13.     name: "baobao",
14.     age: 14,
15.   };
16.   let result = v.validate(person, personSchema);
17.   console.log("valid：" + result.valid);
18.   console.log(result);
```

Step 03 在終機輸入 `node simple.js` ，觀察套件驗證結果：

```
valid : true
ValidatorResult {
  instance: { name: 'baobao', age: 14 },
  schema: {
      type: 'object',
      properties: { name: [Object], age: [Object] },
      required: [ 'name', 'age' ]
  },
  options: {},
  path: [],
  propertyPath: 'instance',
  errors: [],
  throwError: undefined,
  throwFirst: undefined,
  throwAll: undefined,
  disableFormat: false
}
```

Step 04 了解輸出參數的意義

- **valid**：用布林（boolean）型態回傳驗證是否通過（true/false）。
- **instance**：我們要驗證的資料，此範例要驗證的資料是「person」這個變數。
- **schema**：我們提供的驗證規則（JSON schema）。
- **errors**：會以陣列的形式米顯示驗證發現的錯誤，你可以透過這個參數在前端顯示錯誤原因（因此次驗證的資料結構正確，故回傳空陣列）。

Step 05 將「person」改為錯誤的資料結構：

- 將必填參數 **name** 移除
- 填寫**超過 age** 最大值的數字

```
1.   var person = {
2.     age: 200,
3.   };
```

Step 06 在終端機輸入 `node simple.js` ，確認驗證結果的「errors」是否捕捉到錯誤。

```
errors: [
    ValidationError {
      path: [Array],
      property: 'instance.age',
      message: 'must be less than or equal to 150',
      schema: [Object],
      instance: 200,
      name: 'maximum',
      argument: 150,
      stack: 'instance.age must be less than or equal to 150'
    },
    ValidationError {
      path: [],
      property: 'instance',
      message: 'requires property "name"',
      schema: [Object],
      instance: [Object],
      name: 'required',
      argument: 'name',
      stack: 'instance requires property "name"'
    }
],
```

透過以上範例，相信大家都明白「jsonschema」套件的基礎使用方式，有興趣深入研究的朋友請參考官網文件；如果沒接觸過「JSON Schema」的朋友建議自己手動實作看看，這算是非常重要的前端概念。

12.3 衍伸問題

12.3.1 前端開發時會考慮哪些問題

【考點】透過一個廣泛的問題，了解你開發時在意的點

這就是個大哉問，每個工程師都有自己在意的點，我建議回答自己擅長且真的有導入專案的部分，因為後續通常會詢問更深入的問題。

為了**減少設計變更**，會先請 UI/UX 設計 **Wireframe**，等團隊內部確認方案可行後，再向使用者說明流程**取得共識**。

為了讓網頁風格一致，會要求 UI/UX 在設計 **Mockup** 時**遵循 Material Design**。

為了**提升開發效率**，會先思考哪個 **Framework** 較適合這個專案。

在依照 Mockup 完成切版後，會先用 **Responsively** 這款工具，確認網頁**在不同解析度的裝置上是否會跑版**。

在功能穩定後，會思考如何**優化效能**，像是用 lazy loading 提升頁面載入速度、設定 Cache 減少頁面 Requests 數量及 Response 時間，透過這些設計讓使用者有更好的體驗。

前端效能優化小禮包：

1. 設定 Nginx 的 gzip 來壓縮 Response 的資訊。

2. 用 Bundle JS 來減少對多個 JavaScript 檔案的 Requests。

3. 用 Lazy loading 減少不必要的 Requests。

4. 用 webpack-bundle-analyze 觀察專案內的套件是否有被重複引入、在不需要的時候被引入。

5. 用到肥胖的套件時，只 Import 會用到的 Function 來減少體積。

6. 設定 Cache 來減少 Requests 數量以及 Response 時間。

7. 用 Preload、Prefetch 預載資源，優化使用者體驗。

8. 為輸入框及按鈕加上 Throttle（節流）、Debounce（防抖）的設計，以減少短時間相同操作下發出重複的 Request。

參考資源

1. 前端工程師面試問題集

https://h5bp.org/Front-end-Developer-Interview-Questions/translations/chinese-traditional/

PART 4

後端面試題

Ch13 你會的後端框架不只一個，可以說明一下它們之間的差異嗎？

在現實生活中，一個問題往往有多個解答；如果你回答時能說出不同解答間的取捨，我相信會讓對方眼睛為之一亮。

Ch14 請簡述 Node.js 的 Event Loop

有些工程師儘管可以完成交代的需求，但其實並不了解自己程式的執行順序，只是程式剛好能動而已。

Ch15 在正式 API 完成前，要如何讓串接的工程師不要空等？

API 開發都需要時間，在遇到瓶頸時甚至需要大量的時間來 Debug；如果能先提供 Mock Server 給前端，那團隊的開發效率就會大幅上升。

Ch16 設計 API 時會考慮哪些點？

一個合格的 API 除了能動之外，還有許多要考量的細節，而這些細節就是你與眾不同的部分。

13

你會的後端框架不只一個，可以說明一下它們之間的差異嗎？

你是十八般武藝樣樣精通，還是樣樣通樣樣鬆？

工程師真的很難，會的不多會被問為什麼沒學，會的很多還要被質疑專業程度；這種比較類型的問題，除非有事先做功課，不然就算你都會，也未必能在現場對答如流。

13.1 面試官在想什麼？我可以怎麼回答？

13.1.1 面試官為什麼會問？

因為**履歷資訊**中顯示求職者會的後端（Backend）框架不只一個：

- PHP：Laravel
- Node.js：Express、AdonisJS

當你會的東西多，面試官就會想了解你是每個都學一點，還是真的了解它。

13.1.2 面試官想從答案確認什麼？

- 能否簡單敘述 PHP 與 Node.js 的差異
- 舉例過去用這些框架做過哪些專案或是功能
- 為什麼會接觸 / 學習新的框架

13.1.3 筆者提供的簡答

之前使用 **PHP** 的 **Laravel** 框架開發過內部管理系統，也曾用 **Node.js** 的 **Express.js** 框架完成過餐廳點餐系統。

兩者的**差異主要因為程式語言而產生的**，PHP 是同步語言、多執行緒，而 Node.js 是一個能執行 JavaScript 的環境，支援非同步，為單執行緒。

如果專案要求**穩定一致**的效能，我會偏向使用 PHP 框架；而如果要承接**大流量**，我會選擇 Node.js 框架。

13.2 回答問題所需具備的知識

13.2.1 PHP VS Node.js

面對問題只有**一種解決方案**時，面試官會深入詢問這個技術；但如果面對問題有**兩種以上的解決方案**，他就會問你在**不同情境**下該使用什麼技術。

每個技術都有各自的優勢，這邊就讓我們從不同的角度來做分析吧～

- 同步的 **PHP** vs 非同步的 **Node.js**
  - 同步的 **PHP**
    會為每個 Request 建立一個執行緒（Thread），每個執行緒都會消耗記憶體，也就是說如果想要服務更多的客戶就要花心思（錢）在**硬體設備**上。

- 非同步的 **Node.js**

  為非阻塞（non-blocking）I/O 設計，搭配上 Event Loop 可以用一句很形象的話説明：「與其人多但好多人閒著；還不如一個人拼命往死裡做。」

- 多執行緒的 **PHP VS** 單執行緒的 **Node.js**
  - 多執行緒（**multi-threaded**）的 **PHP**

    使用阻塞（blocking）I/O 的設計。

    > PHP 會為每個 Request 都開一個執行緒；如果你想要實現非阻塞也能透過 reactPHP 來實現。

  - 單執行緒（**single-threaded**）的 **Node.js**

    使用非阻塞（non-blocking）I/O 設計 + 非同步（asynchronous）處理。

    > Node.js 原則上是單執行緒，但可以透過 PM2 的 Cluster Mode 達到多執行緒。

- 應用場景

  從 Client 端與 Server 端的溝通頻率來做分析：

  - 溝通頻率不高

    PHP 是個不錯的選擇（ex：個人部落格，像 WordPress 就是用 PHP 寫的）。

  - 溝通頻率頻繁

    Node.js 更能激發性能（ex：single-page-application、聊天室）；它適合大吞吐量的系統，較不適合需要大量 CPU 運算的系統。

- 可使用的資源
  - **PHP** 有 **Composer**

    Composer 的命名方式：「所有者 /Package 名稱」

- **Node.js 有 NPM**

  NPM 的命名方式：「Package 名稱」

  > 因為 NPM 的命名方式太自由，再加上每個人都能上傳自己的 NPM Package，**導致關鍵字第一個找到的未必是最合適的。**

■ 人才市場

- **人才數量**

  PHP 比 Node.js 早了 10 幾年發行，因此市場上使用 PHP 的人比使用 Node.js 的人更多；如果**職位流動性高，用 PHP 開發會比較合適。**

- **薪資**

  物以稀為貴，以 Junior 工程師來說，**Node.js 職缺的薪水會略高於 PHP 的職缺。**

■ 專案容量

用 **Laravel**（PHP）跟 **Express**（Node.js）來比較：

- **專案初期**

  一開始 Laravel 因為包山包海所以專案體積較大。

- **專案後期**

  儘管 Express 是 Node.js 輕量級的框架，但**實作過程往往要擴充一些 Package**，而且一個 Package 也會有很多的 dependency；這些原因可能導致最終實作出來的專案體積也不小。

■ 程式語言轉換

除非你的運氣逆天，每次都剛好找到符合你技能樹的公司，不然肯定要面臨程式語言的轉換。

就算你都待在同一間公司，面對不同的專案也可能會採用不同的框架及程式語言，下面分享幾個轉換時要注意的重點：

- 找類型相似的框架

  從 PHP 跳到 Node.js 一定會面臨諸多不適應；但如果你選擇的是**跟 Laravel 類似的 AdonisJS 框架**，這份不適感會下降許多，反之亦然。

- 語言語法

  如果你已經熟悉了一門程式語言，我覺得要上手另一門新的程式語言是很快的；但語言的**內建函式、生命週期都要重新熟悉，而且錯誤處理的經驗也要重新累積。**

- 專案規模

  如果是只有簡單 CRUD 邏輯的小專案，那我覺得藉此多瞭解一門程式語言是一個很棒的機會；但如果面對的是業務邏輯複雜的大專案，我強烈建議一定要選自己熟悉的程式語言，或者團隊中的扛霸子熟悉這門語言，不然出事根本沒人可以救得了。

- 效能

  - 響應速度

    Node.js 靠著 V8 引擎加上非同步的特型，擁有較快的響應速度。

- 面對錯誤的處理

  - PHP 遇到某個 Request 錯誤時，它只對這個 Request 產生影響。
  - Node.js 因為所有 Requests 都在單執行緒的 Web Server 中，所以某個 Request 導致的未知錯誤就可能影響到整個 Server。

    ▎不過這塊可以透過 PM2 的 Cluster Mode 與自動重啟來補救。

- 熱更新

  - PHP 修改後，只要刷新頁面就能看到。
  - Node.js 預設沒有熱更新，需要關閉專案後重啟。

13.2.2 用 supervisor 讓 Node.js 熱更新

在開發階段推薦使用 supervisor 這款套件。

`Step 01` 在全域安裝套件 `npm install supervisor -g`

`Step 02` 建立一個「myapp.js」的檔案，並複製貼上下面程式：

```
1.    var http = require("http");
2.    http.createServer(function (req, res) {
3.      res.writeHead(200, { 'Content-Type': 'text/plain' });
4.      res.end("Hello World!");
5.    }).listen(3000, '127.0.0.1');
```

`Step 03` 終端機用 `node myapp.js` 啟動程式後，修改「res.end("**Hello World!**");」的內容；刷新網頁後**內容不變**。

`Step 04` 終端機改用 `supervisor myapp.js` 啟動程式，修改「res.end("**Hello World!**");」的內容；刷新網頁後**內容更新**。

supervisor 也可以對專案資料夾做監控，但是要記得排除一些資料夾（ex：儲存 log 檔的），否則你的專案會無時無刻在重啟。

▎如果是有大流量情境的正式網站，建議使用 PM2 這款工具。

13.2.3 不一定要拼個誰輸誰贏

▎存在即合理

- **小專案不用花太多時間在評估框架及程式語言選擇上**
  有些公司對專案要用什麼框架以及程式語言保持著非常謹慎的態度，謹慎的態度是對的，但也要考量到專案的規模；如果今天的專案就是 CRUD 的簡單

應用，預估使用者數量不多或是主要來自於內部成員，用什麼框架及程式語言其實都差不多。

■ **看團隊成員擅長的領域**

如果公司高層為了追求潮流，而要求開發人員用不熟悉的框架和程式語言去做專案，那他最好祈求專案上線後平平安安；**不然出事後公司是沒有人能夠處理這些問題的。**

> 沒有使用者會在意一個不能用的網站效能有多好。

■ **每個程式語言都有自己的擁護者**

在不同的條件下，每個程式語言都有自己的優勢，而且每年都會誕生新的框架和程式語言；筆者覺得與其盲目追逐新的技術，不如先深入研究一個成熟的技術，**當你有辦法靠它解決各種難題時，再去學新的框架跟程式語言也不晚。**

13.3 衍伸問題

13.3.1 既然你先學了 Node.js 的框架，為何後來改用 PHP 的框架？

【考點】可以透過這題了解求職者的人格特質、面對技術的態度

這兩個框架都是解決問題的技術，我一開始用 Node.js 的 Express 框架**獨立完成**了幾份專案；但後來加入了一個**需要 Team work** 的大型專案，因為當時的組長比較熟悉 PHP 的 Laravel 框架，所以我便藉由這個機會**學習新的技術**；也因為這次的技術轉換，讓我了解不同框架和程式語言在部署以及效能各方面的差異。

我想透過上面的回答給面試官幾個訊息：

1. 我能獨立完成專案，也可以團隊合作。
2. 我願意學習新技術。
3. 學習的同時會分析不同框架和程式語言的優劣。

13.3.2 使用框架有什麼好處跟壞處？

【考點】了解求職者對框架的認知

- **好處**

  框架能夠讓初學者快速入門並開發出有一定水平的專案，同時因為框架提供了許多常用的函式，所以可以**大幅縮短專案時程**；在團隊協作上框架優勢更為明顯，能夠讓成員有一致的開發方式。

- **壞處**

  因為框架預先幫開發人員做了太多事情，這導致開發人員並不理解許多功能的原理，造成了一旦有框架無法滿足的功能，初學者的生產力會斷崖式下降；如果長期使用，也容易讓自己的開發思維被限制在框架內。

> ◀» **筆者碎碎念：**
>
> 希望讀者不要只把我提出來的問題當成面試會出的考題；當面試官會這樣詢問時，通常是因為實務上也會遇到類似的問題。

參考資源

1. PHP + Apache Stack vs Node.js

   https://thomashunter.name/posts/2012-06-21-php-vs-nodejs

2. 服務端 I/O 效能大比拼：Node、PHP、Java、Go

   https://www.itread01.com/content/1549876684.html

3. 簡析 Node.js 特點與應用場

   https://jishuin.proginn.com/p/763bfbd2cab5

4. 詳細版 | 用 Supervisor 守護你的 Node.js 進程

   https://www.jianshu.com/p/6d84e5efe99d

5. 淺談 Node.js 和 PHP 程式管理

   https://iter01.com/403097.html

14

請簡述 Node.js 的 Event Loop

熟悉的起手式：「我方便問你一個 Node.js 核心的問題嗎？」

這是一個在了解後，無論面試還是工作，CP 值都很高的題目，建議讀者要真的融會貫通。

14.1　面試官在想什麼？我可以怎麼回答？

14.1.1　面試官為什麼會問？

只要你的履歷上有 **Node.js**，10 間公司至少有 3 間會問這個**常見面試題**；而且問題的起手式出奇的一致：「我方便問你一個 Node.js 核心的問題嗎？」

14.1.2　面試官想從答案確認什麼？

- 你是否了解 Event Loop 對 Node.js 的重要性
- 你能大概說明 Event Loop 每個階段的任務
- 如果出白板題要你解釋程式執行的順序，你是否能說出個所以然

14.1.3　筆者提供的簡答

Node.js 之所以高效，是因為採取單執行緒與 **Event Loop** 的概念，它將所有需要等待結果、請求外部資源的函式，全部丟到 Event Loop 中等待；而 Event Loop 的邏輯是 Node.js 底層用 C 語言撰寫的 libuv 庫來運行的。

14.2 回答問題所需具備的知識

14.2.1 Event Loop 執行的邏輯

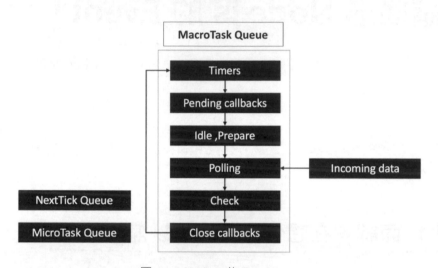

圖 14-1 Node.js 的 Event Loop

了解 **MacroTask Queue** 的 **6** 個階段：

1. **Timer**

   等計時器（setTimeout、setInterval）的時間一到，會把它們的 callback 放在這裡等待執行。

2. **Pending callbacks**

   作業系統層級使用（ex：TCP errors、sockets 連線被拒絕）。

3. **Idle, Prepare**

   內部使用。

4. **Polling**

   - 如果 Queue 不為空，依次取出 callback 函數執行，直到 Queue 為空或是抵達系統最大限制。

- 如果 Queue 為空但有設置「setImmediate」就進入 Check 階段。
- 如果 Queue 為空但沒有設置「setImmediate」就會在 Polling 階段等待，直到 Queue 有東西或是 Timer 時間抵達。

5. **Check**

處理 setImmediate 的 callback。

6. **Close callbacks**

處理關閉連線、檔案的 callback。

Macrotask Queue 在 Event Loop 中優先層級較低，接下來介紹優先層級更高的兩個 Queue：

■ **NextTick Queue 優先層級最高**

「process.nextTick()」的 callback 可以隨意插隊，只要這個 Queue 有東西就會優先執行。

■ **MicroTask Queue 優先層級次高**

「Promise」的狀態從 pending 轉變為 resolve 或 reject 時，執行的 callback 會進入這個 Queue。

▎注意：**Promise** 在創建時是同步的，不會進入 Event Loop。

14.2.2 用 Node.js 範例程式確認自己是否理解 Event Loop

大家可以先用紙筆模擬看看下面程式的執行順序：

```
1.    console.log("start");
2.
3.    process.nextTick(function () {
4.      console.log("nextTick1");
5.    });
6.
```

```
7.   setTimeout(function () {
8.     console.log("setTimeout");
9.   }, 0);
10.
11.  new Promise(function (resolve, reject) {
12.    console.log("promise");
13.    resolve("resolve");
14.  }).then(function (result) {
15.    console.log(result);
16.  });
17.
18.  (async function () {
19.    console.log("async");
20.  })();
21.
22.  setImmediate(function () {
23.    console.log("setImmediate");
24.  });
25.
26.  process.nextTick(function () {
27.    console.log("nextTick2");
28.  });
29.
30.  console.log("end");
```

如果答案跟下面結果一樣，那代表你很了解 Node.js 的 Event Loop 邏輯：

```
1.   start
2.   promise
3.   async
4.   end
5.   nextTick1
6.   nextTick2
```

```
7.    resolve
8.    setTimeout
9.    setImmediate
```

14.2.3 解析 Node.js 範例程式的執行順序

Step 01 先依照順序執行同步函式。

1. 因為 Promise 在創建時是同步的，所以會先執行。

2. 在 function 前面加上 async 宣告為非同步函式，執行時會被轉換為 Promise。

```
1.    console.log("start");
2.
3.    new Promise(function (resolve, reject) {
4.      console.log("promise");
5.      resolve("resolve");
6.    }).then(function (result) {
7.      console.log(result);
8.    });
9.
10.   (async function () {
11.     console.log("async");
12.   })();
13.
14.   console.log("end");
```

Step 02 進入 Event Loop。

1. 如果執行過程中遇到 NextTick Queue 就優先執行。

```
1.    process.nextTick(function () {
2.      console.log("nextTick1");
3.    });
```

```
4.
5.    process.nextTick(function () {
6.      console.log("nextTick2");
7.    });
```

2. 在處理完最高優先層級後，如果執行過程中遇到 MicroTask Queue 就執行。

```
1.    new Promise(function (resolve, reject) {
2.      console.log("promise");
3.      resolve("resolve");
4.    }).then(function (result) {
5.      console.log(result);
6.    });
```

3. 在前兩個高優先層級的 Queue 清空後，返回 Event Loop 繼續執行，在「Timer」階段中，如果 setTimeout 設定的時間已到就先執行。

```
1.    setTimeout(function () {
2.      console.log("setTimeout");
3.    }, 0);
```

4. 接著「Polling」階段中，如果 Queue 為空但有設置 setImmediate，就進入「Check」階段執行。

```
1.    setImmediate(function () {
2.      console.log("setImmediate");
3.    });
```

以上步驟執行完成後就是範例程式的解答啦～希望對大家理解 Event Loop 有幫助。

14.3 衍伸問題

14.3.1 可以簡述 **Node.js** 跟 **JavaScript** 的差異嗎？

【考點】確認求職者是否理解自己天天使用的工具

JavaScript 是程式語言，可以在合適的瀏覽器中運行；而 Node.js 是一個能執行 JavaScript 的環境，它以 Chrome V8 引擎為核心，再加上 C/C++ 套件，讓 Sever 端也可以執行 JavaScript。

14.3.2 **readFile** 和 **createReadStream** 函式的差異？

【考點】判斷求職者在過去的專案中是否使用過這類函式，並理解差異

readFile 函式會將讀取到的**完整內容**存在記憶體後傳給使用者，而 **createReadStream** 函式則是**逐塊讀取檔案**，不是全部存在記憶體中；因此要讀取較大的檔案時，建議使用 createReadStream ，利用其逐塊讀取的特性減少使用者等待時間。

14.3.3 **REPL** 是什麼？

【考點】對專有名詞是否熟悉，能否解釋

REPL（Read Eval Print Loop）是一個用來**執行程式語言的虛擬環境**。

就像我們在瀏覽器的 Console 可以執行 JavaScript 程式碼；在安裝完 Node.js 環境後，新增一個 JavaScript 檔，在終端機輸入 `node xxx.js` 便可以執行它。

參考資源

1. Node.js 的 Event Loop（事件輪詢）到底在做什麼？

https://medium.com/dean-lin/c7129063d0f4

2. 15 個常見的 Node.js 面試問題及答案

https://www.gushiciku.cn/pl/gOTo/zh-tw

3. 你有沒有想過，到底 Server 是如何「同時處理多個 requests」的？- Node.js 篇

https://ithelp.ithome.com.tw/articles/10230126

15

在正式 **API** 完成前，要如何讓串接的工程師不要空等？

建立 Mock Server 後，前端工程師就失去耍廢時間不需要等後端完成 API 後才能串接。

▌前端工程師心裡 OS：「其實我是想要空等的。」

15.1 面試官在想什麼？我可以怎麼回答？

15.1.1 面試官為什麼會問？

這問題是想了解你現在的工作是如何運行的，因為許多專案都採取前後端分離的架構，而有時前端完成切版後，後端還在開發 API，這導致中間產生一段空窗期。

就算後端開發 API 的速度夠快，但如果提供的 API 不穩定，又或是沒按照需求規格開發，就可能導致前端空等更多時間。

15.1.2　面試官想從答案確認什麼？

- 專案啟動後，前端與後端是如何協作的
- 你有用什麼工具，讓前端不用等你寫完 API 就能提前串接
- 你有提供什麼文檔供前端串接時參考
- 如果回答的是某個工具（ex：Postman），會再詳細詢問有使用到工具的哪些功能

15.1.3　筆者提供的簡答

我會先依照需求規格整理出一份**讓雙方共同遵守的開發文檔**，同時使用第三方驗證工具「**Postman**」建立 **Mock Server**，並根據 Request 的參數給予對應的 Response 結果，讓前端可以先串接模擬的 API。

15.2　回答問題所需具備的知識

市面上提供 Mock Server 以及產生 API doc 的工具很多，不過「Postman」是筆者用起來最順手的；Postman 除了 API 的基礎測試外，還有許多提高工作效率的功能，就讓我們透過這篇文章讓自己的 Postman 更專業吧！

15.2.1　Mock Server 是什麼？學它有什麼好處？

在前後端分離的架構下，前端在完成切版後，需等待後端完成 API 才能做後續的開發；為了不讓前端在這段時間偷懶苦等，Mock Server 應運而生！**它能回傳自訂的資料結構供前端使用**，等後端完成 API 後，前端只要切換網址就能串接正式API。

除了上面的好處外，如果你開發環境的後端 Sever 不太穩定常常罷工，Mock Server 也能保證你的工作效率不受影響，畢竟不可能每次都等 Server 修好後再工作吧？

15.2.2 用 Postman 建立 Mock Server

▌ Postman 改版非常快速，你看到的畫面可能跟我有些許不同

`Step 01`　建立 Mock Server

1. New > Mock Server

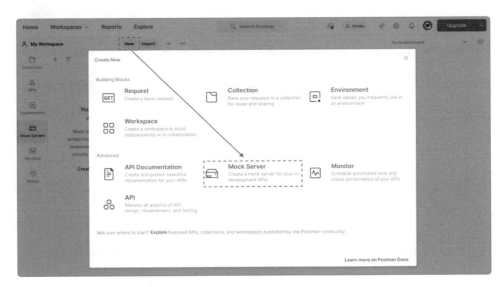

圖 15-1　建立 Mock Server

2. Create a new Collection > 填寫 Request URL > Next
   如果不是選擇現有的 Collection，就需要建立一個新的 Collection，**並至少填寫一個 Request URL**。

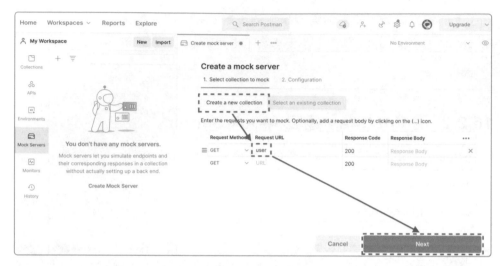

圖 15-2　選擇或建立一個 Collection

3. 給 Mock Server 取個名字，並勾選**儲存 mock server URL 到環境變數**的選項。

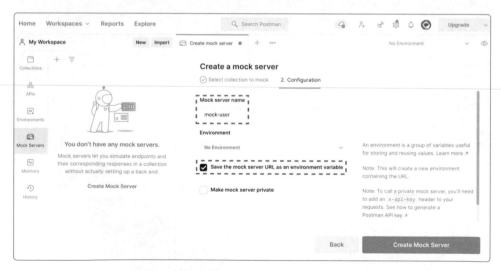

圖 15-3　填寫建立 Mock Server 的相關參數

Step 02 檢查 Mock Server 是否建立成功

1. 建立成功後便可在「Mock Servers」的分頁中看到剛剛建立的 Server，點進
   去後能看到這個 Sever 的網址。

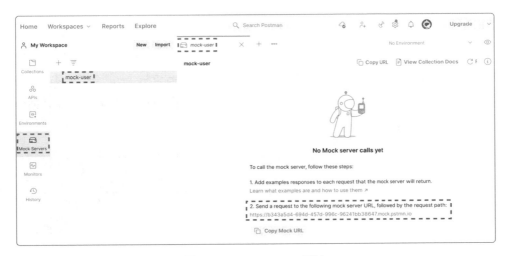

圖 15-4 Mock Server 網址

2. 接著我們到「Environments」的分頁，確認 Mock Server 的 url 有儲存到環境
   變數。

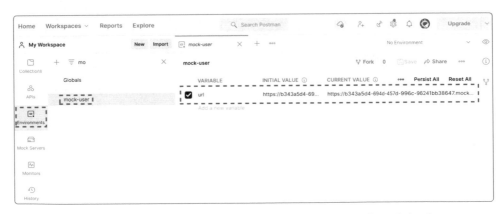

圖 15-5 在「Environments」分頁，確認 Mock Server 的 url 有存到

15.2.3 設計 Mock Server Response

在 Mock Server 建立後，接下來我們要依據不同的 Request Params 來設計 Response 的資料結構。

Step 01 先用 Request 的 Default example 來了解使用方式

1. 到「Collections」的分頁找到剛剛初始化的 Request，因為網址的 **{{url}}** 會帶入環境變數，所以右上角請選擇剛剛建立的「mock-user」，按下「Send」後你會發現下面的 Response 一片空白，這是因為我們還沒設定 Mock Server Response。

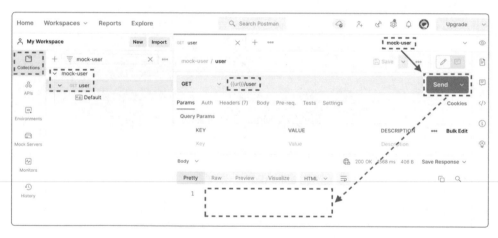

圖 15-6 目前 Default example 為空

2. 在圖 15-7 我們能看到 Request 下面有一個「Default」的 example，可以用它來自訂 **Response 的資料結構**，這邊我們用 JSON 格式寫個簡單的 Response example，寫完後記得按下「Save」。

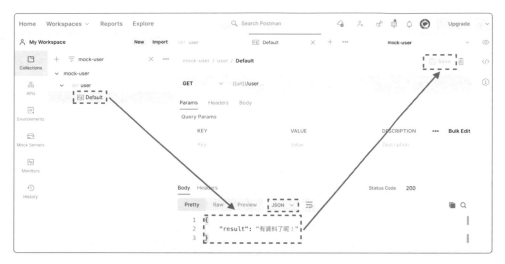

圖 15-7 自訂 Default example 的內容

3. 回到 Request 按下「Send」後，會發現 Response 的資料結構跟剛剛填寫的 example 相同。

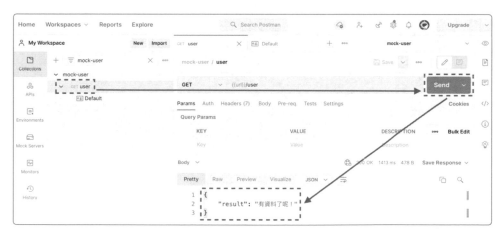

圖 15-8 正確回傳 Default example 的內容

Step 02 新增其他的 Response example

1. 除了最初的 Default 外，我們還可以自己新增其他的 Response example。

圖 15-9 新增其他的 Response example

2. 接著透過加入 **Params** 讓這個 **Request** 有不同的 **Response**，這裡我們新增
   「correct」、「error」這兩個 example ，並加入「control_res」這個 Params
   來做示範。

   在「DESCRIPTION」填寫的資訊會顯示在 API 文件上，寫清楚一點不但方
   便自己記憶，也更容易讓合作者了解。

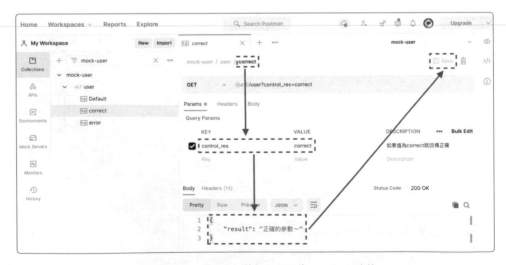

圖 15-10 新增當 control_res 的 VALUE 為 correct 時的 example

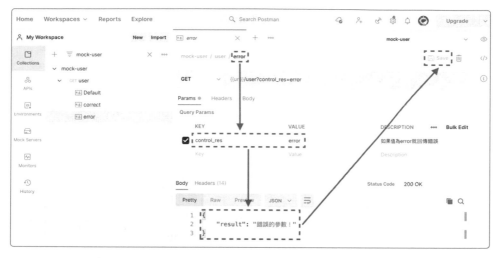

圖 15-11　新增當 control_res 的 VALUE 為 error 時的 example

3. 回到 Request，在「control_res」填入不同的 VALUE（correct、error），按下「Send」後就會看到對應的 Response。

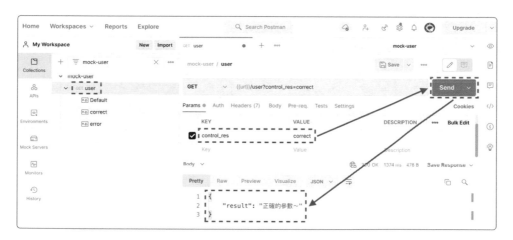

圖 15-12　當 control_res 的 VALUE 為 correct 時的 Response

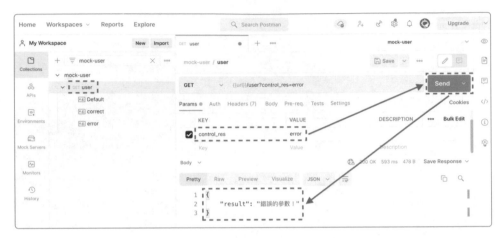

圖 15-13 當 control_res 的 VALUE 為 error 時的 Response

15.2.4 設定 Environment 讓你快速切換執行環境

這是 Postman 最重要的功能之一，它可以加快開發速度，讓你不用為每個環境
都複製一個 Collection，然後放一堆只有網址不同的重複 Request。

- 如果沒設定會發生什麼蠢事？

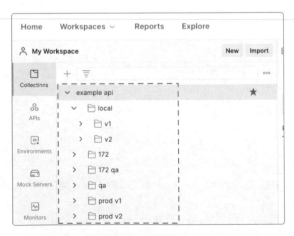

圖 15-14 一堆內容高度重複的 Collections

有沒有覺得圖 15-14 的內容看起來很蠢，在了解 Environment 怎麼設定前，我的 Collections 就是這麼的複雜；**因為開發時環境通常會分成：「Local、Dev、QA、Prod」**，如果每新增一個環境你就複製一份，到最後你會無法妥善管理。

透過上面的悲慘案例，想必人家都了解它的重要性，接著就讓我們來學習如何設定它吧！

Step 01 新增 Environment

到「Environments」的分頁按「＋」的按鈕，接著輸入該環境的名稱（我用 local-server 做示範）。

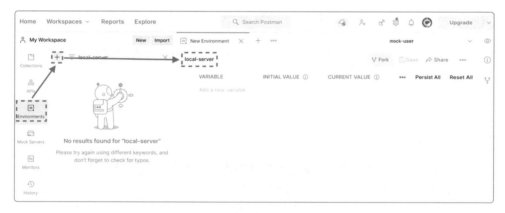

圖 15-15 新增 Environment

Step 02 設定常用的環境變數（Environment variables）

- **url**

  這個是最實用的環境變數，我主要透過它來切換網址，到不同環境做測試。

- **login_user、login_password**

  使用者在不同環境的登入資訊通常略有差異，且大部分的 API 都需要透過登入取得 Token 或是 SessionID 才能使用，把他們加入環境變數可以加速你的測試。

📌 警告：

考量到資訊安全，不建議把正式機的 password 加入環境變數，且測試機的 password 不要用自己日常會使用的密碼。

都可以偷懶用 Environment 了，密碼自己去產生一組吧。

圖 15-16　設定常用的環境變數

Step 03　在 Request 使用環境變數

使用時只需要把環境變數用 **{{your_env_var}}** 包起來就好，另外右上角記得要切換到正確的 Environment 才會帶入相應的資料喔！

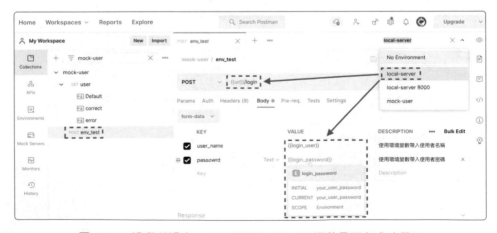

圖 15-17　滑鼠移過去，可以從彈窗確認環境變數是否有成功帶入

15.2.5 匯出 **API documentation** 給同事使用指引

相信後端工程師都有一個共同經驗，無論你的 API 文件寫得再清楚、功能執行的再穩定；到了同事手中卻常常被說不能 Work，緊張的你檢查很多遍也找不出問題，百思不得其解的抵達同事座位後，才發現他原來漏了**某個參數**。

如果你有這樣的經驗，Postman 內建的 API documentation 能拯救你，讓你在 Publish 文件後可以跟同事過上幸福快樂的生活。

Step 01 View documentation

選擇想要產生文檔的 Collection，按下「View documentation」後文檔就會顯示在右側，你可以透過切換右上角的 Environment 來檢視文檔。

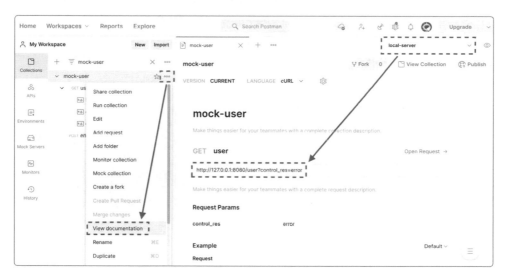

圖 15-18 可以切換 Environment 來檢視文檔

Step 02 Publish documentation

1. 確定文檔內容都沒問題後按「Publish」。

圖 15-19 Publish documentation

2. 接著會請你調整一些參數（ex：使用的 Environment、頁面的 Styling），調整完後建議先用左側的「Preview Documentation」確認是否符合預期。

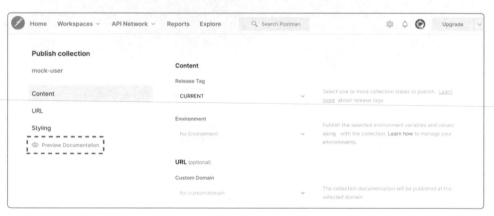

圖 15-20 Publish 前可以調整參數、預覽文檔

3. 確認一切都沒問題後按下「Publish」就發布出去嚕～

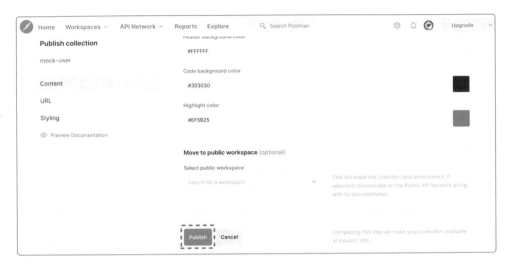

圖 15-21　正式 Publish

Step 04　Share API Doc URL

你可以將 URL 複製起來分享給你的合作夥伴，如果你想把這份文檔下架，按
「Unpublish」即可。

圖 15-22　Publish 後便可獲得文檔的 URL

15.2.6 將 Mock Server 變成私有的

前面在建立 Mock Server 時，不知道有沒有人注意到「**Make mock server private**」的選項？

Mock Server 在做這個設定前，它的 Request URL 是對外開放的，如果你想幫自己的 Mock Server 多加一層防護，可以跟著下面步驟操作：

Step 01 編輯 Mock server

1. 在「Mock Servers」分頁打開之前創建的 Server，按下「Edit」。

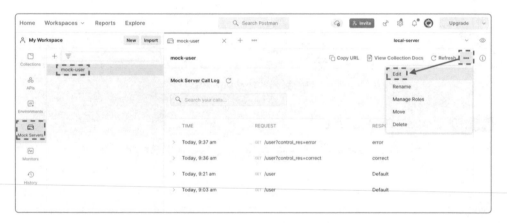

圖 15-23 編輯 Mock Server

2. 滑至底部，將「Make mock server private」打勾並按下「Save Changes」。

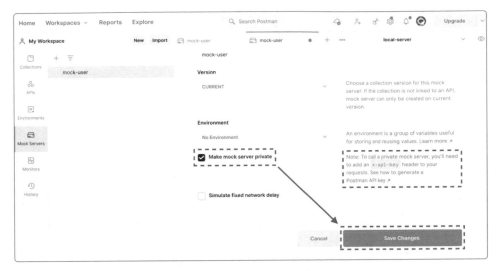

圖 15-24 將 Mock Server 變成私有的

3. 回到之前的 Request，你會發現按下「Send」後會回傳錯誤訊息，這是因為現在 **Mock Server** 都需要添加 **API key** 到 **Request** 的 **Header** 才能使用。

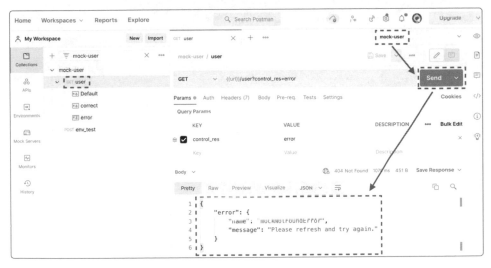

圖 15-25 沒有 API Key 是無法訪問私有的 Mock Server

Step 02 產生 Postman API key

1. 登入 POSTMAN 後，前往產生 API Keys 的頁面（https://go.postman.co/
   settings/me/api-keys），然後點擊「Generate API key」。

圖 15-26 產生 Postman API key

2. 填上用來識別這個 API key 的名稱後按下「Generate API key」。

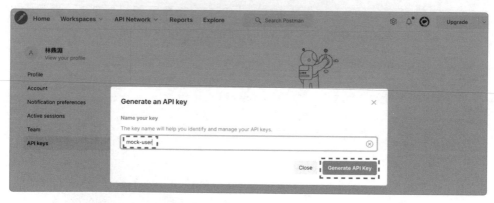

圖 15-27 自訂 API Key 的名稱

3. 接著請**複製這個 API key**，上面已經警告這是你唯一見到它的機會了。

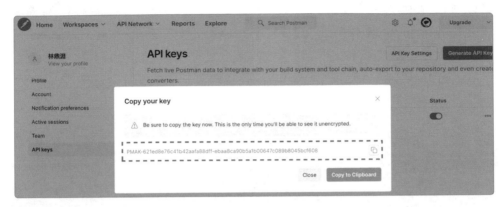

圖 15-28 複製產生出來的 API Key

Step 03 將 API key 加入環境變數

因為日後 Mock Server 所有的 Request 都需要這個 API key，所以我們把它加入環境變數，變數名稱為「x-api-key」。

圖 15-29 將 API key 加入環境變數（x-api-key）

Step 04 在 Request 的 Header 加上 x-api-key

最後回到 Request，在 Headers 的分頁下加入「x-api-key」這個參數，並將環境變數 **{{x-api-key}}** 作為值，最後按下「Send」就能看到正確的 Response 回傳囉！

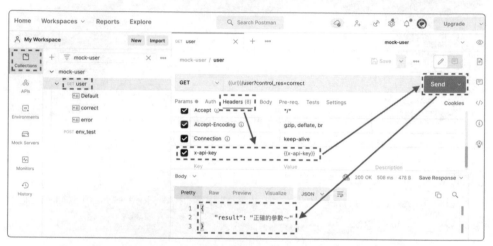

圖 15-30 Header 加上 x-api-key 後，便可訪問私有的 Mock Server

參考資源

1. 讓你的 Postman 更專業

   https://medium.com/dean-lin/afc5c04742e0

16

設計 API 時會考慮哪些點？

你設計的 API 除了跑的動以外，它安全穩定嗎？

既然 Junior 跟 Senior 的後端工程師都能寫出可以運作的 API；那公司為什麼要多花錢請一個比較貴的工程師呢？

不僅面試官會問這個問題，你也要時常反問自己：「**我憑什麼可以開出更高的薪水？我跟其他的工程師有哪裡不一樣？**」

16.1 面試官在想什麼？我可以怎麼回答？

16.1.1 面試官為什麼會問？

這算是**常見面試題**，面試官想從回答中了解你後端的實作經驗與基本功，以此判斷你在加入團隊後，是否需要花更多時間訓練才能成為有效戰力。

能依照需求規格書完成 API，只是後端工程師需具備的基礎能力；但這個 API 考慮的是否周全，就看每個工程師的經驗，以及自身對技術的要求了。

16.1.2 面試官想從答案確認什麼？

- 你設計的 API 是否有防護機制
- 當 Client 端傳入不符規範的參數及型態時，你的 API 是否有成為防線

- 你如何保證 API 的穩定性
- API 穩定後，是否有對它做過優化

16.1.3 筆者提供的簡答

以過去設計的內部管理系統來說，Client 端在登入後會取得 JWT，之後在存取受保護的 API 前，都會用這個 **JWT** 來驗證是否有存取的權限。

為了避免 Client 端傳入不符規範的參數，我會**驗證傳入參數的格式**，並撰寫 **Unit Test** 確保每隻 API 在不同情境下的 Response 都符合期待。

再保證 API 的穩定性後，我會去思考還有什麼地方可以優化，像是有些邏輯運算儘管前後端都可以處理，但根據不同的情境會有各自的取捨；需要經過討論與實驗，才會知道哪個方案能讓 Client 端獲得更好的體驗。

16.2 回答問題所需具備的知識

16.2.1 驗證 Client 端身份的方法

這邊帶讀者瞭解兩種主流驗證機制，大部分框架都有提供對應的方案供開發人員使用。

- **Session 與 Cookie**

  當 Client 端登入後，Server 會產生一筆 Session 並記錄（可能儲存於資料庫或記憶體），同時將可以識別身份的 SessionID 送回 Client 端儲存於 Cookie；此後 Client 端的請求，Server 只需要根據 Cookie 中的 SessionID 尋找 Session 來驗證使用者即可。

  使用 **Session** 要考量的問題：

  1. 因為 Session 的資料儲存於 Server 中，需考慮同時有很多使用者上線時，要面對的效能或是記憶體問題。

◆ **解決方案**：定期清理過期 Session。

2. 如果採取 Cluster 部署，就要考慮不同 **Server** 的 **Session** 共享問題。

   ◆ **解決方案**：Server 需設計 Session 同步機制（Replication），或是獨立出一個 DB 集中處理。

> 推薦採用 Redis 這類記憶體資料庫來儲存 Session，除了提高使用者存取的效率外，還可直接在上面設計 Session 失效的邏輯。

- **JSON Web Token（JWT）**

當 Client 端登入後，Server 會回傳一個 JWT，Client 端通常會將 JWT 儲存於 Local Storage；當 Client 端打算訪問受保護的資源時，需要在 Header 的 Authorization 使用 Bearer 模式添加 JWT，如果驗證通過即可存取相關資源。

使用 JWT 要考量的問題：

1. 當 Client 端取得 JWT 後，在 JWT 有效期內他都能夠使用；即使我們直接把使用者帳號刪除，透過這個 JWT 依舊可以訪問受保護的資源。

   ◆ **解決方案**：設計黑名單機制，使用記憶體資料庫維護一份黑名單，如果想讓某個 JWT 失效，把它加入黑名單就好了；之後使用 JWT 訪問資源時，都要先檢查它是否存在於黑名單中。

2. **不要為了方便而把 JWT 的有效期限設定太長**，否則這個 JWT 一旦外洩，後果不堪設想。

   ◆ **解決方案**：JWT 的有效期限不要設定太長，若使用者需長時間使用系統，可設計 Refresh Token 的機制來自動延長有效期限，同時使用 HTTPS 來減少盜用。

16.2.2 了解後端驗證的重要性，並認識常見的 Validation Rule

無論前端驗證做得多完美，後端驗證都是必須存在的；因為想攻擊系統的人不一定會從前端執行，直接 Call API 嘗試所有可能性的效率快多了，**前端驗證可以大幅減少不必要的 Request 產生，後端驗證則是守護資料的最終防線**。

- 為什麼要了解 Validation Rule ？
  - 你可以節省非常多親手撰寫 Function 的時間（自己寫的效能跟穩定度未必較好，還可能造成日後維護專案的困擾）。
  - 這些不符規範的資料並不會進入後端運算的邏輯層面。
  - 驗證發現錯誤就 Response Error，減少 Client 端等待時間。

接下來用情境來介紹幾個常見的 Validation Rule，不同框架的名字可能略有不同（下面範例使用 PHP 的 Laravel 框架）。

- **驗證使用者註冊系統時填寫的參數**
  此為 Laravel 驗證傳入參數的程式，下方依據參數進行解說：

```
1.    $validator = Validator::make($request->all(), [
2.        'email' => ['required', 'email', 'string', 'max:255',
          'unique:users'],
3.        'name' => ['required', 'string', 'max:50'],
4.        'password' => 'required', 'string', 'max:255', 'min:8',
          'regex:/^.*(?=.{8,})(?=.*?[a-zA-Z])(?=.*?[0-9]).*$/',
          'confirmed']
5.    ]);
```

- email
  為必填（**required**）欄位，同時檢查傳入的字串是否符合信箱（**email**）格式以及長度（**max**）是否超過限制，並確認這個 email 並沒有被註冊過（**unique**）。

- **name**

  為必填（**required**）欄位，同時檢查傳入的字串長度（**max**）是否超過限制。

- **password**

  為必填（**required**）欄位，除了檢查傳入的字串長度（**max**）是否超過限制外，通常會規定最小長度（**min**）；再嚴謹一點會要求 password 複雜度需包含英數字（**regex**），且內容與 password_confirmation 欄位相同（**confirmed**）。

16.2.3 優化後端的常見方法

這邊不討論程式語言和資料庫帶來的影響，先把目光放在共同可行性方案上。

■ **操作資料庫時加入限制條件**

前端 Request 的參數（ex：分頁、筆數、種類 ...）可能會少放，所以後端要有意識的**設計預設值**。

前端 Request 的參數也可能設計不良（ex：要求回傳 10 萬筆），所以後端一定要**設計極限值**；不然當資料量大的時候，除了會浪費時間、效能外，前端也不適合接收、呈現這麼多資訊。

■ **回傳前端的資料盡量是已經計算過的**

儘管現在電腦、手機的效能越來越好，但我們還是不能預設 Client 端機器的效能，如果把太多的邏輯運算交給前端，就可能導致不好的使用者體驗；我這邊建議後端最好**回傳計算後的資料**，前端負責顯示為主，不過這塊也要看實際的業務量以及情境來 trade-off。

■ **加入 CDN Cache**

如果遇到國外客戶抱怨連線速度很慢，就可以考慮採用 CDN 來解決這個問題；CDN 服務商的做法是將 Server 建置在世界各地，將網站上的靜態內容

（圖片、影音、檔案）與動態內容（資料庫查詢）Cache 到 Server，**根據訪客的地理位置，從最近的 Server 提供資料**，好處如下：

- 提升網站的穩定度（如果某個 CDN Server 掛了也有替身）。
- 節省原本 Server 的頻寬（因為流量被分散了）。
- 改善使用者體驗（過去會卡住的都是大檔案，有了 CDN Cache 後瀏覽會更流暢）。

■ 提升硬體水平

江湖傳言：「效能不夠，機器來湊！」雖然聽起來好像是在開玩笑；但實際業務上如果真的遇到效能瓶頸，許多公司的做法就是**先靠硬體讓服務穩定**，等服務穩定了，你才有心力去優化程式的演算法。

16.2.4　淺談 Unit Test（單元測試）

■ **為什麼 Unit Test 很重要？**
- 因為有它**守護程式碼的穩定性**，所以開發人員在面對新需求時，可以更大膽的開發。
- **發生錯誤時可以快速收斂問題**，並將這次的錯誤納入 Unit Test，確保下次不會再犯。
- 減少手動測試時間，**大幅降低相關維運成本**。
- API 版本更新時（ex：v2 升級到 v3），**確保舊版 API 可以正常運行**。

■ **Unit Test 使用時機**
- 開發人員要先在本機 Run 過一遍，確認所有 Unit Test 都通過。
- 如果有使用 Git 做版本控制，在受保護的 Branch 合併前，CI/CD 應該要設計一個 Stage 專門來跑 Unit Test，確保 Source Branch 的程式正確性。

■ **Unit Test 基礎概念**
- 測試時使用（或自動建立）**Mock data**，不要動到 **Server** 真實資料。

Unit Test 著重在**測試程式邏輯**，建議測試時使用 Mock data，不然可能導致正式環境發生意外。

- 測試要涵蓋程式的所有邏輯
  - ◆ 假設一個 API 有 12 種回傳邏輯，你的 Unit Test 就要涵蓋這些可能性；根據莫非定律，**少寫的測試往往會在上線後爆掉**。
  - ◆ 如果 API 有做 JWT 防護、Request 參數驗證，那我建議要**把所有能想到的情境都加入 Unit Test 中**；甚至要模擬 JWT 還在有效期，但實際權限已被移除的**邊緣測試**。

> 筆者聽過有些公司在專案正式 Release 時沒有撰寫任何的 Unit Test，直接讓客戶人肉測試，等對方回報錯誤後再去修復 Bug。
>
> 嗯 ... 這種公司的離職率通常很高，因為有一堆歷史業障需要修但沒人敢碰。

16.3 衍伸問題

16.3.1 你知道 PUT & PATCH 的差異嗎？

【考點】API 基礎 Method 的掌握程度

「PUT」是**替換資源**，而「PATCH」則是**更新部份資源內容**；以使用者 Table 舉例，假設他有「姓名、簡介、年齡」這幾個欄位，如果想更新「姓名」的內容：

- 用 PUT 方法送出更新，除了「姓名」外還要填寫所有欄位，如果沒填寫會導致其他欄位更新成預設值。
- 用 PATCH 方法送出更新，只需填寫要更新的「姓名」欄位即可。

16.3.2 請舉例 RESTful API 的命名原則

【考點】確認你命名的 API 路徑符合標準

假設今天有一個 users 的 Table。

任務	方法（Method）	API 路徑
取得 user list	GET	/api/users
取得 user detail	GET	/api/users/{user_id}
新增 user	POST	/api/users
更新 user 資訊	PUT	/api/users/{user_id}
刪除 user	DELETE	/api/users/{user_id}

16.3.3 GraphQL 跟 RESTful API 的差異在哪裡？

【考點】確認你對市場新技術的認知程度

過去 **RESTful API** 需要根據需求規格書給每個 API 設計回傳的資料結構，如果這個 API 在很多頁面被共用就可能要回傳更多的資訊，這導致回傳的內容中有些資訊對其他頁面來說是多餘的，但假使拆成多隻 API 也會造成日後維護的困難；而 **GraphQL** 的出現正好解決了這個問題，他能夠由 **Client** 端來定義 **Server** 端回傳的資料結構，不再回傳冗贅資訊。

下面筆者用範例讓大家了解兩者差異：

Client 端查詢圖書館的特定書籍，前端要顯示的內容包含：「作者、書名、出版年」。

- **GraphQL**
  - **Client** 端傳送的 query

```
1.    query {
2.      books (id:12) {
3.        authors {
4.           first_name
5.           last_name
6.        }
```

```
7.      title
8.      year_published
9.    }
10. }
```

- **Server 端 Response 的 result**

```json
{
  "data": {
    "books": {
      "authors": [
        {
          "first_name": "Lin",
          "last_name": "Dean"
        }
      ],
      "title": "給全端工程師的職涯生存筆記",
      "year_published": "2022"
    }
  }
}
```

- **RESTful API**

  - **Client 端的 Request**

    需要拆成兩個 Requests：「**GET**：api/books/12、**GET**：api/authors/12」
    來分別取得書籍、作者資訊。

  - **Server 端 Response 的 result**

    GET：api/books/12

    ```json
    {
      "title" : "給全端工程師的職涯生存筆記",
    ```

```
  "author_id": 12,
  "year_published" : 2022,
  "page": 168,
  "tags": ["履歷"、"面試"、"職場"]
}
```

GET api/authors/12

```
{
  "first_name": "Lin",
  "last_name": "Dean"
}
```

在上面的範例中，RESTful API 需要兩個 Requests 才能取得完整資料，如果想用一個 Request 取得完整資料就要設計一隻新的 API；因此 **GraphQL 對前端工程師來說是更方便的工具**，不過轉換與建立的成本較 RESTful API 高，如果想嘗試 GraphQL 帶來的效益，可以考慮漸進式的遷移。

參考資源

1. 進階 RESTful API 討論
   https://ithelp.ithome.com.tw/articles/10224134

2. 透過 JWT 實作驗證機制
   https://medium.com/ 麥克的半路出家筆記 /2e64d72594f8

3. 認識 Cookie、Session、Token 與 JWT
   https://blog.yyisyou.tw/5d272c64/

4. 簡單聊一聊 Cookie、Session、Token、JWT 的區別和作用
   https://segmentfault.com/a/1190000021810849

PART 5

資料庫面試題

資料庫可以被稱為系統最重要的財富，少了它，系統只是一個空殼。

Ch17 設計資料庫時會考量哪些點？

透過專案應用場景來判斷要採用哪種資料庫，依據業務需求設計資料表，優化 SQL 執行效率，並定期審視資料庫的規劃。

Ch18 面對大流量的系統，會採取哪些措施？

隨著使用者人數的成長，如果系統沒有針對大流量情境做出對應的設計，就可能導致伺服器癱瘓。

Ch19 關聯式資料庫要如何設計避免超賣？

電商平台常常推出「特定商品限量 1 組」的搶購活動，在搶購過程除了會產生高併發的問題外，商品會不會超賣也是一個重要的議題。

Ch20 如何解決高併發情境的商品秒殺問題？

如果今天要面對「上萬人在同一時間搶限量商品」的情境，我們就要藉助 Redis 這類的記憶體資料庫來處理。

17

設計資料庫時會考量哪些點？

好的設計讓你上天堂，爛的設計讓你下地獄。

如果公司有專門的 DBA，後端工程師就可以把心力放在資料邏輯的處理上；但筆者詢問周圍的朋友，似乎有不少公司都是讓後端工程師兼任 DBA...

筆者在這塊也並非專家，這個章節主要是分享自己實作中會注意的基礎細節，**避免犯下一些原則性錯誤**。

17.1 面試官在想什麼？我可以怎麼回答？

17.1.1 面試官為什麼會問？

- 因為**履歷資訊**中表明擅長多種資料庫（Database）
  - MySQL、MSSQL、PostgreSQL

- 且**履歷資訊**中還表明有優化資料庫的經驗。
  - **XXX 資料庫系統**
    將過去單機版的程式改寫成網頁，讓更多工作人員共同維護；並整合過去冗贅資料表，優化使用者體驗。

17.1.2　面試官想從答案確認什麼？

- 選用資料庫前，會思考哪些問題
- 設計資料庫時會注意哪些細節
- 同樣是關聯式資料庫，你知道他們之間的差異嗎？
- 有用過哪些方式優化資料庫效能
- 對 NoSQL 的認知有多少

17.1.3　筆者提供的簡答

在決定要使用什麼資料庫前，我會先分析專案的**應用場景**：

- 像是**商城**會有金流，所以資料穩定性與 **Transaction** 機制是很重要的。
- 如果要設計**地圖平台**，就會選擇對 **GIS** 支援度高的資料庫。

在設計資料庫時，會畫 **ER Model** 來分析資料間的關聯與屬性；在優化方面，為了提高搜尋效率會在 Table 建立 **Index**，同時也會**依據實際業務**來設計欄位的長度及 **Type**。

17.2　回答問題所需具備的知識

17.2.1　在 Table 建立有效的 Index

我們知道在 Table 建立 Index 可以增加搜尋效率，但你知道自己建立的 Index 有沒有派上用場嗎？筆者將在這個小節透過實作，帶大家了解 Coverage Index（覆蓋索引）的意義。

`Step 01` 建立測試用的「users」Table，並 Insert 資料

- **id** 為 **Primary Key**
- **name** 為 **Index**

```
1.    CREATE TABLE users
2.      (
3.        id INT NOT NULL AUTO_INCREMENT,
4.        name VARCHAR(255) NOT NULL,
5.        password VARCHAR(255),
6.        INDEX index_name (name),
7.        PRIMARY KEY (id)
8.      );
9.
10.   INSERT INTO users
11.           (name,password)
12.   VALUES    ("寶寶不說","123");
```

Step 02 下 SQL 指令了解是否使用 Index

觀察最後「Extra」欄位的資訊有否有「Using index」。

- **SQL A**： `EXPLAIN SELECT id FROM users WHERE name= " 寶寶不說 ";`

圖 17-1 「Extra」欄位顯示「Using index」

我們在 **name** 有建立 **Index**，所以在查詢到 **name** 後可以直接與 **id** 對應返回結果；因為 name 已經覆蓋了查詢資料的需求，所以稱為「Coverage Index」。

- **SQL B**：

```
EXPLAIN SELECT password FROM users WHERE name= "寶寶不說";
```

```
mysql> EXPLAIN SELECT password FROM users WHERE name= "寶寶不說";
+----+-------------+-------+------------+------+---------------+------------+
| id | select_type | table | partitions | type | possible_keys | key        |
+----+-------------+-------+------------+------+---------------+------------+
|  1 | SIMPLE      | users | NULL       | ref  | index_name    | index_name |
+----+-------------+-------+------------+------+---------------+------------+

+---------+-------+------+----------+-------+
| key_len | ref   | rows | filtered | Extra |
+---------+-------+------+----------+-------+
| 1022    | const |  1   | 100.00   | NULL  |
+---------+-------+------+----------+-------+
1 row in set, 1 warning (0.00 sec)
```

圖 17-2 「Extra」欄位顯示「NULL」

透過 **name** 找到「寶寶不說」對應的 **id** 後，接著要透過 **id** 這個 **Primary Key** 在 Table 重新輪詢才能取得這一列的完整資料（因為 password 這個欄位沒有建立 Index）。

Step 03 建立 Coverage Index 優化 SQL B

- 先將資料庫 **drop** 掉： `DROP TABLE users;`
- 重新建立測試資料以及「**Coverage Index**」

為了避免用 Primary Key 再次從 Table 輪詢的耗能，我們可以把 **Select** 與 **Where** 用到的欄位（**name**、**password**）做聯合索引，這樣就能夠直接使用 Index 查詢，而不需透過 Primary Key 重新比對，這就是「Coverage Index」的應用。

```
1.    CREATE TABLE users
2.      (
3.        id INT NOT NULL AUTO_INCREMENT,
4.        name VARCHAR(255) NOT NULL,
5.        password VARCHAR(255),
6.        INDEX name_password(name,password),
7.        PRIMARY KEY (id)
```

```
8.       );
9.
10.   INSERT INTO users
11.           (name,password)
12.   VALUES        ("寶寶不說","123");
```

■ 再次執行 **SQL B**：

```
EXPLAIN SELECT password FROM users WHERE name= " 寶寶不說 ";
```

```
mysql> EXPLAIN SELECT password FROM users WHERE name= "寶寶不說";
+----+-------------+-------+------------+------+---------------+--------------+
| id | select_type | table | partitions | type | possible_keys | key          |
+----+-------------+-------+------------+------+---------------+--------------+
|  1 | SIMPLE      | users | NULL       | ref  | name_password | name_password |
+----+-------------+-------+------------+------+---------------+--------------+

+---------+-------+------+----------+-------------+
| key_len | ref   | rows | filtered | Extra       |
+---------+-------+------+----------+-------------+
| 1022    | const |    1 |   100.00 | Using index |
+---------+-------+------+----------+-------------+
1 row in set, 1 warning (0.00 sec)
```

圖 17-3 「Extra」欄位顯示「Using index」

本次的查詢就可以在「Extra」欄位看到「Using index」嚕～

17.2.2 資料庫設計與優化

■ 使用 **ER Model** 規劃

在需求規格出來後，我們可以先透過 ER Model 整理資料間的關聯性，然後以此為基礎設計資料庫；向新人說明 Table 間的關聯時，它也是一個非常棒的輔助工具。

■ 設計合適的文字欄位

● 如果不確定欄位會填入的文字長度，建議選擇 VARCHAR 這種依據文字長度來使用儲存空間的 Type。

- 以內容時常變更的文字欄位來說，會選擇 CHAR 而非 VARCHAR；因為 VARCHAR 的欄位在儲存時會需要額外的計算。
- 盡量避免使用 **TEXT/BLOB** 這類的 **Type**，它們在查詢時會消耗更多的效能。
- 根據實際業務需求設計欄位長度，

■ 減少 SQL 寫入次數

以 **Insert** 來舉例，假設有 1000 筆資料要寫入 Table；一次插入 1000 筆的執行時間會遠遠小於分 1000 次插入的時間。

■ 用 **Stored Procedure** 來處理複雜的 **SQL** 邏輯

假使今天有一個需求要跨多個資料表進行複雜操作，在發現 SQL 執行時間太長，且很難優化的情況下，**就可以考慮將這些邏輯封裝至 Stored Procedure**，因為執行時不需重新編譯，所以效率較快。

★ 警告：

因為 Stored Procedure 通常可讀性、Debug 困難度、移植與維護成本較高，所以使用前請先謹慎評估。

筆者小故事

之前與其他單位合作時，對方有隻 API 如果隔一段時間再呼叫，就需要等待 30 秒才會收到回傳資料；但如果繼續呼叫，回傳時間都小於 1.5 秒。

與對方討論要如何優化時，發現原因是這隻 API 的 SQL 邏輯極為複雜，因此隔一段時間再呼叫會需要花很長的時間編譯；而繼續呼叫能短時間回傳是因為這段邏輯已經 Cache 住，於是便建議對方將這段 SQL 移植到 Stored Procedure 來減少 API 回傳時間。

■ 適當的增加冗餘欄位

在設計資料庫時要盡量符合三大正規化；但 **Table** 間的關聯越複雜也會導致**查詢效率的下降**，因此有時會適當的增加冗餘欄位，用犧牲磁碟空間的方式換取更高的查詢效率。

■ 定期審視資料庫的規劃

如果沒有專門的 DBA，那資料庫通常會有以下問題**需要修正**：

● 有些欄位因為不確定實際業務需求，因此**把欄位長度開到最大**。

● 在開發前期，時常會收到新需求以及需求變更，在思慮不夠周密的狀況下，容易**新增許多無用欄位**。

● 在系統版本的更迭中，**沒有整理**不符合實際業務需求的**檢視表（View）**。

● 後端存取 Table 的欄位改變，但 Table 的 Index 並沒有一起調整，**導致許多 Index 沒有發揮作用**。

17.2.3 **MySQL** 與 **PostgreSQL** 的區別及應用場景

MySQL 是世界上最流行的資料庫之一，世界上有非常多的 Web Application 都採用它作為解決方案；但在被收購後分出了非常多的版本，**有免費也有收費的**；而 **PostgreSQL** 基於 BSD/MIT 的 License，為**完全開源**的資料庫。

■ **PostgreSQL** 的優勢

● **不僅是關聯式資料庫，還支援 JSONB 的格式**

相比於 JSON，JSONB 以二進位格式儲存且可以使用索引（Index），你可以利用它**整合關聯式資料與非關聯式資料**。

● **有 PostGIS 讓他成為很棒的空間資料庫**

相比於 MySQL spatial extension，PostGIS 可以支持「**二維、三維、曲線**」的空間類型，並有豐富的空間操作函數。

- 可以輕鬆與外部資料庫關聯

  透過 FDW（Foreign Data Wrapper），你可以把外部資料庫（ex：MySQL、Oracle、CSV）當成自己資料庫中的 Table 查詢，讓 **PostgreSQL 成為聯合資料庫**。

- **MySQL 的優勢**

  - **會 MySQL 的工程師更多**

    在招募工程師時更容易，遇到問題時也有豐富的社群資源提供解答。

  - **MySQL 使用 Thread 而 PostgreSQL 使用 Process**

    - Process 比 Thread 要花更多時間建立連線。

    - Process 因為缺少 Thread 實作的「共享」特性，使得每次連線建立時，需要耗費較高的記憶體空間配置。

    > PostgreSQL 可以搭配 Connection Pool 的外掛解決這個問題，但架構上就會變更複雜。

- **應用場景**

  - **MySQL**

    適合業務邏輯相對簡單、較少處理資料一致化問題的網際網路場景。

  - **PostgreSQL**

    如果專案的資料庫龐大且複雜，並希望資料寫入頻繁的同時有一致性，PostgreSQL 是個好選擇。

    > 如果你的專案有 GIS 需求，那它不會讓你失望。

Tips

在 DB 的選擇上，除了考慮專案適用的場景外，**還要考量到團隊內的工程師比較擅長哪一個、萬一發生意外有誰可以救場**，不然災難復原是一場惡夢。

17.3 衍伸問題

17.3.1 為什麼 Index 不能建立太多？

【考點】了解 Index 對資料庫效能的影響

Index 的數量太多，會影嚮 DML（Insert、Update、Delete）的效能，**因為 Table 資料更新時也要連帶更新 Index**。

17.3.2 寫 SQL Command 時會注意什麼？

【考點】確認求職者的 SQL 基本功

- 不要回傳大量資料，要有條件的回傳限制筆數（ex：Limit）。
- Select 時盡量不要使用「*」，只抓取需要的欄位。
- Select 要充分使用 Index 來做搜尋。
- 避免使用不兼容的型態做比較，像是 FLOAT 跟 INT、CHAR 跟 VARCHAR。

17.3.3 有用過 NoSQL 嗎？什麼情境下會使用呢？

【考點】確認求職者對 NoSQL 的認知

> 即便履歷中沒有寫自己會 NoSQL，但還是會遇到這類考題，所以建議至少要有基礎的認知。

- 資料表欄位常常變化

  像是商城這種擁有龐大資料量的系統，在關聯式資料庫中如果要更新欄位會有很多顧慮（ex：改變欄位 Type、新增欄位）；因為每個操作都需要重頭到尾輪詢一次 Table，非常消耗時間。

  如果使用 **MongoDB** 這類的 NoSQL，就可以很靈活的對欄位進行調整。

- 需要高速的讀寫

  像是 **Redis** 這類記憶體資料庫，單一節點就能應付每秒 10 萬次的讀寫請求。

- 資料量龐大，有擴充需求

  NoSQL 具備**水平擴充**能力，只要增加新的伺服器節點就能擴充資料庫容量；且對伺服器的性能要求較低，可使用**較便宜**的電腦進行擴充。

17.3.4 你會用哪些點來評估要使用關聯式資料庫 or 非關聯式資料庫？

【考點】確認求職者是否有評估的能力與經驗

我會考慮的點有**資料量多寡、併發量、實時性、一致性、穩定性、未來擴充性、維護成本**。

以企業內部管理系統來説，因為資料量少、併發量少、未來擴充需求較低，所以會選擇關聯式資料庫；如果是遊戲的排行榜頁面，因為資料量大、併發量高、且要求高的更新頻率（實時性），所以我會考慮使用記憶體資料庫（ex：Redis）。

參考資源

1. MySQL 資料庫面試題

   https://www.gushiciku.cn/pl/poXE/zh-tw

2. 你在 Table 建立的 Index 真的有效嗎？用範例帶你理解 Coverage Index 的意義

   https://medium.com/dean-lin/f852af308c27

3. MySQL 與 PostgreSQL 相比哪個更好？

   https://zi.media/@yidianzixun/post/FaABsS

18

面對大流量的系統，
會採取哪些措施？

經驗不夠，讀書來湊。

除非你的實戰經驗超級豐富，不然在面試時一定會遇到不熟悉的議題；面對無法回答的問題，**筆者會老實向面試官表明自己沒有這方面的經驗，會持續學習**，瞎掰答案容易讓對方覺得你以後進來公司也會這樣隨便做事。

不過有些議題雖然實際碰過的人不多，但網路上有很多資源可以學習；如果剛好有研究過相關資料，筆者會回答：「**雖然沒有在工作上使用過，但在下班後我有特別研究這個議題，如果思路上有不對的地方，還請各位面試官批評指教。**」

18.1 面試官在想什麼？我可以怎麼回答？

18.1.1 面試官為什麼會問？

如果面試的公司在做**金融、電商、社交、媒體**的系統，那這題算是該**職缺所需具備的技術**；儘管也可以透過後天培養，但如果有現成的人才，誰會想花時間自己訓練。

18.1.2 面試官想從答案確認什麼？

- 要如何設計才能讓前後端伺服器承受大流量
- 需要做哪些調整，才能讓資料庫承受大流量
- 在實務操作時有遇過哪些問題，如何驗證你的想法是正確的

18.1.3 筆者提供的簡答

前後端我會用 **Load Balance** 來緩解 Server 壓力；在資料庫方面則採取**主從式架構、讀寫分離**來降低壓力。

如果資料庫在這樣的架構下還是無法負荷，可以先用業務種類作為切分條件；以電商系統來說我會先做**垂直切分**（**Vertical Partition**），像是將商品、訂單、明細拆成 3 個資料庫，以此大幅降低單一資料庫被存取的流量。

如果垂直切分後還是在某個資料庫遇到瓶頸，像是訂單資料庫的內容遠大於其他資料庫，此時會再做**水平切分**（**Horizontal Partition**），可能會依照訂單的地區再切分成幾個資料庫。

18.2 回答問題所需具備的知識

18.2.1 負載平衡（Load Balance）

無論電商還是媒體的系統，它們三不五時就要接受大流量的考驗，想當然 **1 台 Server** 是無法承受大流量的。

而負載平衡（Load Balance）就是為了解決這個問題而誕生的，既然 1 台 Server 無法承受 10 萬的併發量；那我們就用 100 台 Server 來分散流量吧！

早期的做法是先預估流量，然後開啟對應數量的 Server 來分流；這樣的做法多開頂多浪費錢，但如果估計錯誤少開就可能導致系統當機（明星演唱會的售票系統當機，通常是因為使用者在同一時間上線搶票所導致）。

為了解決上面的問題，像是 **GCP**、**AWS** 這類雲端廠商所提供的負載平衡（Load Balance）就有**依照 Server 健康程度來做自動擴展（auto-scaling）的服務**，讓大家不需要去猜應該開多少台才合適；如果有使用 **Kubernetes** 並設定好相關參數，在遇到大流量時也會**自動擴展 Pod** 來應付。

> 有時你會被問到，過去系統遇到最高的 QPS 是多少，QPS 指的是每秒查詢率（Queries Per Second）。

18.2.2 主從式架構（Master Slave Replication）

上面提到的負載平衡只能做到讓網頁成功打開，如果資料庫 Server 沒有做對應的設計，這樣的大流量跟 **DDOS** 根本沒兩樣，足以讓資料庫 Server 陣亡；這也是為何**有時進入某個網站後**，可以看到前端的 **UI** 佈局，卻沒有資料顯示的原因。

下面我們先探討主從式架構，目標是**先讓資料庫 Server 能承受大流量的檢索**，接著再來考慮寫入問題。

- 為什麼需要 **Master Slave Replication** 的架構？
  - **網站需要面對大流量**
    有些網站**無論哪個時段都會被大量檢索**，如果資料庫只用一個 Server 來處理會無法負荷大流量。

  - **資料庫內容需要被分析**
    公司如果**有數據分析部門**，他們的工作需要監控資料庫的變化來產生報表，如果跟使用者共用同一台 Server 來做檢索，會使這台 Server 增加不必要的負荷，甚至導致使用者體驗下降。

- **Master Slave Replication 為什麼能解決這些問題？**
  - 主從式架構

    將資料庫的 Server 區分成 Master（1 台）與 Slave（N 台）兩種，**Master 負責資料寫入，Slave 提供資料檢索**；這樣就把壓力分散到幾台 Server 上面。

  - 資料庫同步

    Slave 會同步 Master 的資料，這樣**除了分散 Server 壓力外，資料也獲得了備份**。

- **Master Slave Replication 的架構**

  `Step 01` 在 Master Server 執行的 SQL Command 會被記錄在 Binary Log 裡面。

  `Step 02` Master 將 Binary Log 傳送到 Slave 的 Relay Log。

  `Step 03` Slave 依據 Relay Log 做資料的變更。

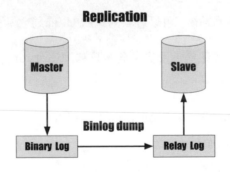

圖 18-1 主從式架構

Relay Log 與 Binary Log 檔案的格式、內容都一樣，不同的點在於 Slave 執行完 Relay Log 的 SQL 之後，會自己刪除當前的 Relay Log。

18.2.3 資料庫讀寫分離（read/write splitting）

我們知道 Master Server 是用來更新資料，Slave Server 是用來檢索資料；**但它們都是獨立的 IP**，使用者在存取資料庫的時候並不知道要使用哪一台 Server（如果這台 Slave Server 是專門給數據分析部門內部使用的，可以直接給他們 IP）。

因此我們要在中間設計一台 **Proxy Server**，準確地將 SQL 指令分流到正確的 Server。

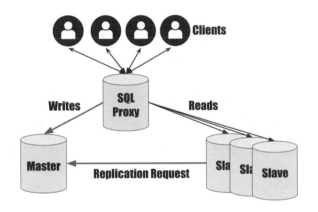

圖 18-2 透過中間的 Proxy Server 達成讀寫分離

以媒體類型的平台來說，它們讀的需求很高，寫的需求相對低；因此多會採用主從式架構實現讀寫分離。

18.2.4 垂直切分（Vertical Partition）

在讀寫分離後，儘管讀的部分沒有問題；但把寫入的工作交給一個資料庫負責還是會遇到瓶頸。

此時資料庫的垂直切分（Vertical Partition）就派上用場了；**以電商系統舉例，商品、訂單、明細各自的業務量都很大，所以我們可以先依照業務性質把它拆分成 3 個資料庫**，如此設計可以分散資料庫被存取的流量，來提升系統穩定度。

18.2.5 水平切分（**Horizontal Partition**）

在垂直切分後，有些資料庫還是會遇到瓶頸，像是訂單的資料庫可能遠遠大於其他資料庫。

這時我們就需要做水平切分（Horizontal Partition），**將資料庫中同一類型的資料依據特定邏輯拆分成多個資料庫**；像是訂單來自於世界各地，所以我們可以用地區（ex：亞洲、歐洲、美洲 ...）來做切分的邏輯。

18.2.6 分區表（**Partition Table**）

資料庫在經歷垂直與水平切分後，寫入遇到的瓶頸就差不多解決了。

但 Table 的資料會隨著時間會不斷增長，**當資料龐大到就算建立 Index 都無法提升效能時**，就要考慮將 Table 依照特定邏輯做切分，通常會**選擇自動產生的 id、日期這類的欄位作為切分依據**，在 Table 被切分後因為資料量變少，所以搜尋效率隨之提升。

> ⚓ 特別提醒：
> 如果這個 Table 有 Primary key 或是 Unique key，分區鍵（Partition Key）必須是 Primary key 或是 Unique key 組成的一個部分。

18.3 衍伸問題

18.3.1 有遇過主從複製延遲問題嗎？怎麼解決？

【考點】瞭解求職者的實務經驗

我曾經在 MySQL 資料庫，用 sysbench 這個測試工具**模擬短時間執行大量 SQL Command**（ex：大量新增、更新、刪除資料庫的內容）；但到 Slave 的資料庫確認同步狀況時，卻發現並沒有完全同步 Master 的資料。

經研究後發現 MySQL 預設的 Process 只有一個，因此累積了很多尚未同步的 SQL Command；所以將 MySQL 調整成**多 Process** 來提升 Slave 的同步效率。

> MySQL 可透過修改「slave_parallel_type、slave_parallel_workers」這兩個變數來調整 Process 數量。

18.3.2 分散式資料庫（**Distributed Database**）有哪些優點跟缺點？

【考點】對分散式資料庫的認知程度

- 優點
  - 穩定度與可用性提升

    過去靠一個資料庫打天下，如果這個資料庫掛了一切都涼了；但建立 Replication 制度後，Slave 資料庫除了可以**分擔流量**，在 Master 資料庫發生問題時，也可以讓其他 **Slave 資料庫轉成 Master**，不影響整體系統運行。

  - 擴充性

    因為資料分散儲存於多個資料庫，如果有擴充的需求，只要在增加伺服器時設定即可。

- 缺點
  - 開發困難度

    因為資料分散在各個資料庫，所以對開發人員的經驗以及技術要求更高；如果設計不良反而會影響到資料的安全性。

如果大家想要**親手實作**本篇的技術，下方的參考資源有分享一些實作流程喔！

> 紙上得來終覺淺，絕知此事要躬行。 —— 陸游

參考資源

1. MySQL Master Slave Replication 主從式架構設定教學
   https://medium.com/dean-lin/16d0a0fa1d04

2. Ubuntu 用 Atlas 實現 MySQL Proxy 讀寫分離
   https://medium.com/dean-lin/72759b1b1b33

3. 用 sysbench 測試 MySQL 性能
   https://medium.com/dean-lin/ec59acea6052

4. 解決 MySQL 主從複製的延遲問題
   https://medium.com/dean-lin/67c2aec6b021

5. 30-26 之資料庫層的擴展 - 分庫分表架構
   https://ithelp.ithome.com.tw/articles/10227066

6. MySQL 分區
   https://codingnote.cc/zh-tw/p/215115/

19

關聯式資料庫要如何設計
避免超賣？

庫存只剩 1 件，但卻有 10 個人買到？

電商平台常常推出**特定商品限量 1 組的搶購**活動，在搶購過程除了會產生高併發的問題外，同時也要考慮到「**商品會不會超賣**」，這件事在現實生活中聽起來很不可思議；但在網路的世界裡，如果 SQL 邏輯沒有設計好，真的會發生明明只限 1 組，卻賣了 10 組商品的超賣事件。

19.1　面試官在想什麼？我可以怎麼回答？

19.1.1　面試官為什麼會問？

這算是資料庫的**常見面試題**，對**金融、電商**相關產業來說都快要變成必考題了。

通常問完這題後會緊接著詢問：「如果用 NoSQL 有什麼處理方案？」這部分會在下一篇文章跟大家講解。

19.1.2 面試官想從答案確認什麼？

- 是否有資料庫 Transaction 的概念
- 了解悲觀鎖（Pessimistic Lock）、樂觀鎖（Optimistic Lock）的概念
- 知道悲觀鎖（Pessimistic Lock）、樂觀鎖（Optimistic Lock）的優缺點與使用情境

19.1.3 筆者提供的簡答

我會依照不同情境來做設計，如果寫入需求較高，我會選擇使用悲觀鎖（Pessimistic Lock）；因為它是直接使用資料庫 Transaction 的機制，保證了資料的穩定性。

如果讀取需求較高，我會選擇使用樂觀鎖（Optimistic Lock）；因為它可以承受較高的吞吐量，不過它鎖的特性會導致購買順序未必是先到先得，只是保證不會超賣。

19.2 回答問題所需具備的知識

19.2.1 什麼是悲觀鎖（Pessimistic Lock）？

就跟字面上的意思一樣，非常的悲觀；它認為 Table 裡面的 data 非常不安全，無時無刻都在變動，當一個 SQL Command（可以理解為搶購的使用者）獲得悲觀鎖後，其他的 SQL Command 無法對這個 data 進行修改，直到悲觀鎖被釋放後才能執行。

> 資料表中用 Synchronized 實現的鎖均為悲觀鎖（ex：行鎖，表鎖，讀鎖，寫鎖）。

19.2.2 什麼是樂觀鎖（Optimistic Lock）？

相比悲觀鎖，它認為 **Table** 裡面的 **data** 變動頻率不會太頻繁，因此它會允許多個 SQL Command 來操作 Table；但樂觀並不代表不負責，通常會在 Table 中增加一個 version 的欄位來做史新的確認。

因此當 SQL Command 想要變更 data 時，會把**之前取出的 version** 跟現在的 **version** 做對比，如果相同，就代表這段期間沒人修改可以執行；如果不同，這次的操作就會失效。

19.2.3 在 MySQL DB 實作悲觀鎖

情境描述：

假設 A 跟 B 都想要買 iPhone 手機，但商城的 iPhone 庫存只剩下一隻，在不加鎖的狀況同時下單會導致**庫存變負號**；請問如何用**悲觀鎖**解決這個問題？

❙ 只要安裝好 MySQL，跟著步驟操作即可模擬 A、B 客戶搶購。

[Step 01] 建立模擬資料

- 先用 SQL Command 建立一個簡單的 Table 並新增 data。

```
1.   CREATE TABLE items
2.    (
3.      id INT NOT NULL AUTO_INCREMENT,
4.      name VARCHAR(45) NOT NULL,
5.      num INT NOT NULL,
6.      PRIMARY KEY (id)
7.    );
8.
9.   INSERT INTO items
10.          (name,num)
11.  VALUES  ("iPhone",1);
```

- 確認資料是否建立成功：

```
SELECT * FROM items;
```

```
mysql> SELECT * FROM items;
+----+--------+-----+
| id | name   | num |
+----+--------+-----+
|  1 | iPhone |   1 |
+----+--------+-----+
1 row in set (0.01 sec)
```

圖 19-1 iPhone 的 id 為 1

Step 02 開一個視窗模擬 A 客戶搶購行為

- Transaction 的開始要用 `begin;` ，不然 MySQL 會自動提交。

```
mysql> begin;
Query OK, 0 rows affected (0.00 sec)
```

圖 19-2 開始 Transaction

- 在 A 購買前先將 id=1 的 data 加上悲觀鎖，**此時這行 data 只有 A 可以操作**：

```
1.   SELECT num
2.   FROM   items
3.   WHERE  id = 1
4.   FOR UPDATE;
```

```
mysql> SELECT num
    -> FROM   items
    -> WHERE  id = 1
    -> FOR UPDATE;
+-----+
| num |
+-----+
|   1 |
+-----+
1 row in set (0.00 sec)
```

圖 19-3 A 將 id=1 的 data 加上悲觀鎖

Step 03 開另一個視窗模擬 B 客戶搶購行為

■ 一樣將 **id=1** 的 data 加上悲觀鎖，下完指令後便會進入等待的模式，要等 A 執行 **commit** 結束交易或是指令逾時才能繼續。

```
mysql> begin;
Query OK, 0 rows affected (0.00 sec)

mysql> SELECT num
    -> FROM    items
    -> WHERE   id = 1
    -> FOR UPDATE;
```

圖 19-4 B 加上悲觀鎖後會進入等待

Step 04 回到 A 客戶的視窗執行購買

■ 讓 A 執行購買的動作，將 data 的 num 減一：

```
1.   UPDATE items
2.   SET    num = num - 1
3.   WHERE  id = 1;
```

■ 然後檢視修改後的 data 是否符合預期：

```
SELECT num FROM items WHERE id = 1;
```

■ 最後下 `commit;` 結束這次交易。

```
mysql> UPDATE items
    -> SET    num = num - 1
    -> WHERE  id = 1;
Query OK, 1 row affected (0.00 sec)
Rows matched: 1  Changed: 1  Warnings: 0

mysql> SELECT num FROM items WHERE id = 1;
+-----+
| num |
+-----+
|  0  |
+-----+
1 row in set (0.00 sec)

mysql> commit;
Query OK, 0 rows affected (0.01 sec)
```

圖 19-5 結束 Transaction

Step 05 當 A 結束交易後回到 B 的視窗

你會發現當 A 釋放悲觀鎖後，B 結束等待並且獲得鎖；但因為 data 的 num 已經變成了 0，所以 B 只能放棄購買。

```
mysql> SELECT num
    -> FROM    items
    -> WHERE  id = 1
    -> FOR UPDATE;
+-----+
| num |
+-----+
|   0 |
+-----+
1 row in set (15.00 sec)
```

圖 19-6 15.00 秒是 B 從等待到獲得鎖的時間

19.2.4 在 MySQL DB 實作樂觀鎖

情境描述：

假設 A 跟 B 都想要買 iPhone 手機，但商城的 iPhone 庫存只剩下一隻，在不加鎖的狀況同時下單會導致**庫存變負號**；請問如何用**樂觀鎖**解決這個問題？

Step 01 建立模擬資料

- 先用 SQL Command 建立一個簡單的 Table 並新增 data，**比起悲觀鎖的 Table，樂觀鎖多了一個 version 的欄位。**

```
1.   CREATE TABLE happy_items
2.     (
3.        id INT NOT NULL AUTO_INCREMENT,
4.        name VARCHAR(45) NOT NULL,
5.        num INT NOT NULL,
6.        version INT NOT NULL,
7.        PRIMARY KEY (id)
```

```
8.        );
9.
10.    INSERT INTO happy_items
11.                (name,num,version)
12.    VALUES       ("iPhone",1,0);
```

■ 確認資料是否建立成功：

```
SELECT * FROM happy_items;
```

```
mysql> SELECT * FROM happy_items;
+----+--------+-----+---------+
| id | name   | num | version |
+----+--------+-----+---------+
|  1 | iPhone |  1  |       0 |
+----+--------+-----+---------+
1 row in set (0.00 sec)
```

圖 19-7 iPhone 的 id 為 1，初始 version 為 0

Step 02　規劃實作邏輯思路

1. A 跟 B 客戶在購買前會先將 **id=1** 的 data 找出來。

2. A 先購買，此時會以「**id=1 和 version=0**」為 Where 條件來執行「num -1、version +1」，更新後 data 變成 **num=0**、**version=1**。

3. B 購買時同樣是用「**id=1 和 version=0**」作為 Where 條件，所以會因為找不到 version=0 的 data 而無法更新。

Step 03　模擬搶購情境，A 跟 B 客戶購買前先查詢庫存

■ A 跟 B 執行查詢的 SQL Command 會取得相同的 iPhone 庫存資訊：

```
SELECT num,version FROM happy_items WHERE id = 1;
```

```
mysql> SELECT num,version FROM happy_items WHERE id = 1;
+-----+---------+
| num | version |
+-----+---------+
|   1 |       0 |
+-----+---------+
1 row in set (0.00 sec)
```

圖 19-8　先將 id=1 的 data 找出來

Step 04　A 客戶先執行購買的 SQL Command

- A 先購買 iPhone 並更新 data：

```
1.    UPDATE happy_items
2.    SET    num = num - 1,version = version + 1
3.    WHERE  id = 1
4.           AND version = 0;
```

- 檢視修改後的 data 是否符合預期：

```
SELECT num,version FROM happy_items WHERE id = 1;
```

```
mysql> SELECT num,version FROM happy_items WHERE id = 1;
+-----+---------+
| num | version |
+-----+---------+
|   1 |       0 |
+-----+---------+
1 row in set (0.00 sec)

mysql> UPDATE happy_items
    -> SET    num = num - 1,version = version + 1
    -> WHERE  id = 1
    ->        AND version = 0;
Query OK, 1 row affected (0.02 sec)
Rows matched: 1  Changed: 1  Warnings: 0

mysql> SELECT num,version FROM happy_items WHERE id = 1;
+-----+---------+
| num | version |
+-----+---------+
|   0 |       1 |
+-----+---------+
1 row in set (0.00 sec)
```

圖 19-9　A 購買後，version 就發生了改變

Step 05 B 客戶再執行購買的 SQL Command

此時 **B** 的購買就會失敗，因為庫存資訊已更新，但 **SQL Command** 中 **Where** 的 **version** 還是舊的，在圖 19-10 可以看到結果顯示沒有 Row 被更新。

```
mysql> UPDATE happy_items
    -> SET    num = num - 1,version = version + 1
    -> WHERE  id = 1
    ->        AND version = 0;
Query OK, 0 rows affected (0.00 sec)
Rows matched: 0  Changed: 0  Warnings: 0
```

圖 19-10 B 會因為 version 無法對應而購買失敗

19.3 衍伸問題

19.3.1 悲觀鎖、樂觀鎖的優缺點

【考點】對關聯式資料庫「鎖」的認知程度

- 悲觀鎖（**Pessimistic Lock**）
  - 優點

    使用資料庫 **Transaction** 的機制來強迫執行的順序。

  - 缺點

    一旦加入 Transaction 的機制，會導致其他的 SQL Command 對這個 data 除了查詢的功能外全部卡死，如果這段 Transaction 執行時間較長，會造成不良的使用者體驗並造成系統吞吐量下降。

- 樂觀鎖（**Optimistic Lock**）
  - 優點

    因為沒有在資料庫加鎖，所以 SQL Command 都可以對 data 進行操作，只有在更新 **data** 時才會做驗證，因此這個方案可以承受較高的吞吐量。

- 缺點

  因為樂觀鎖是我們人為實現的，所以**換一個業務場景可能會不適用**，甚至
  有可能因為其他的 SQL Command 而導致錯誤。

參考資源

1. 理解資料庫『悲觀鎖』和『樂觀鎖』的觀念
   https://medium.com/dean-lin/2cabb858726d#55e3

20

如何解決高併發情境的商品
秒殺問題？

如果今天有上萬人在同一時間搶限量商品，上一篇分享的方案基本撐不住。

不過面對這個情境，Redis 表示終於輪到我了！這篇文章會以 Node.js +
Redis 為範例，帶讀者一起解決這個問題。

20.1 面試官在想什麼？我可以怎麼回答？

20.1.1 面試官為什麼會問？

這算是資料庫的**常見面試題**，除了**金融**、**電商**喜歡考這題外；社交平台、新創公
司、**遊戲產業**也會換個形式考類似的題目。

因為這算是**職缺所需具備的技術**，如果求職者沒有相關經驗，可能就會止步於這
道關卡。

> 筆者的真心建議：
>
> 如果有去以上產業的打算，最好有一定的 NoSQL（ex：Redis、Mongo DB）基礎再去面試；因為在面試官眼中，有基礎跟完全不會的差距很大。
>
> 求職者可以沒有實務經驗，但如果知道產業會碰到這些技術，還不主動學習就是態度問題了。

20.1.2　面試官想從答案確認什麼？

- 求職者是否能提出在高併發情境中，商品秒殺的解決方案
- 如果解決方案為 NoSQL，對它的認知有多少
- 是否接觸過同類型的 NoSQL

20.1.3　筆者提供的簡答

通常這類型的秒殺活動都有固定檔期，我會先將活動用的商品及庫存數量同步到 **Redis** 資料庫；為了避免超賣，在 Client 端下單時會執行 **Lua** 腳本，當秒殺到指定數量或是活動結束後就不再接受請求，並於活動結束後將 **Redis** 的資料同步到關聯式資料庫。

20.2　回答問題所需具備的知識

20.2.1　Redis 的基礎知識

如果有短時間大量訪問、需要提升性能的需求，往往會先想到 Redis 這個記憶體資料庫。

- **Redis 為什麼快？**
  - 記憶體資料庫
    記憶體讀寫本來就快。

- 單執行緒（single-threaded）

  多執行緒會耗費時間在上下文的切換（Context Switch）以及加鎖上面；而單執行緒會依照請求順序執行，不需考慮同步以及加鎖帶來的效能問題。

  因為 Redis 是基於記憶體操作，所以效能的瓶頸不在 CPU 而在記憶體、網路頻寬；如果想提升 QPS，可以建立 **Redis Cluster** 來分散壓力。

  > Redis 在 6.0 後也導入了多執行緒，讓有多核 CPU 的 Server 可以並行處理網路 I/O，以此提升 QPS；不過多執行緒僅處理網路請求，資料的讀寫仍然使用單執行緒。

- I/O 多路複用（multiplexing）

  Redis 使用了 **epoll IO 多路複用**，可以用一條執行緒處理併發的網路請求。

  > 用批改作業的策略來比喻：
  >
  > 假設你是一個老師，採用多路複用的原則批改作業，那你**批改的順序就是看誰先繳交作業，而不是按照學號順序批改**（不然中間有人沒交作業就會卡住）；這樣就能避免大量無用操作，為非阻塞模式的實現。

- **Redis 資料保存方案**

  可以使用 **RDB**、**AOF** 來做持久化。

- RDB 持久化（Redis Database）

  在指定的時間間隔內將資料 Dump 到硬碟；因為是**定期操作**，如果 **Redis 當機會遺失部分資料**，此方案適合大規模資料恢復。

- AOF 持久化（Append Only File）

  這個方案可以**完整紀錄**所有資料的變化，因為採用**日誌追加**的方式，所以就算**當機也不會影響已經儲存的日誌**，災難復原的完成度高；缺點是檔案比 **RDB** 大、大規模資料恢復速度較 **RDB** 慢。

- **Redis 資料淘汰機制**

  Redis 主要保存的都是熱點資訊，在儲存資料有限的狀態下（記憶體不足，無法寫入新資料），就要設定合理的淘汰機制：

  - 選擇性移除有設定過期時間的資料：
    - **volatile-lru**：挑選最近較少使用的資料淘汰。
    - **volatile-lfu**：挑選使用頻率最低的資料淘汰。
    - **volatile-ttl**：挑選即將過期的資料淘汰。
    - **volatile-random**：挑選隨機資料淘汰。
  - **allkeys-lru**：挑選最近較少使用的資料淘汰。
  - **allkeys-lfu**：挑選使用頻率最低的資料淘汰。
  - **allkeys-random**：挑選隨機資料淘汰。
  - **no-enviction**：禁止淘汰；若選用這個設定，當資料量到達 maxmemory 時會回傳 OOM 錯誤。

  原則上淘汰策略以「**volatile-lru、allkeys-lru**」為主（淘汰最近較少使用的資料）。

20.2.2 使用 Node.js + Redis 解決高併發秒殺問題

- 目標
  - 產生秒殺商品基礎資訊（商品名稱、庫存）
  - 模擬秒殺情境，確認是否會超賣
  - 確認有保存購買人資訊

- 使用技術
  - **Redis**

    這個章節的範例使用 Redis 的 **Hash**、**List type** 來儲存資訊。

> 如果完全沒有相關基礎，建議先參考下面連結，來安裝 Redis 以及它的 GUI 管理工具：https://medium.com/dean-lin/8d0b45062f9

- **Lua 腳本**

  為了避免超賣，這裡採用 Lua 腳本；**當 Redis Server 執行 EVAL 指令時，在結果回傳前只會執行當下 Lua 腳本的邏輯**，其他 Client 端的命令須等待直到 EVAL 執行完為止。

  > Lua 腳本的邏輯應盡量簡單以保證執行效率，否則會影響 Client 端的體驗。

- **主程式：redis-seckill.js**
  - 先啟用 Redis Client 端。
  - 建立專案資料夾，在資料夾下輸入 `npm init` 初始化專案，再輸入 `npm install ioredis` 來安裝套件。
  - 用「**prepare**」函式，以 Hash type 建立參加秒殺活動的商品庫存。
  - 用「**seckill**」函式模擬使用者購買行為，緩存並執行 Lua 腳本。

```
1.   const fs = require("fs");
2.   const Redis = require("ioredis");
3.   const redis = new Redis({
4.     host: "127.0.0.1",
5.     port: 6379,
6.     password: "",
7.   });
8.
9.   redis.on("error", function (error) {
10.    console.error(error);
11.  });
12.
13.  async function prepare (itemName) {
14.    // 參加秒殺活動的商品庫存
```

```
15.    await redis.hmset(itemName, "Total", 100, "Booked", 0);
16.  }
17.
18.  const seckillScript = fs.readFileSync("./seckill.lua");
19.
20.  async function seckill (itemName, userName) {
21.    // 1. 緩存腳本取得 sha1 值
22.    const sha1 = await redis.script("load", seckillScript);
23.    // console.log(sha1);
24.
25.    // 2. 透過 evalsha 執行腳本
26.    // redis Evalsha 命令基本語法如下
27.    // EVALSHA sha1 numkeys key [key ...] arg [arg ...]
28.    redis.evalsha(sha1, 1, itemName, 1, "order_list", userName);
29.  }
30.
31.  function main () {
32.    console.time("seckill");
33.    const itemName = "item_name";
34.    prepare(itemName);
35.    for (var i = 1; i < 10000; i++) {
36.      const userName = "baobao" + i;
37.      seckill(itemName, userName);
38.    }
39.    console.timeEnd("seckill");
40.  }
41.  main();
```

■ Lua 腳本：seckill.lua

執行邏輯：「確認下單數量」→「取得商品庫存」→「如果庫存足夠就下單」
→「儲存購買者資訊（List type）」。

```
1.    local itemName = KEYS[1]
2.    local n = tonumber(ARGV[1])
3.    local orderList = ARGV[2]
4.    local userName = ARGV[3]
5.    if not n  or n == 0 then
6.       return 0
7.    end
8.    local vals = redis.call("HMGET", itemName, "Total",
                                                    "Booked");
9.    local total = tonumber(vals[1])
10.   local booked = tonumber(vals[2])
11.   if not total or not booked then
12.      return 0
13.   end
14.   if booked + n <= total then
15.      redis.call("HINCRBY", itemName, "Booked", n)
16.      redis.call("LPUSH", orderList, userName)
17.      return n
18.   end
19.   return 0
```

20.2.3 模擬秒殺情境確認商品沒有超賣

`Step 01` 在專案資料夾下輸入 `node redis-seckill.js` 模擬秒殺

```
node redis-seckill.js
seckill: 59.011ms
```

圖 20-1 花不到 0.06 秒就處理完畢

Step 02 待執行完後，用 Redis GUI 管理工具來確認商品沒有超賣

圖 20-2　確認商品沒有超賣

Step 03 確認訂單都有對應的買家

圖 20-3　確認訂單都有對應的買家

補充說明：

範例程式只是 MVP，現實狀況還有很多要設計的，比如：

1. 一般商品與秒殺商品是否可放入同一個購物車，一起結帳。
2. 秒殺開始、結束時，資料庫的切換機制。
3. 將 Redis 資料存入關聯式資料庫的方法與時機點。

20.3 衍伸問題

20.3.1 如果有數萬使用者同時查看 **TOP100** 的點數排行榜，資料庫要如何設計？

【考點】對 Redis Zset 這個資料型態的認知與應用

我會使用 Redis 這個記憶體資料庫，建立一個**有序集合（Zset）**來儲存使用者的資訊。

在設計上，使用者（member）是唯一值，且每個使用者都會關聯一個點數（score），這樣使用者就可以按照分數來排序。

功能實現上會透過 `ZREVRANGE Leaderboard 0 99 WITHSCORES` 這段指令來顯示 TOP100 的點數排行榜。

- **ZREVRANGE**：依照點數（score）檢視排行榜
- **Leaderboard**：排行榜名稱（可以自行定義）
- **0 99**：顯示 TOP100 的意思
- **WITHSCORES**：連點數（score）一起顯示

20.3.2 Redis 跟 Memcached 的差異

【考點】是否了解過同類型的技術以及它們之間的差異

- Memcached 只支援簡單的資料型態，而 Redis 支援多種資料型態（ex：String、Hash、List、Set、Zset、Stream）。
- Memcached 不支援資料持久化，而 Redis 提供 **RDB** 跟 **AOF** 兩種方案。

同樣身為記憶體資料庫，Memcached 提供簡單的使用方式，而 Redis 提供豐富的功能（ex：發布 / 訂閱、Lua 腳本）。

參考資源

1. 手把手帶你在 MacOS 安裝 Redis & Another Redis Desktop Manager
   https://medium.com/dean-lin/8d0b45062f9

2. 用 Node.js + Redis 解決高併發秒殺問題
   https://medium.com/dean-lin/e814fe26a0f2

3. redis 之 sorted sets 類型及操作
   https://www.huaweicloud.com/articles/6785018d60d6272a49565cb148d6
   61af.html

4. 使用 redis 的有序集合實現排行榜功能
   https://www.gushiciku.cn/pl/2MPj/zh-tw

PART 6

了解求職者的程式設計能力

還有哪些地方可以優化？

為什麼要這樣設計？

你設計出來的成果是符合需求的嗎？

ch21 [設計模式] Code Review 會注意哪些事？會依照什麼原則對程式做 Refactoring？

「沒有最好的程式，只有更好的程式。」很多時候第一時間想到的解法未必是最好的，透過 Code Review、Refactoring，除了可以優化程式碼的品質，還能提升日後解決 Bug、需求變更時的工作效率。

ch22 [系統設計] 如何設計一個像 Facebook 的社交平台？

在面對問題時，Junior 工程師關心對錯，Senior 工程師權衡取捨。

ch23 [白板題] 設計一個簡易的抽獎程式

大部分白板題的目標並不是考倒求職者，而是在解題的過程去了解他面對問題時的心態，並觀察他是否會與人溝通、有沒有去釐清問題。

[設計模式] Code Review 會注意哪些事？會依照什麼原則對程式做 Refactoring ？

在功能穩定後，你對程式碼有更高的追求嗎？

「沒有最好的程式，只有更好的程式。」在功能完成後 Code Review 是非常重要的事情；不只要看自己的程式碼，也要多觀摩其他人的程式碼，這個動作除了可以優化程式碼的品質外，還能幫助團隊了解彼此的工作進度。

人無完人，**很多時候第一時間想到的解法未必是最好的**，可能有更簡潔的寫法或是更好的 Pattern 可以套用，只是當下因為時間壓力而選擇最熟悉的方案，又或者開發人員不具備這塊的知識儲備；此時 **Code Review 就是提升團隊程式水平的方式**。

找到需要改善的問題後，**Refactoring（重構）**就是另一個開始；如果為了盡快完成功能而埋頭狂寫，容易導致日後維護及交接變得異常困難；專案越大這個問題會越明顯，所以在功能完成後對程式做 Refactoring 是必要任務，**它能提升你日後解決 Bug、需求變更時的工作效率。**

21.1 面試官在想什麼？我可以怎麼回答？

21.1.1 面試官為什麼會問？

對軟體工程師的職位來說，這題可以説是**超級常見面試題**；因為它能問得很淺也能問得很深，如果是相對**資淺的職位**，求職者只要能**說出關鍵字並給出基本解釋**就能過關；但如果是**資深的職位**，面試官可能會從你提到的關鍵字，繼續詢問你在**過往的專案**中有哪些實務上的應用。

21.1.2 面試官想從答案確認什麼？

- 瞭解求職者 Code Review 時會在意的點
- 有用過哪些方法對程式做 Refactoring
- 程式在設計上是否有遵守 SOLID 原則
- 知道 Design Pattern，且能舉出實務上的應用
- 開發時團隊是否有律定 Coding Style

21.1.3 筆者提供的簡答

我會先觀察**變數與函式的命名**是否符合團隊規範、**變數的宣告**是否合理（var/let/const 的使用時機）；然後看程式在設計上是否有**符合 SOLID** 原則；在功能完成後如果發現有**合適的 Pattern** 可以更好地解決問題，就會再對程式做 **Refactoring**。

21.2 回答問題所需具備的知識

其他章節的知識，可能換一個時空背景就用不到了；但今天這篇的內容，是每位開發人員都需要**將其內化成為本能**的。

21.2.1 SOLID 原則

SOLID 是一個物件導向的設計原則，核心目標是為了讓程式碼更乾淨、易讀、好維護，讓程式朝著 **Clean Code**（無瑕的程式碼）的方向前進。

- **S**（**Single Responsibility Principle**）**單一責任原則**

  一次只做好一件事；如果把系統比喻成樂高，那單一責任原則就是樂高的每一塊積木。

- **O**（**Open-Closed Principle**）**開放封閉原則**

  程式的架構要容易擴充功能；功能的擴充是透過新增程式，而非修改過去的程式，這麼做可以維持原有程式的穩定性。

- **L**（**Liskov Substitution Principle**）**里氏替換原則**

  在繼承中衍生的子類別，**要能完全繼承父類別的功能**；實作時還需顧慮到單一責任原則，避免日後功能拆分或刪減時的困擾。

  以軟體的角度來說，**使用者期待版本從 1.0 → 1.1 時行為是一致的**，不會更新完舊功能就壞掉。

子類別 Override 時請注意：

1. **不可改變父類別的先決條件**：假設籃球比賽將參加者年齡限制在 15~80 歲；裡面可能區分為青年組、中年組、老年組，青年組的年齡「可以是 15~30」，但「不可以是 14~30」。

2. **子類別的後置條件不該被削弱**：籃球的得分有「2」分球、「3」分球，都是數字，如果某場比賽想改用「三分球」這個字串紀錄得分就是不可以的。

- **I（Interface Segregation Principles）介面隔離原則**

  設計程式時不應該預設使用者一定會使用到介面的多個功能，我們應該盡量讓介面的功能單一；以後端 API 舉例，**我們不要讓一個 API 可以做好多事情，但做每件事情時只用到其中幾個參數。**

- **D（Dependency Inversion Principle）依賴反轉原則**

  子類別一定會依賴父類別，這樣單向的關係是乾淨的；如果是雙向依賴就會導致程式碼的邏輯難以追蹤。

21.2.2 Design Pattern 是什麼？解決了哪些問題？

Pattern 是指在不同場景下的解釋，包含 Context（情境敘述）、Problem（問題）、Solution（解決方案）。

而 **Design Pattern** 就是過去人們發現解決問題的方案；學習越多的 Design Pattern，在遇到問題時可以有更多的思路，並縮短與其他工程師討論的時間，因為 Pattern 本身就包含了對問題的基礎解決方案，可以省下不少說明時間。

下面分享一些常見的 Design Pattern，在看完後讀者也許會恍然大悟，原來我一直都有在使用 Pattern！

- **Factory Method 工廠方法**

  【簡述】工廠負責生產客戶需要的產品

  假設今天有一個飲料**工廠**，它會生產很多種類的**產品**，像是「紅茶、綠茶、烏龍茶」；也許這些飲料的製作過程很複雜，但對客戶來講只要說出自己想要什麼口味的飲料就好了。

- **Strategy 策略**

  【簡述】一個策略介面底下有很多靈活的方法供選擇

  把計算機的**計算當成一個介面**，這個介面提供**加減乘除的方法**；如果想加入次方、開根號的方法也可以輕鬆擴充。

- **Factory Method 與 Strategy 的混合運用**
  【簡述】有時解決方案是多個 Pattern 的組合
  假設今天開一間飲料店，飲料會分成茶類、咖啡，每杯飲料又有冰量、甜度的選擇，這裡我們可以用 **Factory Method** 來建立產品；而飲料在販售時，不同組合有對應的折扣，這裡就可以用 **Strategy** 提供對應的方法來計算總金額。

- **Singleton 單例**
  【簡述】希望在程式的每個位置都能呼叫統一的 Instance
  在寫程式時會希望某些**資源可以重複利用**，並且在不同檔案引用時這些**資料是一致的**，像是共用的計時器、資料庫等物件。

- **Decorator 裝飾**
  【簡述】將需求獨立，依據實際需求取得動態的結果
  假設一間餐廳提供三種餐點：

  - 商業午餐（主餐）
  - 簡餐（主餐 + 飲料）
  - 套餐（主餐 + 飲料 + 甜點）

  我們發現上面餐點是有疊加性的，所以可以用繼承的方式來撰寫餐點間的關係；但如果今天老闆想要更換簡餐的組合（主餐 + 飲料 **+ 水果**），又想要維持套餐的內容，就會導致程式必須改寫。

  面對這個問題，我們可以用 **Decorator** 作為解決方案，將主餐、飲料、甜點、水果各自獨立，依據商業午餐、簡餐、套餐的實際需求來做組合，這樣就能減少耦合性的問題。

- **Observer 觀察者**
  【簡述】觀察者要能掌握被觀察者的狀態改變，較常用於 GUI 的設計
  像 Vue.js 的 watch 就是透過監聽一個「值」的變化去做一系列的事情（ex：UI 上的調整）。

■ Command 命令

【簡述】將請求的物件和執行的物件分開

路邊攤的老闆通常是一個人負責備料、點餐、料理、清潔⋯

等到生意做起來有店面後，他才會考慮建立制度，區分**內場**、**外場**的負責人員，以後客人點餐要跟外場服務生說，而不是直接叫內場廚師做菜，如果把這個解決方案用 **Command** 來舉例：

- 客人（**Client**）：跟服務生說自己想點什麼餐（Concrete Command）。
- 外場服務生（**Invoker**）：紀錄客人的餐點（Concrete Command），並呼叫命令。
- 內場廚師（**Receiver**）：收到命令後，開始料理餐點（Concrete Command）。

■ Builder 建造者

【簡述】依照自己的需求客製化產品

一台筆電是由許多零件組裝而成，你可以選擇**標配**，也能夠用**選配**來客製化它；為了讓選配的零件規格有彈性，**Builder** 就是一個很棒的解決方案，它讓你先選完自己所需的零件後，再製作最後的產品。

Tips

如果你熟悉的 Pattern 剛好能解決目前遇到的問題那是皆大歡喜；但萬一沒有合適的 **Pattern** 可以套用，千萬不要為了設計而設計。

開發人員的目標應該是想透過 Pattern 解決問題，而不是從 Pattern 出發去設計問題。

21.3 衍伸問題

21.3.1 有處理 Legacy Code 的經驗嗎？

除非是新創團隊或是接案類型的公司，不然絕大多數新人在入職後，都要接手前人遺留的程式碼（Legacy Code），如果求職者只有從零開始建立專案的經驗，在一開始會有陣痛期。

【考點】了解求職者是否接觸過 Legacy Code、碰到時如何快速掌握

之前有**專案擴編**的支援經驗，因為當時有時程上的壓力；所以我在加入團隊後除了重點**了解自己要負責的 Feature、團隊的 Coding Style** 外，會主動向訂下這些需求的 **PM 討論**，以此了解因果關係並快速融入團隊。

也曾接手過要維護及擴充的專案，因為當時沒有相關文件可以參考，為了快速掌握專案，我一邊操作系統一邊畫心智圖幫助自己釐清功能；等了解系統的架構後，再去找合作窗口確認需求，避免溝通時出現雞同鴨講的狀況。

在修改 Legacy Code 時，我會特別注意前人是否有撰寫單元測試（**Unit Test**），這樣我才能驗證自己修改與擴充的內容，是否與先前的設計衝突。

以正在運行的專案來說，我會在團隊建立 **Code Review** 機制，讓每個人熟悉彼此的程式、使用共同的 Coding Style，**當知識共享與風格統一後，就能減少 Legacy Code 的產生**。

21.3.2 開發時團隊有律定 Coding Style 嗎？

【考點】了解求職者過去團隊合作時的開發習慣

為了保證程式的**一致性與可讀性**，團隊在 Coding Style 方面特別注重「**命名**」，我們希望命名都是一目了然的，所以**不會使用簡寫**，同時會特別注意是

否有拼錯的單字，避免搜尋時找不到目標；其中**變數與函式**都採用小駝峰式（camelCase）來命名，而**常數**則使用全大寫英文命名。

至於斷行字數、單引號、雙引號、結尾有沒有分號…這類型的問題，我們會透過程式碼 Format 工具來解決。

21.3.3 有用過程式碼 Format 的工具嗎？

【考點】是否會善用工具來維護程式碼品質

在前端有使用 **ESLint** 來統一基本的 Coding Style，為了加快開發速度，我有另外在 VSCode 上面安裝 **Prettier ESLint** 這款外掛，透過它便可輕鬆將程式碼 Format 成 ESLint 要求的格式。

> 如果團隊有統一的 Format 工具，就能避免有些人在 Push 專案時，明明只修改了一行，但因為 Format 工具的不同，導致在 Code Review 時根本看不出改了哪裡（光是縮排規則的不同，就能讓程式看上去跟重寫的一樣）。

◀» **筆者碎碎念：**

寫完這篇文章時，我的心裡突然冒出一段話：「一開始，我們在追求問題的解答；到後來，我們在學習解決問題的方法。」

參考資源

1. 【翻譯】JavaScript 設計模式
   https://wyattkidd.medium.com/fca4e2e16752

2. 什麼是 Design Pattern？
   https://ithelp.ithome.com.tw/articles/10234830

3. 我為什麼想學設計模式（Design Pattern）
   https://ithelp.ithome.com.tw/articles/10201706

[系統設計] 如何設計一個像 Facebook 的社交平台

擅長嘴砲溝通的人在這個環節有較多優勢。

其實前面 10 幾篇文章的內容都是系統設計的一環，只是問題的面向是從你過往的履歷、技術，或是面試公司的需求出發，透過詢問細節來評核你技術的硬實力。

再確認求職者的硬實力過關後，有些面試官會給你一個情境來做系統設計；然後依據你在這道題目上的應對進退，**決定要給你 Junior 還是 Senior 的職稱。**

> 如果你面試的職缺是 Tech Lead，這題回答得不好有高機率直接出局。

22.1 初探系統設計

筆者第一次遇到系統設計的問題時表現得很差，因為我把它當成一個技術性的問題，所以**不停地在輸出自己的想法與觀點**，面試完的當下還覺得自己表現的超棒，肯定會拿到 Offer。

果然在兩天後收到 Offer Get 的信件，但核薪結果沒有達到自己的期待；因為想了解哪個環節還可以做得更好，於是向人資詢問主管對我的評價，我收到的評價是：「技術完全沒問題、經驗豐富、自我學習能力高；**但系統設計的能力稍顯不足，主觀思維太多。**」

在這之後我才知道面試有「系統設計」這個類型的題目，也明白當時的回答並不是面試官期待的答案。

22.1.1 Junior 跟 Senior 工程師的差異

Junior 工程師在看到問題後，會想**直接提出解決方案**；而 Senior 工程師則會先釐清問題，**從整體架構去思考**。

會有這樣的差異是很正常的，因為 Junior 工程師在入職後，往往是**接受任務分配的一方**，所以他們已經習慣「收到問題 → 解決問題」的作業模式；很少人會去思考**為什麼要這樣做、能不能這樣做**，以至於可以完成交辦的任務，卻缺乏對整體架構的思維。

而 Senior 工程師除了要寫程式外，有時還要跟 PM 討論需求、規劃系統架構、分配工作給 Junior 工程師、幫 Junior 工程師 Debug；有些工程師討厭做這些事，因為會耽誤自己寫程式的時間，但正因為這些事，才讓他們有**更完整的架構思維與溝通協調能力**。

22.1.2 系統設計的題目來源

雖然系統設計的題目範圍很廣，但面試官愛考的大概就是以下幾種：

- **經典面試題**

    很多面試官都是去題庫裡面找題目，我這裡也是建議讀者**先熟悉題庫**。

    透過反覆練習題庫，除了掌握基本盤外；在面對沒有接觸過的系統也能做到基本的應對進退。

- **面試公司的系統**

    有些知名企業喜歡向求職者詢問：「如果是你，會如何設計我們公司的系統？」

這個問題除了考系統設計的能力外，還能順便了解**求職者對面試公司的系統有多熟悉**。

- **你履歷上的技能**

  像筆者在**履歷上有放網頁爬蟲的經歷**，就遇過面試官以此詢問筆者：「如何設計一個網頁爬蟲的系統？」

每個面試官在意的細節都不一樣

有些面試官在聊系統設計時，除了技術方面的問題外，還會跟你深入探討不同方案的人力資源配置、功能時程預估、所需硬體資源 ... 最後從整體的角度來判斷可行性有多高，是否可以讓組織運轉。

如果沒有一定的實務基礎，遇到這些延伸問題時基本沒有招架之力。

22.1.3 面試官在找的是同事

問題走向完全看面試官喜好，因為沒有固定解答，所以**回答是否被接受**，也是看你跟面試官的頻率是否契合。

今天**面試官要找的是同事**，在確認技術過關後，他想透過這個關卡更進一步了解求職者：

- 是否具備分析問題的能力。
- 會經過討論再做出設計，而不是一開始就有許多預設立場。
- 能夠清晰闡述自己的策略。
- 溝通時雙方在同一個頻率，不會出現雞同鴨講的狀況。
- 能評估自己提出方案的優缺點，並提出可行的優化方案。

與其說是考試，**更像是同事間在討論一個議題**；有時也會遇到你認為自己的方案沒問題，但面試官就是覺得不可行的狀況；此時你可以先了解面試官顧慮的點，可能真的有自己忽略的細節。

有時面試官的技術能力未必高於求職者，也許你提出的方案更好，但因為已經超過面試官的知識範圍所以不被採納；此時並**不建議堅持己見**，你可以說：「也許有我忽略的細節，您的考慮應該是對的。」然後**轉移到下一個話題**。

如果遇到一個自己完全不熟悉的領域，連回答的頭緒都沒有，**請跟面試官討論你想解決的問題，並說明為什麼會卡住，千萬不要不懂裝懂瞎掰答案**；面試官自己也很清楚，求職者是不可能在短時間內給出完美的答案，面對不熟悉的議題，有沒涉略過的知識也是很正常的。

> **Tips**
>
> 1. 系統設計除了考核知識面的廣度外，同時也在評估對方適不適合做自己的同事。
>
> 2. 雙方有來有往聊得越開心，就算你的回答有犯錯也容易被忽略。
>
> **會錄取的求職者未必技術能力最好，但絕對是在面試過程中溝通流暢的。**

22.2 如何設計一個像 Facebook 的社交平台

22.2.1 縮小問題範圍，確認具體需求

大部分主管在交代事情時，只會給一個方向，並不會把細節說清楚；所以面試官也是想透過這個問題，來了解未來在交辦工作時，你會如何應對。

- 縮小問題範圍

  Facebook 是一個歷經十幾年改版、無數菁英灌注青春與熱血的系統，**它所提供的服務實在是太多了**，所以要先確認問題回答的方向，比如說：「Facebook 有提供蠻多種服務的，像是貼文動態、Messenger、廣告系統，我們要先從哪一塊來做討論？」

■ **不要急著提出解決方案**

當年筆者沒搞清楚狀況,把它當成大流量架構設計的問題,直接丟出一堆像是 Load Balance、Replication、DB Sharding... 的技術方案,我當時說的很開心,**但回答的內容完全偏離了面試官想要討論的方向。**

> 使用什麼技術可以等需求確定後再討論,如果在分析問題的階段就走偏了,那後面再多的努力也沒有用。

22.2.2 先提出一個簡單的解決方案

假設面試官把問題縮小到「打造一個 Messenger 系統」,那核心功能就非常明確,此時你只要**簡單敘述設計概念**就好,不要急著說出你打算使用哪些技術。

> 筆者當年就是急著說出要用 Node.js + Socket.io + MongoDB 來打造系統,在被面試官提醒後,才了解答題的方向。

■ **簡述基礎解決方案**

我們會需要一個**聊天伺服器**來處理訊息間的溝通,當使用者發送訊息時,**訊息會先傳送到伺服器並儲存**;如果接收方**在線上就直接傳送訊息**給他,如果**不在線就透過推播通知。**

在 UI 介面上,使用者發送訊息成功時會有**時間戳記**;當接收方點開訊息時也會有**已讀的標記。**

> **Tips**
>
> 通常系統設計的考題會涵蓋「前端、後端、資料庫」這幾個面向,這樣面試官才能依照自己在意的點深入詢問。

22.2.3 提出可以減少耗能的可行方案

資源永遠是有限的，更高的硬體規格需要更多的預算，此時就需要 **trade-off**（權衡）。

接著讓我們從資源消耗的角度，來探討 Messenger 這個系統中，**好友上線顯示綠燈的功能要如何設計**。

最簡單的做法是當使用者一上線，就向所有好友發送上線通知；但這個設計在系統成長到百萬使用者、且特定時段上線的活躍使用者數量高達數十萬時，這種發送通知的方式**對資源消耗極大**。

■ 有什麼方法可以減輕資源消耗？

很多人打開 Messenger 只是簡單回覆訊息就關掉，所以系統其實沒必要為剛上線的使用者立刻發送通知；我會建議把發送上線通知的策略**改為顯示活躍使用者**，比如要在線 5 分鐘以上再發送通知，**透過減少請求的次數，來降低對系統資源的消耗**。

22.2.4 從自己擅長的面向切入

在提出基礎的解決方案後，題目就會往細節發展，此時你可以**主動向面試官確認一些系統需求**，假使你擅長大流量高併發的議題，就不妨詢問面試官：「**這個系統在設計上，要考量到大流量以及高併發的問題嗎？**」

主動引導面試官將話題轉向自己擅長的領域是很重要的；但**如果面試官對這個議題沒有興趣，千萬不要自顧自的一直講**。

同時切記，**如果你對某個領域不擅長就不要挖坑給自己跳**，假如你主動提及資料庫相關問題，面試官就可能因為你履歷上有 MySQL 跟 PostgreSQL 的經驗，而詢問你兩者的優缺點及使用時機，如果你答不出來反而會被扣分。

22.2.5　不要有預設立場

Messenger 系統除了傳送訊息這個基礎功能外，還有建立聊天群組、回覆特定訊息、移除訊息、對訊息傳送表情符號 ... 等眾多功能。

如果你打算在這些功能上開闢戰場，**請先詢問面試官是否需要這些功能**；而不是沒有經過溝通，自己覺得理所當然就直接開始設計。

> **經驗分享**
>
> 在系統開發上，**如果你要做的功能在需求規格以外，一定要先跟 PM 溝通**；你認為必要的功能對客戶來說可能根本不需要，甚至系統有可能因為多出來的功能而產生難以解決的 Bug，千萬不要自作聰明。

22.2.6　主動提出不同設計的優缺點

如果面試官把話題帶到 **DB Sharding** 上面，比如：「隨著使用者成長，儲存使用者的 Table 資料量太大，導致效率越來越低，有什麼解決方案嗎？」

筆者會用下面的角度來回答：

考慮到使用者數量會持續成長，為了減輕資料庫的負擔，我會將這個 Table 切分到多個資料庫來分散壓力，這邊提供兩種切分策略：

- **Range-based partitioning**

  第一個方案是**挑選一個合適的欄位作為切分條件**，像是以使用者的「年齡」做為切分條件；不過使用這種方式可能會造成**不均勻的 Server load**，因為每個年齡段的使用者數量不同。

- **Hash partitioning**

  為了解決 Server load 不均勻的問題，第二個方案則是**挑選一個欄位用 Hash Function 計算出一個值**，用這個值來決定資料要放到哪個資料庫。

在 Hash Function 的部分可以採用 **Consistent Hashing**，讓資料均勻分布在不同的資料庫；這個方案在資料庫數量有增減時，也能盡量避免原有的 Key 被重新分配。

> **Tips**
>
> 系統設計沒有標準答案，如果你有能力提出多種解決方案，並說出各自的利弊是非常加分的。

22.3 衍伸問題

22.3.1 你有使用過 Mind Map 跟 Sitemap 嗎？它們的使用時機是？

【考點】在系統設計時，你有用過什麼輔助工具

- **Mind Map**

  在專案做需求訪談時，我會先透過 Mind Map 來幫助發想與記錄想法，有了這張圖，即使開會偏離重點也可以快速拉回。

  在會議結束後，我會透過它向同事說明需求之間的關聯性、以及功能設計時要注意的限制，讓他們可以快速掌握專案的架構。

- **Sitemap**

  在需求明確後，我會用 Sitemap 規劃網站地圖，設計頁面之間的關聯性與階層；用它完成流程上的模擬後，會檢視規劃是否有下列問題：

  - 如果需要 SEO 的頁面被埋得太深就要重新規劃，避免 Google 爬蟲不到。
  - 檢查是否有規劃不良導致的孤兒網頁（系統沒有連結可以抵達的頁面）。

> ◀» **筆者碎碎念：**
>
> 即使經驗豐富，面對一個從未思考過的問題，也很難提出合適的設計；這邊建議讀者可以透過以下方式，有意識地培養自己系統設計的能力：
>
> 1. 上網找題庫，吸收他人在系統設計上的經驗。
> 2. 找 Mentor 做模擬面試，熟悉答題方向。
> 3. 在閒暇時思考知名的系統是如何設計出來的（ex：YouTube、Google、Twitter...）。

參考資源

1. 系統設計面試 6 個技巧｜我面 Google 前的準備方法

   https://www.youtube.com/watch?v=zomYKjlvJGU

2. 軟體工程師系統設計面試準備指南

   https://medium.com/jktech/acf6ab1f502f

3. 系統設計面試（第一部分）

   https://wizardforcel.gitbooks.io/gainlo-interview-guide/content/5.html

4. donnemartin/system-design-primer

   https://github.com/donnemartin/system-design-primer/blob/master/README-zh-Hans.md

5. 從 Sitemap 的應用，談 SEO 的學習

   https://www.yesharris.com/sitemap-seo/

23

[白板題]設計一個簡易的抽獎程式

白板題跟系統設計考題的共通點,就是同樣重視
「釐清問題」與「溝通表達」的能力。

相比於系統設計,白板題往往需要寫出**能夠運行的程式**,或者提供面試官認為**可行性高的演算法**;大部分的白板題難度會落在 LeetCode Easy 的等級,有程式基礎的人基本上都能給出答案,但除了給出答案外,程式的**正確率與執行效率也會列入評分**。

本篇文章主要是分享**答題思路**以及如何**在討論中完善程式**,演算法並非筆者所擅長;如果想提升演算法的能力,除了買一本書好好閱讀外,同時也要去 LeetCode 刷題累積實戰經驗。

有些公司是考 LeetCode Medium/Hard 等級的題目,除非天賦異稟,否則這個難度需要化大量時間(可能半年以上)練習,才能在現場穩定發揮。

23.1 初探白板題

23.1.1 白板題的類型

白板題大概分成以下 3 種形式：

1. 在白板回答

   通常用白板回答時，只要寫出演算法跟架構就好；相較於其他形式，更**注重與面試官的「溝通」與「釐清問題」**。

2. 紙上作業

   用來觀察求職者在沒有 IDE 的輔助下，是否具備寫程式的能力；因為現在的 IDE 實在太方便了，函式會自動補全、錯誤會直接 Highlight，造成**許多工程師脫離 IDE 後，幾乎無法在紙上呈現自己想要表達的演算法**。

   > 紙上寫下的程式碼是不能清除的，如果下筆前思路不清晰，那試卷肯定被塗塗改改的一團糟，面試官能透過這些痕跡，了解求職者寫程式的習慣。

3. 上機考

   通常會給一個時間限制，要求你在時間內寫出一個可以 Run 的 MVP，部分面試官會在旁邊看著你寫 Code 的過程；**有些工程師會因為不適應有人盯著寫程式，導致現場發揮失常**。

23.1.2 解題過程比解答更重要

也許你已經非常熟悉 LeetCode 的解題模式；但白板題跟 LeetCode 不同的地方，**在於通常沒有測資，而且題目相對模糊**。

如果你接到題目後就**直接解題**，可能會**忽略一些隱性條件**；在了解題目的過程如果發現模糊地帶，請**與面試官釐清問題**，有時自己想像出來的條件反而會增加題目的複雜度。

通常在你給出第一版的解答後，面試官會以你的解答為基礎，**循序漸進地問一些衍伸性的問題**，這部分除了考核程式能力外，也是判斷求職者在開發過程中**能否與團隊溝通**；畢竟隨著專案規模的擴增，單打獨鬥的情境已不多見。

如果遇上無法解決的白板題，請以積極的態度**與面試官溝通你想到的解題方案和卡住的點**；相比於求職者的程式能力，有些面試官更看重求職者的**人格特質**，有些人也許程式能力不足，但能理解面試官提出的問題，並在討論過程中作出改善，若能在解題過程中**被面試官視為有潛力的人才，也是有機會獲得 Offer** 的。

備註 1：解題過程中，並不是所有面試官都是以「討論」的形式與你溝通，有些是以「質問」的態度面對求職者；遇到用「質問」態度的面試官，你也要思考自己能否與這樣的同事一起共事。

備註 2：需要有良好的程式基礎與抗壓性，才能在面對白板題時表現優異。

23.2 設計一個簡易的抽獎程式

為了方便讀者閱讀與驗證，下面範例以「上機考」的形式向大家分享。

23.2.1 問題敘述

請你設計一個抽獎系統，獎品有「一獎、二獎、三獎」，其餘都是感謝獎。

一獎、二獎、三獎的中獎機率可以自由輸入，若沒輸入則默認一獎（1%）、二獎（2%）、三獎（3%）。

時間限制：5 分鐘

23.2.2 面試官為什麼會問？

這個題目雖然簡單，卻有**很多衍伸的議題可以討論**，是一個瞭解求職者基本功的經典題目。

23.2.3 面試官想從答案確認什麼？

- 你的程式是否保留擴充空間
- 你會用什麼演算法解決這個問題
- 是否有驗證使用者輸入的參數
- 如何驗證你的程式是符合需求的

23.2.4 筆者提供的簡答

面對白板題時，筆者是**先求有再求好**；如果一昧追求高效但自己不熟悉的演算法，有時會遇到無法短時間解決的 Bug，甚至連基本的功能都來不及完成。

筆者的邏輯是先把籤放入籤筒，再透過亂數抽獎印出結果，以符合題目的基礎要求為目標：

- 使用者可以**透過調整參數變更中獎機率**。
- **有默認的中獎機率**：一獎（1%）、二獎（2%）、三獎（3%）。
- 用「**Math.random()**」函式模擬亂數抽獎。
- 會印出**中獎結果**。

```
1.    // 寫一個函式，有默認的抽獎機率：一獎(1%)、二獎(2%)、三獎(3%)
2.    function lottery (firstPrize = 1, secondPrize = 2, thirdPrize = 3) {
3.      let luckyBox = [];
4.      // 放入籤筒
5.      for (var i = 0; i < 100; i++) {
6.        if (firstPrize !== 0) {
7.          luckyBox.push("一獎");
```

```
8.          firstPrize--;
9.        } else if (secondPrize !== 0) {
10.         luckyBox.push("二獎");
11.         secondPrize--;
12.       } else if (thirdPrize !== 0) {
13.         luckyBox.push("三獎");
14.         thirdPrize--;
15.       } else {
16.         luckyBox.push("感謝獎");
17.       }
18.     }
19.     // 抽獎
20.     console.log(luckyBox[Math.floor(Math.random() * 99)]);
21.   }
22.   lottery();
```

上面的程式先不論演算法優劣，**還有許多細節是沒有被考慮到的**；在完成 MVP 後，有些面試官會先問你：「之前有寫過類似的程式嗎？」如果沒有相關經驗就老實說沒有吧，接下來面試官會以這個程式為基礎，跟你討論還有哪裡可以做改善。

23.3 衍伸問題

23.3.1 如果使用者輸入的機率有小數點呢？

【考點】求職者對浮點數的處理

很顯然，如果使用者輸入的機率包含小數點，現在的函式無法應付，下面是筆者的處理方式：

- 取得輸入得獎機率中**最長的小數點有幾位（N）**。
- 將所有得獎機率乘以 10 的 N 次方變成整數，這樣**機率就沒有小數點**了。
- 將 10 的 N 次方再乘以 100，就得出籤筒的總數量。

```
1.   function lottery(firstPrize = 1, secondPrize = 2, thirdPrize = 3) {
2.     // 取得最長小數點
3.     let tmp = [firstPrize, secondPrize, thirdPrize];
4.     let longest = 0;
5.     tmp.forEach((prize) => {
6.       let afterPoint = prize.toString().split(".")[1];
7.       if (afterPoint) {
8.         if (afterPoint.length > longest) {
9.           longest = afterPoint.length;
10.        }
11.      }
12.    });
13.
14.    // 讓機率變整數
15.    let multiple = Math.pow(10, longest);
16.    // 沒有用 Math.floor 會出現 js 小數點結尾的 Bug，
17.    // ex:11100.000000000002
18.    firstPrize = Math.floor(firstPrize * multiple);
19.    secondPrize = Math.floor(secondPrize * multiple);
20.    thirdPrize = Math.floor(thirdPrize * multiple);
21.    // 籤筒的總數量
22.    let max = multiple * 100;
23.
24.    let luckyBox = [];
25.    // 放入籤筒
26.    for (var i = 0; i < max; i++) {
27.      if (firstPrize !== 0) {
28.        luckyBox.push("一獎");
29.        firstPrize--;
30.      } else if (secondPrize !== 0) {
31.        luckyBox.push("二獎");
32.        secondPrize--;
33.      } else if (thirdPrize !== 0) {
```

```
34.      luckyBox.push("三獎");
35.      thirdPrize--;
36.    } else {
37.      luckyBox.push("感謝獎");
38.    }
39.  }
40.  // 抽獎
41.  console.log(luckyBox[Math.floor(Math.random() * (max - 1))]);
42. }
43. lottery(1.11, 2.34, 3.567);
```

23.3.2 你有考慮到使用者可能輸入不合理的機率嗎？

【考點】能舉出會發生錯誤的情境，並設計程式來驗證輸入的參數

如果沒有對輸入的參數做驗證，程式的穩定性真的很差，下面舉出幾個要做的基礎驗證：

- **中獎機率不可能超過 100%**，如果一獎、二獎、三獎加起來超過 100 是不合理的。
- 中獎機率一定是正數，輸入負的機率也是不合理。
- 如果參數輸入文字或是符號就一定是錯的。

這邊筆者透過撰寫一個函式（validateInput）來驗證輸入的參數，如果**不符規則就會跳出錯誤訊息**。

```
1.  function validateInput(firstPrize, secondPrize, thirdPrize) {
2.    // 確認是否為正數
3.    var reg = /^(?=.+)(?:[1-9]\d*|0)?(?:\.\d+)?$/;
4.    if (!(reg.test(firstPrize) && reg.test(secondPrize) && reg.
                                              test(thirdPrize))) {
5.      console.log("請確認輸入參數皆為正數！");
```

```
6.        return false;
7.      }
8.
9.      // 確認沒爆表
10.     if (firstPrize + secondPrize + thirdPrize > 100) {
11.       console.log("中獎機率超過 100 %，爆表了！");
12.       return false;
13.     }
14.     return true;
15.   }
16.
17.   const argsArray = [
18.     [100, 2.34, 3.567], //中獎率不可能超過100
19.     [-1, 2.34, 3.567],  //機率不可為負
20.     [1, "錯誤", 3.567],  //機率不可含有文字
21.     [1, 2.34, 3.567],
22.   ];
23.
24.   argsArray.forEach((args) => {
25.     console.log("驗證: " + args);
26.     console.log(validateInput.apply(this, args));
27.   });
```

在終端機輸入 `node validate-lottery.js` 即可測試：

```
node validate-lottery.js
驗證: 100,2.34,3.567
中獎機率超過 100 %，爆表了！
false
驗證: -1,2.34,3.567
請確認輸入參數皆為正數！
false
驗證: 1,錯誤,3.567
請確認輸入參數皆為正數！
false
驗證: 1,2.34,3.567
true
```

圖 23-1 如果驗證失敗便會顯示對應的錯誤訊息

23.3.3 你會用什麼方法來驗證程式的正確性？

【考點】是否有自動化的測試方案來驗證程式

程式的正確性並不是用嘴說的，面試官想了解你會用什麼方法**驗證程式的正確性**。

筆者這邊會寫一個測試函式來蒐集抽獎結果，並對原本程式做如下調整：

- 因為籤筒初始化後可以反覆使用，所以把它獨立成函式（initLuckyBox）。
- 將 lottery 函式改為純粹抽籤用。
- 建立測試函式（qa），可調整測試次數，在執行時會印出實際機率與期望機率的比對。

這裡附上調整過的完整程式（參考線上資源 **final-lottery.js**）：

```
1.    function initLuckyBox(firstPrize = 1, secondPrize = 2,
                                            thirdPrize = 3) {
2.      // 先驗證輸入參數
3.      if (!validateInput(firstPrize, secondPrize, thirdPrize)) {
4.        return;
5.      }
6.      // 取得最長小數點
7.      let tmp = [firstPrize, secondPrize, thirdPrize];
8.      let longest = 0;
9.      tmp.forEach((prize) => {
10.       let afterPoint = prize.toString().split(".")[1];
11.       if (afterPoint) {
12.         if (afterPoint.length > longest) {
13.           longest = afterPoint.length;
14.         }
15.       }
16.     });
```

```
17.    // 讓機率變整數
18.    let multiple = Math.pow(10, longest);
19.    // 沒有用 Math.floor 會出現 js 小數點結尾的 Bug，
20.    // ex:11100.000000000002
21.    firstPrize = Math.floor(firstPrize * multiple);
22.    secondPrize = Math.floor(secondPrize * multiple);
23.    thirdPrize = Math.floor(thirdPrize * multiple);
24.    // 籤筒的總數量
25.    let max = multiple * 100;
26.    let luckyBox = [];
27.    // 放入籤筒
28.    for (var i = 0; i < max; i++) {
29.      if (firstPrize !== 0) {
30.        luckyBox.push("一獎");
31.        firstPrize--;
32.      } else if (secondPrize !== 0) {
33.        luckyBox.push("二獎");
34.        secondPrize--;
35.      } else if (thirdPrize !== 0) {
36.        luckyBox.push("三獎");
37.        thirdPrize--;
38.      } else {
39.        luckyBox.push("感謝獎");
40.      }
41.    }
42.    return luckyBox;
43.  }
44.
45.  function lottery(luckyBox = []) {
46.    let max = luckyBox.length;
47.    // 抽獎
48.    let result = luckyBox[Math.floor(Math.random() * (max - 1))];
49.    return result;
```

```
50.    }
51.
52.    function validateInput(firstPrize, secondPrize, thirdPrize) {
53.      // 確認是否為正數
54.      var reg = /^(?=.+)(?:[1-9]\d*|0)?(?:\.\d+)?$/;
55.      if (!(reg.test(firstPrize) && reg.test(secondPrize) && reg.
                                         test(thirdPrize))) {
56.        console.log("請確認輸入參數皆為正數！");
57.        return false;
58.      }
59.      // 確認沒爆表
60.      if (firstPrize + secondPrize + thirdPrize > 100) {
61.        console.log("中獎機率超過 100 %，爆表了！");
62.        return false;
63.      }
64.      return true;
65.    }
66.
67.    function qa(testTimes = 10000) {
68.      // 設定中獎機率
69.      let firstPrize = 1.5,
70.        secondPrize = 2.33,
71.        thirdPrize = 3.98;
72.      let thanksPrize = 100 - firstPrize - secondPrize - thirdPrize;
73.      let luckyBox = initLuckyBox(firstPrize, secondPrize, thirdPrize);
74.      let first = 0,
75.        second = 0,
76.        third = 0,
77.        thanks = 0;
78.
79.      for (var i = 0; i < testTimes; i++) {
80.        let result = lottery(luckyBox);
81.        if (result == "一獎") {
```

```
82.        first++;
83.      } else if (result == "二獎") {
84.        second++;
85.      } else if (result == "三獎") {
86.        third++;
87.      } else {
88.        thanks++;
89.      }
90.    }
91.
92.    console.log("一獎:" + ((first / testTimes) * 100).toFixed(2)
                                    + "% (" + firstPrize + "%)");
93.    console.log("二獎:" + ((second / testTimes) * 100).
                          toFixed(2) + "% (" + secondPrize + "%)");
94.    console.log("三獎:" + ((third / testTimes) * 100).
                          toFixed(2) + "% (" + thirdPrize + "%)");
95.    console.log("感謝獎:" + ((thanks / testTimes) * 100).
                          toFixed(2) + "% (" + thanksPrize + "%)");
96.  }
97.  qa();
98.  // console.log(lottery(initLuckyBox()));
```

在終端機輸入 `node final-lottery.js` 即可測試：

```
node final-lottery.js
一獎:1.50% (1.5%)
二獎:2.23% (2.33%)
三獎:3.97% (3.98%)
感謝獎:92.31% (92.19%)
```

圖 23-2 透過 qa 函式來驗證結果是否符合設定的中獎機率

23.3.4 留給讀者優化與思考的問題

上面只是筆者在面對白板題時的簡單發想，這邊還有一些問題留給讀者思考：

- 需不需要限制浮點數在小數點後的位數？
- 筆者的解決方案超級土法煉鋼，有沒有更好的演算法可以優化？
- 如果改成抽籤不放回的機制，程式要如何調整？
- 假使有四獎、五獎、六獎 ... 程式架構要如何優化？

即使是抽獎系統這種看似簡單的題目，如果深入探討還是有許多的細節需要完善。

筆者上面所提出的衍伸問題，其實是求職者一開始要跟面試官釐清的細節，如果能夠在**作業前就定義好需求**，就能避免開發出不合適的設計。

不過有些面試官會傾向等求職者**完成 MVP 後再做細節討論**，筆者就曾遇過面試官出完白板題後就先離開 15 分鐘，讓求職者在較無壓力的環境下作答，所以實際狀況還是需要讀者在現場**隨機應變**。

PART **7**

了解求職者人格特質的面試題

技能，可以透過學習成長；但人格特質，卻很難改變。

24

當你分享工作經驗時會被問到 的種種問題

每個人都有自己的人生經驗,本篇文章匯集了筆者與朋友在面試、 工作上的應對進退,希望可以給讀者帶來不同的視角與觀點。

從第二份工作開始,幾乎每場面試你都會被問到:「過去在公司或是專案上扮演 過什麼角色?遇到過哪些困難,以及你如何解決?」

只要出現在履歷上的工作經驗都可能被詢問,所以請**務必準備**。

24.1 在工作中有遇過哪些挫折、衝突,以及你 的處理方式

下面的內容可能由求職者主動說出來,或是被面試官問到,無論如何謹記一個原 則:「**要說出你是如何面對、處理這些事情,千萬不要淪為單純的抱怨!**」

> 大家為人處世的方法不同,筆者的做法僅供參考;主要是為了讓讀者在遇到問 題前,可以先思考自己的處理方式,不至於手忙腳亂。

24.1.1 同事刻意挑你無法處理問題的時間捅你一刀

- 事件描述

  過去上班有碰過暗黑同事，遇到問題不在上班時間詢問，而是**等你離開辦公室後**，才在有總經理的群組 tag 你，說你負責的系統有 **Bug**。

- 處理方式

  - 先作反思

    我會先回憶過去有什麼地方惹到他了，或是部門間是否有利益衝突；因為一個正常人沒道理在對方無法處理問題的時候，故意在有高階長官的群組 tag 他。

  - 盡快回覆

    儘管是下班時段，但因為對方在有高階長官的群組發佈訊息；所以我會**盡快回覆**，但不管對自己的程式多有自信，我都**不會強調系統沒 Bug**，因為你此時可能在吃飯、運動、逛街，根本無法確認這個問題是否存在。

    筆者的回覆範例：「**系統每個版本在釋出前，都有撰寫完整的測試案例來確保功能穩定性，且通過測試部門的嚴密測試，針對 XXX 所提出的問題，我會盡快確認，並於明早 10:00 做好彙整向大家報告。**」這段回覆有幾個重點：

    - 系統是經過測試，確認穩定後才釋出的。
    - 你有即時看到這則訊息。
    - 給出明確的報告時間。

    > 這邊舉例的是不影響系統運行且無法確認是否為真的 Bug，如果是系統當機這類重大問題，你還是得即時處理。

- 彙整報告

  - 真的有 Bug

    老實承認錯誤,並承諾 Bug 的修復時間。

  - 如果沒 Bug

    筆者報告完後,會用這段話做結尾:「感謝 **XXX** 在下班時間努力工作,可能是因為他太累了才會有這個錯誤回報;這部分我會再跟 **XXX** 溝通,希望他之後可以先跟負責的工程師釐清問題,避免類似的烏龍再次發生,抱歉讓各位長官受驚了。」

    > 筆者不會趁這個機會打壓對方,將對方的問題點出來、釐清責任歸屬就好;如果你沒辦法讓對方離開公司,那請做人留一線。

24.1.2 常常快到下班時間才找你討論(臨時會議)

- 事件描述

  有些人一整天上班時間都不找你討論,偏偏等到下班前 10 分鐘,才跑到座位跟你說有問題要討論。

- 處理方式

  - 如果對方是故意的

    偶爾發生就算了,但如果對方刻意如此,請明確地告知他,你希望在上班時間討論;筆者的訊息範例:「如果有問題請在下班前一小時找我討論,這樣既不會耽誤彼此的下班時間,也有比較好的討論品質。」

  - 如果勸告無效

    如果對方在你明確告知後依然故我,**筆者建議直接請上級提醒對方**;因為有些人加班不是因為工作做不完,只是想在長官面前刷存在感,自己想刷存在感沒關係,但如果影響到其他同事就真的不好了。

Tips

不是所有事情都一定要靠自己解決，適時的請上級支援也是有必要的。

24.1.3 跨部門溝通遇到合作意願低又甩鍋的同事

> 職場奇葩多，遇到問題先甩鍋。

■ **事件描述**

有時專案需要多個部門一起合作才能完成，**但有些部門的人就是努力地拖延進度**；你可能在 2 個月前就把功能完成並交付到對方手上，可對方就是拖到最近才開始實作，但當上級問他功能怎麼還沒做完時，**他會第一時間把責任推到你身上，說是因為你功能不夠完善才導致他無法作業。**

■ **處理方式**

● 留存證據

職場上難搞的人太多，明明是自己的問題，卻把責任都推到對方身上；若公司有**使用專案管理軟體**，那就能將證據完美留存；如果沒有的話，**建議要截圖對話紀錄**，並且每封 Email 都要把上級加入 Loop，以此保護自己。

● 尋找關鍵人物

如果你是專案負責人，但對方總是有各種理由拖延；**到最後專案無法如期交付時，上級會找你麻煩**，而不是找那個沒做事情的人麻煩。

如果對方是因為部門不同而不願意配合，筆者建議**直接找對方的上級溝通**，但請在問題發生初期就去處理；要是等到時程緊繃才去溝通，那就大勢已去，此時對方也會想辦法推卸責任。

24.1.4 跨部門會議遇到用階級壓人的長官

■ 事件描述

在組織結構龐大的公司，有時開會的結論**不是看哪個部門的方案比較好**；而是看出席會議的長官中，**誰的階級比較大。**

■ 處理方式

● 先了解會議出席人員

有高階長官出席的會議不可能沒有會議通知，筆者會先向**主管詢問這些長官在開會時的習性**，因為有些長官會用階級來判斷你是否有跟他説話的資格。

● 獲得相同話語權

如果不幸遇到只看階級説話的長官，我會請主管**邀請能與之抗衡的長官在會議列席**，這樣在溝通上才有平等的話語權。

> **Tips**
>
> 直接請一個有相同話語權的人，會遠比自己以下犯上好很多；**這裡是現實社會，不要以為自己是故事的主角。**

24.1.5 開會冗長且不斷偏離主題

■ 事件描述

相信大家都有這個經驗，**我們為了 A 的議題開會**，但常常會開到一半就冒出 **B、C、D 的延伸議題**；不但造成會議時間大幅延長，有時甚至在會議結束後連 A 的議題都沒有結論。

- 處理方式
  - 以會議大綱為討論主軸

    很多會議只有主題沒有大綱，這造成了很多與會人員根本沒搞清楚開會目的，所以偏移主題實屬正常。

    有時就算會議通知有附上大綱，但大部分的人都只會瞄一眼，認真看的並不多；所以在**會議開始時要再次說明大綱**，並強調要解決的議題，相信把情境限制住後，就能減少非常多的延伸議題。

  - 紀錄延伸議題，安排在其他會議討論

    開會過程中產生延伸議題實屬正常，但不建議在原本的會議中討論新的議題；除了**會議容易失焦**外，會議時間的延長也會使人**無法集中精神，嚴重一點甚至會做出錯誤決策**。

24.2 描述一下你在這份工作中擔任的角色、負責的任務

這塊原則上都是**依照個人經歷敘述**，面試官會挑感興趣的部分做深入詢問，下面是筆者統整的常見問題並附上回答範例。

24.2.1 敘述本職工作

目前擔任 Tech Lead 並兼任專案經理。

- **Tech Lead**

  透過 Code Review 和閱讀需求規格，確保專案執行在「對」的方向。

  當成員遇到問題時，視狀況決定要引導還是回答；或扮演接線生，讓他與能回答問題的人聯繫。

  持續接觸新技術，並適時將好用的工具導入專案，提升團隊生產力。

- 專案經理

  與產品經理溝通了解需求，規劃專案時程並訂下階段目標，協調外部資源讓工程師可以專心寫 Code。

對內，讓團隊成員實力成長，提升部門價值；對外，讓產品符合客戶需求，提升公司價值。

> **Tips**
>
> 其實跟自我介紹很像，說出**面試官可能會感興趣的關鍵字**。

24.2.2 與產品經理溝通

- **如果有多項任務要完成**

  我會先詢問每項任務的 Priority、要完成的時間；並初估開發所需時間以及人力資源配置。

- **需要跨團隊合作的任務**

  我會建議產品經理找相關的 Key man 一起討論，避免雙方的認知差異，導致最終結果不符預期。

- **遇到不熟悉的需求與技術**

  如果碰上不熟悉的領域，我會先研究這方面的資訊，再確認可行性後，才會跟產品經理說我預估的時程，而不會在一開始就直接承諾。

24.2.3 處理主管交代的事情

大部分的主管只會交代方向，比如：「幫忙規劃下個階段的企劃書。」

如果在不了解方向、時程、人力的狀況下直接開工，有高機率最後的成果與主管心中的答案不符，所以在收到任務時，我會先確認自己的思路是否與主管一致，

舉例來説：

- **方向**

  之前跟產品經理開會時，他有提出幾項客戶期待優化的需求，您看是否以這個為改版的主軸，其次再規劃新的功能。

- **時程**

  我預計在週四早上將相關規劃整理好交給您，請問這個時間點可以嗎？

  > **請盡量避免在週五以及平日下班前交企劃**，這個時間點交企劃是希望主管加班嗎？

- **人力**

  這次規劃的功能在人力資源上，除了團隊內部成員外，還需要與 XXX 部門合作，我這邊會先跟他們的主管詢問方便合作的 Schedule。

有時主管在指派任務時也沒有太多想法，所以要**多做溝通釐清需求**；如果時間允許，**筆者會在初期多提供幾個方案讓主管評估**。

> 如果只有一個方案，那就是「是非題」；但如果有多個方案，就變成了「選擇題」。

24.2.4 分配任務給組員

如果你擔任專案經理，上面交代給你的任務可能很模糊，但你向下分配的時候可**不能模糊**。

千萬不要把組員當成你心中的蛔蟲，指派任務時都要有明確的需求規格，像是：

- 需求來源
- 需求描述
- 影響範圍
- 驗收標準

- 預估工作天數
- 負責組員

如果需求規格寫的不夠明確,除了組員會時常跑來問你問題外,還可能做出完全無法使用的成果;儘管這個階段很費力氣,但真的要寫仔細,並且確認組員都明白自己要做的事。

> **⌥ 肺腑之言:**
> 每個工程師的工作效率相差很大,但在分配工作時還是要盡量做到平衡,**不要讓能者過勞的狀況頻繁發生**(不然他們會成為離職的高風險族群)。

24.2.5 分享印象最深刻的專案

在我入職 3 年後,很幸運擔任一個**千萬級別專案**的負責人;除了撰寫程式外,**需求訪談、時程規劃、易用性測試、教育訓練**等工作都需要由我來做安排。

當時這個專案主要的使用者年齡落在 40~60 歲,我需要設計一個系統取代過去他們用紙本及 Excel 的作業流程;但是在**溝通以及開發的過程是非常挫折的**,因為網頁系統對他們來說是一個很陌生的東西,他們並不清楚自己要的是什麼;而當時的我只有開發經驗,對需求訪談與系統規劃一竅不通,因此處處碰壁;再向周圍的前輩請教後才知道,**在前期可以先透過 Mind-Map 了解客戶需求**,並利用 **Wireframe 向客戶說明系統規劃**。

不過 Wireframe 跟真實系統畢竟還是兩個概念,在**第一次易用性測試後這些問題就浮現了**;因為當時的系統規劃是跟承辦人還有一些長官討論出來的,但他們**並不是這個系統的主要使用者**;導致系統在易用性測試時,發現並不符合真實使用者的需求。

因此在易用性測試後，**專案需求大幅更動，但截止日期沒有改變，且時程只剩下 1/3**；我在這個時機點做了一個冒險的決定：「**導入 Scrum 機制。**」以此充分了解每個團隊成員的進度、遇到的困難、需要什麼幫助。在完成每個 Sprint 後，會請客戶試用確保符合需求，最後這個專案也順利在時程內完成驗收。

在做這個專案的過程，起初我覺得他們有很多行為是無理取鬧；但到後來我才體悟到：「只有你真正在乎的工作才會去爭辯，如果你不在乎大可讓他隨便。」所以我把自己的角色重新定位，帶著同理心從對方的視角去看問題，此後我發現討論出的方案，往往**藉由工程師的專業以及他們的經驗所揉合出來的成果。**

一開始承接這個案子的時候我整天被客戶罵，但在最後結案時，客戶主動打電話到公司向老闆稱讚我：「做事認真負責、工作效率高、溝通技巧良好；多虧了他才做出我們想要的系統。」

從一開始的四處碰壁，到最後得到甲方的尊重與認同；我現在回想起這段經歷，雖然苦澀但還是非常驕傲。

- **故事包含的元素**

  如果你選擇用說故事的方式來回答問題，可以先擬一份包含下面元素的稿子。

- 發生時間
- 你擔任的角色
- 遇到了什麼困難
- 解決困難的方式
- 自己從這個專案中學到了什麼
- 客戶對你的回饋
- 自己對這份專案的感悟

> **Tips**
>
> 説故事的能力是需要後天培養的，如果過去沒有這塊的經驗也沒關係；在「Ch33 不知如何表達自己？讓 ChatGPT 為你助陣！」的章節中，筆者有舉例如何用 STAR 原則來呈現自己的經歷，使你面試被問到時能回答得更有説服力。

24.3 常見問題

24.3.1 如果把事情搞砸了，你會怎麼辦？

我會明確交代自己在什麼時間點能夠解決，並盡力在預估的時間點前解決問題。

> **Tips**
>
> 1. **第一時間千萬不要找理由搪塞**，這只會讓主管更火，他此時只關心什麼時候可以解決問題。
>
> 2. 如果你真的是因為有其他重要的任務才搞砸了這件事，**請把問題解決後再去跟主管解釋**（我相信絕大多數人在一肚子火的時候，是聽不進去別人解釋的）。

24.3.2 如果跟主管意見衝突，你會怎麼處理？

不同職位看事情的角度也不一樣，我會先**當一個聆聽者**，去**了解主管的想法**，畢竟主管的經驗比我更豐富，他會選擇這個做法可能是有一些我沒有考慮到的地方。

在了解意見的全貌後，如果我認為自己的做法有更多好處，我會**先用詢問的方式**，問看看主管有沒有考慮到這一塊，畢竟一個人能想到的情境是有限的，透過一些思維的碰撞可以彌補彼此欠缺的地方，我相信**有效的溝通是建立在雙方願意聆聽彼此的想法上面**。

24.3.3 如果擔任專案經理，你會如何與多個部門溝通，制定共同遵守的流程

`Step 01` 我會先找合作部門的負責人協調，確認流程可行性與需要調整的地方。

`Step 02` 各部門負責人都認可流程後，我們會把流程帶回部門，與成員討論是否有不周之處。

`Step 03` 各部門成員都接受後，我會開一個正式會議來公佈，以取得「全員共識」。

`Step 04` 在會議後發佈「正式流程」，請大家共同遵守。

24.3.4 公司有跑 Scrum 嗎？你們是如何運作的？

在我們公司每個人都需要當 Scrum Master；因為如果只專注在自己的任務上，有時會偏離專案的方向。

我認為跑 Scrum 的好處有：

- 培養每位成員從團隊的角度來看專案
- 讓大家知道彼此的工作與進度
- 了解成員卡住的問題，並給予協調幫助
- 在 Sprint Planning 時確認任務，並協商出合理的工作時間
- 在每個 Sprint 結束後去思考有什麼部分可以再優化，並給予團隊成就感

在 Daily Scrum 時會要求每個人報告以下內容（盡量控制在 3 分鐘內）：

- 昨天完成了哪些任務
- 有沒有卡住的問題
- 今天要完成的任務

跑 Scrum 是希望凝聚團隊向心力，而不是用 Deadline 去壓大家進度，我相信友善的溝通環境才能合作愉快，讓團隊持續成長。

24.3.5 [狀況題] 如果公司高層突然在週五下班前要求提前部署，你會如何應對？

並不是高層交代下來的事情都必須答應，如果情境特殊，應該要先思考幾個問題：

- 這個任務是不是你一個人就能解決的？
- 如果搞砸了，會不會需要其他人的協助？會不會影響到公司？
- 這個任務一定要在這個時間點處理嗎？有什麼特別的理由？
- 如果按造原定計畫執行，會造成什麼損失？

筆者認為**所有問題都是可以討論的**，不要一開始就給自己否定的答案；像是這個狀況題，如果真的發生意外，後果可能非常嚴重，下面讓我們看看不同選擇帶來的後續影響：

- 接受

  如果順利部署那當然是皆大歡喜，但萬一不順利呢？

  - 注意力不集中

    今天是禮拜五而且快要下班了，你敢說自己還有 100% 的注意力在部署上？

    在這樣的狀況下進行部署，就算中間漏掉某個步驟、少了一個指令，導致部署失敗也完全不意外啊！

    > 若沒有 IaC（Infrastructure-as-code），在這個時間點部署根本是賭運氣；就算有，筆者也不建議在這個時間點部署。

  - 影響到同事

    如果部署失敗，**所產生的問題你可能無法一個人解決**，但已經到下班時間了；你晚上或許沒事，但你的同事呢？他們會不會有各自的約會？

大家急迫想下班的心情，可能會讓洞越補越大，最後甚至變成**整個部門都留下來加班**。

- 沒有太多好處

  部署成功，高層只會認為這是應該的，對整體職涯沒有太大幫助。

  但萬一出錯，或是假日才察覺到錯誤，那這件事對你在這間公司的**職涯可說是毀滅性打擊**。

> **Tips**
>
> 面對高風險低報酬的任務，筆者強烈建議用話術迴避。

- 拒絕

  當然不能用快要下班了這種理由拒絕，我們可以換個說法。

- 詢問提前部署原因

  是因為客戶在假日有急迫的使用需求嗎？如果在下週一早上部署會造成什麼損失嗎？

  > 有時提前部署這件事，只是因為高層想要炫一波，並沒有特別原因。

- 說明按造原定計劃的好處

  如果在周一部署有這些好處：「系統穩定性高、可有效追蹤部署後的狀況、如果發生意外可以即時處理。」

25

一再被問的經典面試題

每個人的性格不同，不要去追求所謂的完美解答；而是去尋找適合自己的環境。

本篇依照類型統整了經常遇到的經典面試題，並附上筆者認為回答時要注意的**重點與忌諱**。

25.1 離職原因

不管對前公司抱有多少不滿，請不要在面試時由你口中表達出來。

就算遇到面試官批評你的前公司：「聽說你前公司高層的管理作風很有問題，朝令夕改，決策錯誤也不願意承認。」

筆者也**強烈建議你不要附和**，婉轉的帶過就好：「每個人都有自己的管理風格，我也是從前公司學到很多東西。」

如果你是「**在職找工作**」，切記不要批評現在的公司；因為你在面試時所說的話，是有可能**被轉述回到老闆耳中的**，要是你此次轉職不成功，在原本的公司會待得更加辛苦。

業界說大不大，說小不小；如果面試的公司又是相關產業，那管理層彼此的風聲可能傳得更快。

筆者有朋友在請假面試後，隔天馬上被主管約談：「聽朋友說，你好像對公司很不滿啊？是不是哪裡虧待你了？」

25.1.1 為什麼想換工作？

【重點】要說出具體的原因，跟面試的公司有關聯性更好

- **單打獨鬥轉為團隊合作**

  現在這份工作是專門接案的外包公司，大部分專案都是單打獨鬥，這讓我累積了非常多實戰經驗；但也同時意識到儘管自己可以完成所有任務，卻很難把每項任務都做到最好。

  而在過去開發經驗中，我對後端的技術更有心得，希望未來可以在擅長的領域做的更加出色，**並期待與優秀的團隊一同打造出受市場認可的產品**。

- **完成階段性任務，想突破舒適圈**

  在 3 個月前，我完成了公司期待的產品；現在產品結構趨於穩定，只剩下一些細節需要擴充與維護。

  我希望在未來的工作中可以參與有**挑戰性的專案**，來這裡面試前也有先做功課，了解貴公司是一個年輕有衝勁的團隊，所使用的技術與研發的產品都走在時代尖端，是我渴望的工作環境。

> **Tips**
>
> 筆者會用「生涯規劃」做開頭，然後再把話題轉移到面試公司身上。

25.1.2　什麼情況下會想離職？

【忌諱】盡量避免批評前公司

請用委婉的方式**說出真實理由**，你也許會失去一個 Offer，但至少避開了自己的雷區。

- **辦公室政治**

  我希望公司的成員都是團結一心，努力想把產品做好；我無法接受好的產品因為派系鬥爭而被犧牲。

- **常態加班**

  如果有緊急狀況我可以配合公司加班，但無法接受常態加班；我希望自己可以在工作與生活間取得平衡。

- **沒有加班費**

  員工加班是為了幫公司解決問題，如果公司沒有支付這塊的酬勞；除了違反勞基法外，辦公室的氣氛也會非常低迷，我無法在這樣的環境下工作。

不用留戀因為說真話而失去的工作機會，如果你就是因為無法接受每天加班 3 小時才離職，在面試時又不提出自己無法接受常態加班，搞不好這間公司每天要加班 6 小時。你不說出自己無法接受的點，進去後崩潰能怪誰？

> ⚑ 友情提醒：
>
> **勞方與資方的思維模式差異極大**，如果你今天直接說是因為薪水凍漲、加班沒錢、升遷遇阻而想離職；面試官就會認為是你能力不足、團隊溝通有問題、沒做好向上管理，**會將原因歸咎在求職者而非公司**，所以請模仿上面的方式換句話說。

25.2 工作環境

25.2.1 聊聊自己期待的工作地點、內容、氛圍，並做個排序

- **工作地點**

  我希望工作地點的通勤時間不超過 30 分鐘，因為通勤時間太長會壓縮到睡眠時間，進而導致上班的精神狀況不佳。

- **工作內容**

  在工作內容方面，我期待有挑戰性的專案，即使是沒接觸過的領域我也很樂意學習。

- **工作氛圍**

  在工作氛圍方面，我希望同事間相處融洽，大家都積極貢獻自己的力量，共同達成工作目標。

筆者個人排序：「工作地點 > 內容 > 氛圍」

25.2.2 你了解我們公司的產品嗎？

【重點】一定要事先了解 / 試用過面試公司的產品

- **用稱讚作為開頭**

  我覺得貴公司不僅是有願景的公司，還是一群具有實力實現願景的團隊。

- **簡單敘述產品**

  來面試前，我透過一些報導了解貴公司近幾年在大力推動「數位轉型」。

  而貴團隊目前開發的這款 App 我也有下載，在使用過程中能感受到開發人員對使用者的用心：

  - 功能貼合使用者的日常需求。

- 打破傳統思維，可以更靈活的使用點數。
- 優惠結合地圖，讓抵達新生活圈的人，可以快速知道周圍有哪些好康活動。

有些公司除了要你敘述他們的業務之外，還會請你提出**哪裡可以改善**；這個問題可以事先搜尋網路的評論，但請**用優化而非批評的角度來敘述**。

25.2.3 你覺得自己適合這個產業嗎？

【重點】要對產業有基礎的認知，能說出自己與產業相符的特質

我認為這個產業有以下特點：

■ **使用時代前沿的技術**
  我本身是一個勇於嘗試新技術的人，我相信唯有不斷增強自己的技術，才能走在時代的前段班。

■ **產品服務第一線客戶**
  不怕客戶提需求，只怕沒有客戶；我對待產品的態度，就像對待自己的孩子，我希望它可以越來越好。

■ **未來發展潛力大**
  這個產業目前還是藍海市場，公司也在快速發展的階段；而我對環境變動的適應力極強，相信自己能跟著團隊一起成長。

25.2.4 你期待加入什麼樣的團隊？

我希望加入一個願意溝通的團隊，主管在這個團隊中有自己的主見，但也願意聆聽成員的建議；而同事都有自己專精的領域且願意互相交流成長，如果專案遇到困難時，大家會齊心協力設法解決。

25.2.5　你有無法合作的人嗎？

【忌諱】避免用前公司的人（尤其是主管）

- **拒絕溝通的人**

  如果合作對象拒絕溝通，那專案很容易因為這個人而卡在某個功能無法 Release，嚴重影響開發進度。

- **情緒管理有問題的人**

  如果合作對象完全看當天的情緒來決定如何做事，那產出的品質與效率將完全無法預估，專案很容易因為這種不定時炸彈而爆掉。

25.3　薪資

25.3.1　你的期待薪資是？

【重點】請說出一個明確的數字或區間，不要再說：「依公司規定了。」

筆者個人傾向**直接說一個明確的數字**；如果你說的是一個區間，那區間的最低值要在自己能接受的範圍之上，因為公司通常是採區間裡的**最低值來核薪**。

接著面試官或人事會依照你說出的期待薪資決定後續走向（這邊不討論亂喊薪水直接破局的情境）：

- **符合行情**

  如果學經歷都符合需求，通常就不會繼續往下問了。

- **略高於行情**

  你要能說出自己跟其他工程師的差異，公司才有機會用高於行情的價格僱用你。

  > 通常會往「25.3.2 為什麼你覺得自己值得這份薪水？」發展。

- 符合行情，但想要壓你薪水

  有不少公司會詢問求職者上一份工作的薪水，甚至在核薪階段要求提供薪資證明文件；這部分就由讀者自行斟酌，因為提供與否各有利弊。

  這邊來說一下**弊**的部分，如果你在沒良心的公司待太久，就算功績卓越，薪水也無法跟上市場行情，有些面試官會用這個理由來壓你薪水。

  ▍通常會往「25.3.3 你的期待薪資和過去的薪水相比，漲幅有點太大」發展。

  > **Tips**
  >
  > 因為筆者在接受面試前，會先了解這個職位的預算範圍，故此階段選擇直球對決；若讀者尚未確認公司預算，請先試探公司的底線。

25.3.2 為什麼你覺得自己值得這份薪水？

【重點】說出自己與其他工程師的差異

- 硬實力

  我擁有的技術與職缺相符，可以快速上手成為即戰力。

- 軟實力

  過去跨團隊溝通、資源協調的經驗，讓我知道如何保護團隊，以及爭取資源。

- 其他

  下班後的學習除了開拓自己的視野外，我還會將新的知識與技術帶到公司，讓大家一起成長；而寫文章、寫書的經驗讓我擁有極佳的資訊統整能力。

25.3.3　你的期待薪資和過去的薪水相比，漲幅有點太大

【重點】用能力談薪水，而不是用過去的薪資

相信透過這幾次面試，貴公司對我的能力與經歷是有所了解的；我認為自己開出的期待薪資符合市場行情，也相信貴公司在核薪上，是依照人才的能力，而不是用過去的薪資來做衡量。

▌此問題在期待薪資漲幅超過 20% 時較容易出現。

25.4　自我成長

25.4.1　平常會如何精進自己的能力？

【重點】列出具體事項，如果有放在履歷上更好

■　技術文章

　　在下班後我會持續精進自己的技術，並透過撰寫文章將知識內化；為了給讀者呈現最正確的知識，每篇文章都要參考大量資料，這個過程讓我學習到更完整的知識。

■　Side Project

　　常常有朋友跟我分享他們的靈感，以及工作上遇到的困難，如果剛好這些問題是能夠用技術解決的，我就會動手把它實踐出來，過去我就曾用爬蟲技術解決小編朋友搜集資料的需求。

25.4.2　會不會覺得自己學得太雜了？

【重點】證明這些學習對工作帶來的幫助

我將學習的技術分成兩種，一種要到達**專業的深度**，另一種則是**拓展自己的眼界**。

像是具備伺服器端的知識時，在開發前端、後端的時候，就會比其他工程師注意更多細節，對資源的管控也有更深刻的體悟。

而撰寫技術文章則是在訓練表達與教學的能力，你要對技術有深刻的理解，才有可能用自己的語言讓其他人理解。

之前開發 App 的經驗，也讓我從不同角度去思考後端 API 的規劃，像是設計符合對方套件的 HTTP Status Code、或是回傳更友善的格式，這些小改善能提升合作工程師的串接效率。

我相信沒有白走的路，過去的經歷都會成為未來的養分。

25.5 未來規劃

> 人生就像射箭，夢想就像箭靶，如果沒有箭靶，你每天拉弓有什麼意義？——
> 銀河補習班

25.5.1 你在未來 3~5 年有什麼樣的職涯規劃

【重點】說出自己的具體規劃

如果有榮幸加入貴公司

- **短期**

  我會先熟悉工作所需技能、了解專案；並學習產業知識，讓自己的能力完全符合職位所需。

- **中期**

  期待自己能擔任跨部門溝通的角色，為團隊帶來更大利益，並朝管理職的方向發展。

- 長期

  希望自己可以擔任團隊的 Leader，帶領團隊為公司創造更多價值。

> 依照自己的職涯規劃敘述就好，並不是每個人都想往管理職發展，公司成長需要多元的人才。

25.5.2 你進入公司後會想學到什麼？

【重點】想學的東西最好跟對方的產業有關聯性

> 以電商產業舉例。

電商這個產業的 Know-how 對我來說是新的領域，儘管我有自學一些高併發大流量以及 NoSQL 的知識；但實務上對 Big Data 的處理、NoSQL 與 Relation Database 的結合應用，都是需要再學習並與前輩們請教的。

25.6 其他

25.6.1 有沒有應徵其他公司？

筆者建議照實回答：「有。」

有些公司問這個問題，是因為他對你感興趣，想了解有沒有潛在競爭者。

> 應該很少人準備換工作，卻只應徵一間吧？

如果公司對你非常感興趣，**他們甚至會詢問你是否有拿到其他公司的 Offer、具體的待遇是多少、你什麼時候要做決定。**

如果遇到上面的情境，恭喜你獲得薪水談判的權利；但這並不代表你可以獅子大開口，只是談判空間更大而已。

25.6.2　近期有結婚／懷孕的計畫嗎？（女生）

對資方來說，新人上手需要培訓期（依照職位不同，1 個月到半年都有），而結婚就可能有懷孕計畫，如果懷孕可能會影響到工作。

也許很多人覺得這個是慣老闆才會問的問題，但社會很現實，這個問題真的要去思考與準備。

▌ 儘管結婚跟懷孕是兩件事，但很多人還是會將他們綁在一起。

25.6.3　說說看自己的優點

【重點】說出的優點必須要有實際案例作證

當面試官問到這個問題時，很多人會反射性的用形容詞來回應，比如：「積極進取、樂於助人、懂得應對進退 ...」如果你只用形容詞回答，面試官是不會接受的，**如果沒有實際案例的包裝，一切的形容都毫無意義。**

筆者會建議改成這樣表達：

- **積極進取**

  下班後繼續充實自我，將學到的新知識彙整成文章發表到部落格；並從興趣出發，完成了幾個有趣的 Side Project。

- **樂於助人**

  我會為團隊的新進成員準備 Onboard 文件，帶他們了解工作所需的技術與知識，使新人快速融入環境成為有效戰力。

- **懂得應對進退**

  我會注意職場上的禮節，像是主持會議時穿著得體的服裝、與長官交流時不會因為私下交情而沒大沒小、如果請假出去玩會帶當地的特產與同事分享。

25.6.4 談談自己的缺點

【忌諱】說自己沒有缺點，或是說出來的缺點根本是優點

很多求職者會回答一些根本是優點的缺點，比如：「做事太過積極造成同事壓力、擇善固執不懂得妥協 ...」聽到這類回答時，面試官會覺得有說跟沒說一樣，**就像從參考書裡抄來的，毫無靈魂。**

關於缺點的回答，筆者建議從缺乏的技能出發，在說出缺點的同時，也要提出你打算如何改善它；**盡量避免說性格上的缺點，因為面試官無法確定你的性格是否會改善**，但技能是可以培養的。

筆者建議的回答結構：

1. **說明缺乏的技能**

   在一開始兼任專案經理的時候，**我缺乏時間管理的概念、也無法分辨任務的輕重緩急**；導致上班時間幾乎都在開會、整理需求，下班後才有時間著手規劃與執行任務。

2. **打算如何改善**

   我覺得加班並不是解決問題的好方法，所以開始**閱讀時間管理的書籍**，像是理查·柯克的 80/20 法則。

   這本書讓我知道要如何過濾不必要的會議、需求，學會分清楚每個時間點該做的事情。

3. **樂於接受建議**

   在專案管理方面我還有很多需要學習的，**我也非常樂意接受您的指導**，希望在未來我可以透過這些技能，幫助公司提高更多的生產力。

後記

你未必認同我的回答方式，我的回答也不可能適合每一位讀者；請依據自己的人生閱歷給出最合適的回答。

關於面試的章節到這裡就告一個段落了，在最後想跟各位讀者打一個**預防針**。

不論你有多優秀，為了一場面試做了多少準備，你也未必是公司的理想人選； 沒有得到 Offer 並不代表實力不行，只是在當下的時空背景有人比你更合適而已（ex：公司不需要這麼高階的人才、其他求職者要求的薪水更低、職缺早已被內定…）。

所以千萬不要陷入自我懷疑的低潮當中，而是去思考還有什麼地方可以優化。

> **Tips**
>
> 讓你變強的不是面試，而是面試後的每一次整理；若缺少這個步驟，你下次還是會犯同樣的錯誤。

參考資源

1. 面試官：「你的缺點是什麼？」然後你說 …
   https://www.youtube.com/watch?v=7fz21zei0UE

PART **8**

職場力

別再用「吃虧就是占便宜」安慰自己，一起來擴增職場影響力吧！

26

拒絕做白工！學習把力氣用在對的地方

如果不會表達，那麼你的功勞不是你的功勞。

我想很多人跟筆者一樣，從小就被教導謙虛是美德、不要去邀功；相信皇天不負苦心人，默默耕耘總有一天會被看見的。

我們在電影中看到搶功勞的反派會被主角教訓；**但在現實生活中，搶走你功勞的人只會活得更好。**

當然這篇文章不是教你搶功勞，而是分享幾個**讓努力效益最大化的方法。**

26.1 做重要的事

▌ 花一樣的力氣做事，當然選效益最高的。

很多人天天加班，覺得自己為公司賣命應該要獲得對應的報酬，但這一切往往事與願違。

很多人都會把矛頭指向「個人能力」或是「慣老闆」身上；儘管這兩點也是原因之一，但筆者想從「做事」的角度來跟讀者分享，**也許我們過去所認為的努力，對公司來說毫無意義。**

26.1.1　了解公司目標

有些人埋頭苦幹做了一堆專案，認為自己績效斐然值得嘉獎；但是否值得嘉獎是由專案帶來的效益所決定的。

你的**專案要跟公司的商業目標一致**，不然你做的專案再多、再好，公司沒有業務幫你推，你再怎麼加班也是白忙。

相反的，如果你做的專案可以**讓業務更輕鬆的銷售產品**，提升公司業績；就算只做一個專案，也能讓你在公司有很高的地位。

26.1.2　你完成的 Feature 重要嗎？

也許你的技術很頂尖，特別喜歡攻克專案裡面困難的 Feature；但在幾年後卻發現，周圍技術能力普普的同事都升官加薪，而自己卻還在原地打轉。

此時請不要抱怨職場不公，你應該要先審視**自己完成的 Feature 為公司或是團隊帶來多少利益**；無論你攻克的 Feature 有多難，如果它只有 1% 的使用者會用到，從公司的角度來看，你是沒有多少影響力的。

反觀你周圍技術普普的同事，他們用框架快速完成系統的主功能，又搭配套件完成了很多實用的 Feature；**即便難度不高，但從公司的角度來看，是這些人完成了系統的核心**。

如果你是老闆，在評比升職加薪的時候，你會選擇誰？**這是一個資本主義的社會，並不會因為你選擇困難的道路就獲得更多的回報**。

26.1.3　分配給你的任務，跟主動要到的任務是不同的

如果你不主動爭取，通常最後**被分到的都是低價值任務**；要嘛難度很高，要嘛毫無價值。

- **為什麼要主動爭取任務？**

  每個人的時間都是有限的，如果你長期接手低價值任務，你與周圍同事的差距會越來越大；**既然大部分的人上班都是為了錢，為什麼不主動去爭取高價值任務？**

  就算任務的內容完全一樣，但你完成被分配的任務只能說是**合格**；而你完成主動要到的任務卻能說是**達成目標**，被動跟主動給人完全不同的觀感。

- **如果始終無法獲得高價值任務**

  如果主管明顯特別照顧某位同事，即使你主動要求也無法獲得高價值任務；筆者建議**直接跟主管敞開來聊**，不要在那邊用猜測的方式揣摩上意。

  假使聊完後還是被分配低價值任務，那你就明白主管的意思了，可以心無罣礙的離開；人生很短，不需要堅持在不合適的環境中成長。

  ▌ 你永遠無法叫醒一個裝睡的人

26.1.4 如果公司把一個高難度的專案交給你

先判斷這個高難度的專案能否給你帶來成長，再去思考這個**專案對公司而言的重要程度**。

如果評估後是有價值的，請勇敢的接下來；**有價值的任務，你不接還是會有人接的。**

也不要過度擔心自己做不來導致專案失敗的後果，**老實說就算真的失敗了，損失最大的是公司**，而你最慘就是換一間公司；既然公司願意冒這個風險把任務交給你，那就放手一搏吧。

如果你不打算庸庸碌碌過一生，機會來的時候就必須冒險；如果你把握住了，它們是**升職加薪非常重要的談判籌碼。**

> **Tips**
>
> 突破舒適圈未必會獲得物質上的獎勵，但肯定能讓你的視野上升一個台階。

26.2 讓自己的努力被看到

大部分工程師的思考都是線性的，就像是遊戲破關一樣，我們覺得只要完成手上的專案就會獲得回報；但現實生活不是遊戲，絕大多數的時候，你完成專案只會被當作理所當然，你不說，沒人知道你付出了多少心血。

26.2.1 主動匯報進度

如果想掌握主動權，請養成主動匯報進度的習慣，不要總是等別人來問你。

■ 為什麼要匯報進度？

● 讓主管容易評估時程

職場與學校不同，學校有交功課就完事了；但職場上每個人工作的效率、品質都不一樣，你要讓主管掌握你的進度，他才能評估你適合哪些任務、要安排多少工作。

● 讓同事了解進度

有時團隊合作的任務是有順序性的，你完成了如果不吭聲，很可能壓縮到後面接手同事的工作時間。

像是做網頁時，如果後端完成後，故意拖到最後一刻才跟前端說，就會壓縮到前端串接後端 API 的時間，要是這樣一個拖一個，就可能導致專案進度 Delay。

- 匯報的內容要有哪些？
  - 目前進度
    說明你的進度是按照預期的、超前的，還是落後的。

  - 完成的事項
    要強調最終的結果，而不是努力的過程；大家時間有限，不要模糊焦點。

  - 接下來的任務
    說明接下來任務的時程規劃。

- 主動匯報進度的好處
  - **讓你擁有安排進度的主控權**
    如果你每次都能按時完成任務，那主管問你完成任務需要多少時間時，**你報出來的工作天數通常都會被接受。**

    > 假使你常常無法準時完成，或是浮報太多工作天數，這些破壞合作信用的行為，會換來主管每天緊迫盯人。

  - **讓自己的存在感強烈**
    公司人太多，就算是直屬主管也未必知道你所做的事情；不要等到加薪前才刷存在感，只要有成果便要匯報，**讓主管覺得你持續有產出。**

26.2.2 不只完成專案，還要宣傳專案

筆者身旁有朋友明明是**專案的主力開發工程師**，但在專案取得成功後，**升官拿獎金的都不是他**；一開始他在跟我抱怨的時候，我覺得這應該是公司制度的問題，但奇怪的是，每隔幾個月他就會約我出來借酒消愁、痛罵公司。

幾次之後我也感到很納悶，以我對朋友的了解，他的技術能力肯定沒問題，不然不會每次都擔任專案的主力開發工程師；**但為什麼他都沒有得到應得的報酬？**

後來跟朋友細聊專案流程才發現，**儘管程式大部分都是他寫的，但在專案完成後都是由主管或同事向高層匯報**；向業務做 Demo 的時候，他也只是坐在台下讓同事講，因為他認為自己負責開發已經夠辛苦了，這些雜事交給其他人處理就好。

原本這種各司其職的想法也沒錯，但有些公司**只看得到在做宣傳的人，看不到在做事的人**；如果主管匯報時沒有向高層提及你的功勞、同事在 Demo 時沒有放上你的名字，那你所有的努力都是徒勞無功。

寫專案固然辛苦，但這個專案是否能帶來收益，要看公司是否採納、業務是否願意推廣；**公司的專案那麼多，如果不主動宣傳自己的專案，就算做得再好也沒有意義**，因此下次完成專案後，請爭取宣傳專案的機會。

26.2.3 專案結束後，要主動去拿獎勵

不管你程式寫得再好、功能多麼穩定；你在主管眼中就只是一個合格的工程師，況且主管未必會去看你寫的 Code。

一個人的成功，是需要其他同事的肯定、主管的提拔；如果**沒有適時向他們展示成果**，那你的努力也會隨著專案結束一起消失，至於要如何**把自己跟專案的成功綁在一起**，可以參考以下方案：

- 技術分享會

  如果你在這個專案導入了新的技術，你可以舉辦一個技術分享會向同事以及長官分享。

  - 這個技術的優點
  - 它解決了哪些問題
  - 你遇到問題有多難，如何克服
  - 它幫公司賺了 / 省了多少錢

- 提醒主管不要忘記你的好處

  跟主管聊天時，要主動提起自己的貢獻與影響力；千萬不要怕邀功，你不說，就算別人都看在眼裡，也未必會給你應得的獎勵。

- 爭取向高層匯報、向業務簡報的機會

  如同上個小節所述，專案完成後是需要宣傳的，**如果你獲得宣傳者的角色，並成功讓高層與業務採納，你將是這個專案最大的受益者。**

26.3 提升自己在團隊的影響力

你有可能因為工作績效而獲得加薪；但如果想要升官，跟同事打好關係、提升團隊績效也是重要的條件之一。

> 拍馬屁、玩政治、當聽話的狗也是有效的升官方式；但這些實際操作起來非常依賴個人特質，並不適用於每個人，因此本文不討論這塊。

26.3.1 主動幫助同事

公司想要提拔一個人，除了專業能力的評估外，也會看他平時如何與同事相處；**你總不會想提拔一個單兵作戰能力極強，但卻毫無團隊意識的獨行俠吧？**

如果所處的組織比較龐大，主管並不會知道你每天在做什麼，但周圍跟你合作的同事都很清楚；**當有合適的缺空出來，而主管無法判斷要將誰升官時，就會詢問同事日常跟誰合作較為愉快**，所以是否能被提拔，周圍同事的評分也是重要的參考意見。

26.3.2 讓團隊成員有更好的獨立作業能力

應該很多由技術轉管理職的新手 Leader 都面臨過以下問題：

- 把任務指派下去後，成員不停再追問細節。
- 成員把任務做到一半後就停下來了，他們不知道接下來該怎麼做。

遇到這類狀況時，有時不禁會想：「這些問題這麼簡單，為什麼這點小事都要我來做決定？你們沒有基礎的判斷能力嗎？」

除了成員經驗不足容易有這些問題外，也可能是因為你在分配任務時，**只說有哪些任務要做**，而沒說明為什麼要這麼做、這個任務的目標是什麼；如果願意花多一點的時間說明任務，並撰寫完善的需求規格，成員在**了解來龍去脈後**，很多細節與流程他們就能自己決定了。

26.3.3 不要只想著表現自己，分功勞未必是個零和遊戲

從短期來看，在團隊中搶功勞的人可以快速升職加薪；但同事也不是傻子，**有誰願意跟愛搶功勞的人合作？**

如果你願意在**彰顯自己功勞的同時也把其他同事帶上**，你在同事裡面會獲得更高的聲望；功勞就像是「蛋糕」，但分功勞未必是個零和遊戲，**把蛋糕做大，所有人都能獲得回報。**

每個人的性格不同，有些人在做事方面是一把手，但如果要他上台就跟要了他的命一樣；因此這類有生產力的人容易被組織忽略，假使你願意在**宣傳專案的時候，於簡報的最後一頁放上團隊名單**，並向重點人物說出感謝的話，也許你會獲得意想不到的回報。

感謝結語範例：「很榮幸今天可以跟各位長官分享我們團隊完成的專案，在這裡要先感謝 XXX 經理在這段時間四處奔波，在他的領導下專案才能進行的如此順

利；在開發的過程中，XXX 資深工程師也花了很多心力在攻克專案的技術難題，以保證我們的系統上線後可以穩定運行 ... 謝謝大家，我是 XXX，再次感謝各位長官的蒞臨。」

- **感謝結語架構：**
  - 先感謝主管，稱讚領導有方。
  - 接著提到專案的靈魂人物。
  - 結尾再說一次自己的名字，增加長官對你的印象。

26.4 擴增自己在公司的影響力

讓公司更多人記住你的名字、知道你在做的專案，之後在跨團隊合作時會輕鬆許多。

26.4.1 開會時，你代表的是部門

組織一大，辦公室政治幾乎無法避免，**每個部門都想要爭取話語權與資源。**

如果你只需要面對工程師團隊，大部分的時候還可以就事論事；但如果你的位置需要**接觸業務單位**，面對這群非常擅長嘴砲溝通的人，**工程師在開會時容易處於被動狀態**。畢竟業務單位每天的工作就是溝通與談判，雙方的經驗值差距太大。

但請不要忘記，**出來開會你代表的是部門**；假設今天這場會議由你來負責專案的 Demo，你就要有被業務單位 Challenge 的心理預期，對方可能在你 Demo 到一半的時候就直接打斷你、對專案指手畫腳。此時筆者建議你**要掌握會議的主導權**，如果你在 Demo 時頻繁回答對方的提問，會造成其他與會者無法連貫吸收專案內容。因此筆者會說：「不好意思，我這邊先完成專案的 Demo，讓大家先有一個整體的概念；也許接下來的操作就能解釋您心中的疑惑，如果沒有，在 Demo 結束後我再一併回答大家的問題。」

在 Demo 結束後，往往會收到很多回饋；你可以記錄需求，但千萬不要隨便承諾，你在開會所說的話都是代表部門，**如果沒有經過內部討論就亂給承諾，你不僅在團隊內部會被排擠，同時還會失去其他部門的信任。**

話語的主導權並非看一兩本書就能學會，它需要經過多場實戰才能有所提升；筆者認為開會時的心態最為重要，不要一被質疑氣勢就處於下風，謹記：「**出來開會，自己代表的是部門！**」你希望別人怎麼看待自己的部門，就要表現出對應的態度。

> **Tips**
>
> 你要搞清楚自己代表的角色，是公司、部門、團隊還是自己；代表不同角色時，說話的份量差異很大，因為對方還要顧及你身後的人。
>
> 不過如果知道開會對象非常重視輩份與階級，筆者還是建議邀請自己部門的長官列席；否則即使你在為部門爭取權利，到最後犧牲的反而是自己。

26.4.2 如何在沒有權力的狀態下創造影響力

- 每個人都曾在沒有權力的狀態下，影響過別人的決定
  回想進入公司前的面試，你要在短短 1~2 小時取得陌生人的肯定，並在最終獲得 Offer；此時你在這間公司是毫無權力的，卻能夠影響長官的決定。

- 你成為了主管，但並沒有對其他部門發布命令的權力
  在成為主管後，你能夠組織團隊成員做事；**但很多時候一個專案需要跟多個部門合作**，你可能會接觸到：「市場部門、行銷部門、品管部門 ...」而這些部門你都是沒有權力下達命令的。

  很多時候一件事，對你來說是主任務，但對其他部門而言，可能只是次要任務；你需要**創造一個讓對方獲利的理由**，他才有可能配合你**雙贏**的完成這件事。

■ **有影響力的是人，不是強而有力的數據**

假設你收到公司高層指令，要負責**推行一個專案管理系統**，通常情況下，**除了自己的部門外，其他部門在推的時候會遇到非常大的阻礙。**

> 很多人會覺得這是公司高層下的指令，各部門應該會配合；但以筆者的經驗來說，願意在初期配合的幾乎不存在 ...

● **不要從功能面去說服對方**

為了要增加使用人數，許多人會像推銷員一樣到各個部門說這個系統有多好用、幫自己部門提升了多少工作效率；但通常成效很差，因為大家現在事情都做得好好的，**根本沒理由去學一個要重新熟悉的系統。**

● **由對方創造需求**

也許你可以換一個方式，在推專案管理系統前，先跟其他部門的 Leader 聊聊工作上的心得，然後找時機詢問：

◆ 部門現在面對的挑戰是什麼？

◆ 未來 1~3 年的戰略目標有哪些？

先用同理心去傾聽對方的回答，適時地引導對方來詢問你有什麼好的建議；此時你再說出自己部門目前有在用這套專案管理系統，而且透過它提升了不少工作效率，如果對方想更近一步了解再跟他做介紹。

Tips

先用問題引導對方去思考，而不是直接告訴對方你覺得這樣做更有效。

26.4.3 爭取上台機會

害怕上台是人性，但當你走上台，從聽眾變成講者時，你所擁有的是更多機會。

- **增加自己在公司的存在感**

  很多工程師對上台報告非常抗拒，因為他們覺得自己不擅長這件事，害怕報告不好會拖團隊後腿。

  如果你剛好也有以上想法，那隨著時間推移，你在組織中會變成一個隱形人，幾乎沒有影響力；不過如果你願意上台報告，**就算表現得不夠好，至少也讓公司更多的人記住你。**

  很多時候，你比自己想像的還要更厲害。

  > 不過好的表現來自於用心準備，相關注意事項讀者可以參考「Ch27 不放過每個細節，完成一場 0 失誤的專案 Demo！」。

- **從觀眾的角度出發，準備對方感興趣的內容**

  有些人站到台上後，會瘋狂的向台下宣傳自己的專案有多好、產品的功能有多強；台上講的激情四射，但台下睡眼朦朧，會發生這種狀況，是因為你一直在講你想講的，而不是台下觀眾想聽的。

  舉例來說，如果今天想把團隊的專案推銷給業務單位，筆者會重點描述下面 3 點：

  - 專案能幫客戶解決哪些問題
  - 這個專案預計的定價與目標市場
  - 業務要如何向客戶介紹我們的專案

  如果希望業務幫忙推銷團隊的專案，筆者認為重點是產品有用、介紹輕鬆、利潤足夠；把一條龍的服務做好，他們要做的事越少，專案推得越好。

後記

你可以先問問自己：「**想要當參賽者還是觀眾？**」

如果想要在一間公司往上爬，無論人際關係處理得多好，都肯定會受到其他人的嫉妒；**公司**中想升官的**絕對**不只你一個，如果決定進入這場鬥爭，你就要有受傷的心理準備。

當參賽者還是觀眾都是自己的選擇，每個人在不同的人生階段，所能承受的壓力與職涯規劃也不同；**並不存在哪個選擇一定比較好**，筆者只是建議你選一個 10 年後自己不會後悔的選擇。

不放過每個細節，完成一場 0 失誤的專案 Demo！

每份專案都是團隊盡心竭力的成果，**而 Demo 就是向長官及其他部門展示團隊實力的重要時刻！**

但如果在 Demo 時發生意外，不但會影響發表的成效，**嚴重點甚至會影響到整個團隊的考績與年終。**

為了避免憾事發生，筆者將在這篇文章講解專案 Demo 時的種種細節與技巧，並分享過往遇到的問題和解決方案，希望讀者日後在 Demo 時可以展現出專案最好的一面。

27.1 保證現場 Demo 穩定度，不打沒把握的仗

Demo 不穩定的功能，要是運氣好獲得成功，那的確會為專案加分；但萬一失敗，可能就不只是扣分這麼簡單的了，筆者認為：「**穩定，比表現的突出更重要。**」

27.1.1 Demo 前要盡可能的測試

如果在 Demo 現場出包，你講的內容再好都無力回天了。

■ **尋找可能存在的錯誤**
就算專案已經通過測試部門的審核，我還是強烈建議**正式 Demo 前要模擬各種狀況來測試**；萬一你真的發現錯誤，就算無法即時修正，至少可以避免 Demo 時操作到這個部分。

■ **只 Demo 絕對不會出錯的內容**
【重點】全部都要按照 SOP，絕對不要即興發揮！

功能越多的專案，在 Demo 時就要越謹慎；如果你每次操作的路線都不一樣，**萬一你在 Demo 現場把 Bug 測出來就真的完蛋了。**

不要認為自己沒有這麼衰，筆者已經親眼見證過好幾次地獄倒霉鬼的誕生；所以建議：「乖乖按照 **SOP** 來 **Demo**，並且至少跑過 **3** 輪，確認專案在這個流程下絕對不會發生意外。」

27.1.2 同事間的預演

有時 Demo 會讓同事輪流上台演示自己負責的 Feature，如果想要讓整體的流程順暢，**那預演絕對是不可或缺的**，它的好處有：

■ **確認每個人 Demo 的時間長度符合預期**
Demo 都是有時間限制的，如果某個人 Demo 的時間超出預期，那勢必會壓縮到其他人的時間。

> 記得在任務分配時，要告知他們各自被分配的時間長度。

■ **知道彼此要講的內容**
預演能讓其他同事知道你 Demo 時要講的內容，如果當天不幸發生了什麼變故還能協助支援。

- **提早發現問題**

  基本上第一次預演會發現很多問題（ex：口條不流暢、內容不連貫 ...），但大部分都可以透過成員間的協調與提醒來改善，讓 Demo 當天有好的表現。

會議的議程建議預演後再制定，否則可能會有議程與 Demo 內容差異過大的情形，要盡量避免這種會造成台下觀眾困惑的失誤。

27.1.3 只用一台電腦做 Demo

如果需要輪流上台，請將資料全部存到同一台電腦，下面列舉在 Demo 過程中換電腦的缺點：

- **壓縮 Demo 的時間長度**

  換一次電腦再快也要 30 秒，如果有 5 個人要上台就浪費了 2 分 30 秒。

- **打亂會議的流暢程度**

  每換一次電腦，投影畫面就會跳掉一次，這容易導致台下觀眾思緒抽離。

- **未知的風險**

  換電腦可能導致投影有色偏、斷訊、閃爍的問題，雖然這不是專案本身的問題；但也容易遭到台下觀眾質疑團隊的專業能力。

27.1.4 穿著得體、統一

給觀眾好的第一印象，會讓整體的 Demo 更加順利。

- **選擇適合的服裝**

  建議男生襯衫西褲、女生職業套裝；千萬不要因為邋遢的打扮，讓自己的專業被扣分。

- 成員穿搭色系盡量統一

  如果有人穿太特殊的服裝上台（ex：綠色西裝、粉色晚禮服），可能導致觀眾把焦點轉移到人，而非 Demo 的專案；所以這塊請事先溝通，最常見的是黑白搭配。

- 不要有異味

  有些人汗腺較為發達，在夏天及緊張的環境更容易出汗；筆者建議隨身攜帶乾淨的衣服替換、或適時噴上淡淡的香水（味道勿過重），讓觀眾在舒服的狀態下參與專案 Demo。

  > 在空氣不流通的會議室，這個問題更加明顯。

27.2 邀請「對」的人，不是「多」的人

> 事半功倍 VS 事倍功半

- **重要的長官一定要出席**

  Demo 的日期以 Key man 能出席的時間為主，如果最關鍵的 Key man 無法出席，你這次的 Demo 可以說有一半以上的意義都沒有了；因為就算有代理人出席，他也只能做到轉述，而轉述的效果，就跟聽朋友分享電影情節的感覺差不多，跟親自觀看完全無法比擬。

- **不要邀請一堆無關的閒雜人等**

  有些會議為了要做排場給長官看，就邀請了一堆跟專案無關的人參與；這樣的做法除了會引起他人的反感外，還會**造成台下一堆人在滑手機、做自己的事**。

27.3 選擇合適的會議室，做好事前準備

▎ 如果可以絕對要提前場勘，不然容易死得不明不白。

27.3.1 會議室的座位只能多不能少

- **確認參與會議的實際人數**

  確認 Key man 可以出席的日期與時間後，再邀請跟專案相關的人員一起參與；切記會議通知並不是發出去就沒事了，在會議開始的前 2 天，你要再次確認實際參與人數。

- **到現場確認有效座位**

  有些會議室的結構比較特殊，**有一部分位置是看不到講台的**，這塊在場勘時要特別注意。

- **保留 20% 的座位**

  除了收到會議通知的人會來參加外，有時會有不在你邀請名單的長官或是同事出席；因此建議預留 20% 的空位給臨時參與的人。

27.3.2 將觀看 Demo 的最佳座位安排給 Key man

- **了解哪些座位擁有黃金視角**

  因為大部分會議室都是平面的，基本上只有前幾排可以看清楚投影幕上的資訊與 Demo 成員；因此你需要**在場勘時就掌握會議室的座位圖**，並了解哪些座位擁有黃金視角。

- **在入口處有專人引導**

  為了保證 Key man 是坐在觀看 Demo 的黃金視角，筆者建議**安排專人引導 Key man 到座位上**（或放座位名牌避免同仁誤坐）。

27.3.3 測試現場投影機，並確認網路環境

- 測試投影機注意事項

  - 一定要用當天 Demo 的電腦測試，確認是否可以順利投影，以及投影的畫面是否有模糊、字體太小、色偏…等問題。

  - 同時記得確認投影機轉接頭是 HDMI 還是 RS232，現場是否有提供轉接頭還是要自己準備。

- 網路環境注意事項

  - 是否有穩定的 Wi-Fi 或是有線網路，建議拿當天 Demo 的電腦直接測速會比較安全。

  - 有些公司的網路只能連內網，如果你 Demo 會用到外網也要特別注意。

  - 有些會議室的收訊不佳，建議要先測試自己手機熱點的網速是否穩定。

27.3.4 讓每個要上台 Demo 的人在講台試講一小段

- 確認聲音大小

  每個人說話的聲音大小不同，同一個場地，有人需要麥克風有人不需要，所以可以藉由試講來確認。

  另外如果場地較大，就算你的音量足夠也建議使用麥克風，因為很多場地有回音的問題。

- 熟悉講者的視角與站位

  到現場後，建議要先上去熟悉講者的視角，這個動作可以消除部分恐慌的情緒。

  有時 Demo 會需要多人站在講台上，這部分一定要在現場走位過，不然很容易擋到投影幕以及正在 Demo 的產品。

27.3.5 預約會議室

這邊分享幾個預約會議室的注意事項：

■ **一定要提早預約**

這種重要會議，筆者一般會**提前兩個禮拜預約會議室**，因為公司通常沒有太多合適的大會議室。

■ **確認會議時間沒有與公司例會衝突**

如果你專案的 Demo 時間與公司例會衝突，有可能導致**部分原本會來的長官缺席**，所以記得把時間排開。

■ **保留緩衝時間**

除了議程上的時間外，**前後都至少要留 1 小時來做緩衝。**

- 如果上一批人剛使用完會議室，我們可能要先進行場復作業。
- 提早到可以再次確認與熟悉場地環境。
- 當會議 Delay 或是會後交流太熱烈時，後面多留的一小時就派上用場了！

27.4 在 Demo 過程中要注意的事項

在 Demo 前，記得先安排好每個人負責的**支援任務**（ex：準備 Demo 用電腦、燈控、會議記錄），否則有些 3 不管的事項臨時出包需要幫忙，就可能導致現場一團亂。

27.4.1 記得關閉會干擾 Demo 的軟體、網頁

如果在 Demo 過程中跳出奇怪的訊息是非常尷尬的，而且訊息不斷跳出的提示音也很吵，**千萬不要在 Demo 時犯下如此低級的錯誤。**

下面列出幾個常用的軟體、網頁：

■ **通訊軟體**

LINE、Messenger、WeChat...

只要你的好朋友剛好在這個時間點傳送奇怪的訊息，你的個人隱私就會直接顯示在大螢幕上。

■ **郵件**

我發現很多人都會忘記關閉郵件，筆者就曾看過同事 Demo 到一半，螢幕右上角突然跳出郵件通知，**主旨是：「XXX 公司錄取通知」**；當時台下還有總經理，畫面有多尷尬我就不說了。

■ **社群網頁**

Facebook、LinkedIn、Twitter...

千萬不要忘記關閉社群網頁，他們的提示音也是很吵的。

27.4.2 現場燈光控制

在 Demo 過程中，你可以透過燈控引導觀眾的注意力，筆者大概分成 3 種：

1. **只開講台燈（舞台燈）**

需要觀眾將**注意力放在講者或是產品身上**的時候，比如：

- 講者上台做自我介紹
- 展示產品

2. **只開最後一排的燈**

希望觀眾**仔細聆聽簡報的時候**，在這樣的燈光下，有需要做筆記的人還是可以記錄。

筆者不選擇將燈全關是因為：

- 有些人的眼睛在全暗的環境中，看到發光物體會有不適感。
- 如果講者的表達能力不佳，在全暗的環境中台下會睡成一片。

3. **全亮**

簡報結束**與觀眾互動**的環節，這樣講者與觀眾的互動比較友善。

27.4.3 讓每段 Demo 的時間都在掌控之內

有些與會者會不停拋出問題或意見來打斷 Demo，**如果沒有阻止，會導致 Demo 時間脫離掌控**。

這邊筆者建議**引導他們等 Demo 結束後再發問**，比如：「不好意思，我這邊先完成專案的 Demo，讓大家先有一個整體的概念；也許接下來的操作就能解釋您心中的疑惑，如果沒有，在 Demo 結束後我再一併回答大家的問題。」

27.4.4 記得帶筆記本上台

通常 Demo 的過程都是使用**鏡像螢幕**，因此在遇到發問時，**你不方便使用電腦來記錄問題**。

如果你**在講台上用手機來紀錄問題，畫面也不太好看**；所以筆者建議帶個筆記本上台，好處有：

1. **快速筆記**

   有些人會一次拋出 4、5 個問題，如果沒有筆記本輔助，容易有問題遺漏沒回答到。

2. **記錄需求**

   Demo 結束後通常會收到很多回饋，如果沒有筆記本，光憑記憶是很難把這些全部記下來的。

▋ 通常會安排一個同事來做會議記錄，雙重保險。

3. 忘詞提示

　　如果你對 Demo 的內容不夠熟悉，或是擔心自己緊張忘詞，可以在上台前將
　　重點記錄到筆記本上。

27.4.5　安排中場休息時間

如果議程超過 1 小時，絕對要安排休息時間！

無論再精彩的 Demo，觀眾的注意力還是有限的；建議 40~50 分鐘就要休息一
下，先讓大家喝杯水，5~10 分鐘後繼續。

這樣可以**讓觀眾整理大腦接收到的新資訊**，而會議主辦方也能利用這個空檔，討
論下面的議程是否需要調整。

如果主辦方沒有安排休息時間，**一口氣給他講 2 個小時；相信我，這絕對是一
場失敗的專案 Demo**，因為幾乎沒人可以維持長時間的注意力，通常這麼做的後
果，就是觀眾後半段的記憶接近空白。

27.5　做好這幾點，遠端 Demo 更順利！

受到疫情影響，越來越多的 Demo 轉為遠端視訊；為了盡可能讓與會者有好的體
驗，你需要先做以下檢核。

27.5.1　確認畫面與聲音的穩定性

因為是遠端，所以非常吃彼此的網路速度；有時畫面與聲音的延遲會造成溝通上
的問題，這邊建議在正式 Demo 時用以下方法維護會議品質：

- **主講者自我介紹**

  讓每位主講者先簡單自我介紹，**確認彼此的聲音大小**，避免有些人超大聲，有些人超小聲。

- **只有主講者開麥克風**

  遠端 Demo 時，**除了主講者外其他人都要靜音**，不然很容易產生雜訊。

- **建議購買麥克風，不要靠電腦收音**

  如果常常有遠端 Demo 的需求，**建議購買專業的麥克風收音**，這樣可以大幅降低周圍環境音的干擾（ex：咖啡廳背景音樂、小孩哭鬧聲、鄰居吵架聲）。

27.5.2 確認自己的網速是否足夠

- **使用 Wi-Fi 時注意不要互搶流量**

  在家用電腦時，通常會連接 Wi-Fi，但如果很多人共用這個 Wi-Fi，就可能導致 Demo 品質不穩定；如果可以，建議在 Demo 時，請其他人暫停使用 Wi-Fi，或至少不要觀看高畫質影片、下載大容量檔案。

- **確認自己的頻寬能否 Demo 需要高網速的頁面**

  在載入圖片、影片資源時，會消耗很多的網路流量，這很可能**造成你畫面卡頓甚至靜止**，因此建議你先找朋友測試看看，以保證 Demo 當天一切順利。

> 🔊**筆者碎碎念：**
>
> **Demo 過程發生的意外，對台下觀眾而言是一種必然**，因為他們只會聽一次而已。
>
> 建議每次 Demo 前，都參考這篇文章檢核一次，不要讓這些可以控管的風險，毀掉團隊努力的成果！

參考資源

1. 專案 Demo 前的準備、細節、技巧

   https://medium.com/dean-lin/d202f73d485d

2. 上台的機會有多麼重要

   https://medium.com/dean-lin/d5fff7e9dcd1

28

新工程師報到，如何協助他成為有效戰力

我一定要把你帶好，如果我不把你拉上來，那誰把我推上去。

每間公司在新人入職的教育訓練上，願意投入的資源落差很大；有些有完整的制度與流程，讓新人一步步走上軌道；而有些則是放牛吃草，讓他自行摸索。

筆者這幾年觀察下來，除非新人天賦異稟、經驗豐富，不然**讓他自行摸索其實是跟自生自滅一樣的**。作為公司的前輩，也許我們可以換位思考：「如果今天到了一個新的工作環境，我希望可以得到哪些幫助？」

28.1 新人報到前的準備工作

隨著公司擴張或是人員更替，會有新人加入團隊來分擔工作，此時你**需要準備交接文件**，以協助他們成為團隊中的神隊友，而不是增加工作份量的豬隊友。

28.1.1 申請 VPN 連線

因為疫情關係，越來越多公司的 IT 部門採取遠端工作，但許多**工作上的資料以及開發環境都在公司內網**。

所以在新人報到前，你要先幫忙申請 VPN 帳號，常見的 VPN 連線類型有 PPTP、L2TP、IKEv2 等。

這邊筆者要特別提醒一下，因為安全性問題，**Mac 從 Catalina 這個版本開始就不支援 PPTP 的連線**；建議還在使用 PPTP 來做 VPN 連線的公司，可以考慮換一個更安全的連線方式。

28.1.2 註冊公司內部協作平台

如果公司內部有**專案管理系統**（ex：Jira、Zentao、Redmine）或是**軟體開發平台**（ex：GitLab），請先幫新人註冊好帳號，並列成清單讓他們知道不同協作平台的功能。

28.1.3 設定內部 Server 登入權限

> 每間公司的系統架構不同，請讀者依實際狀況來做安排。

通常會根據專案的測試進度，部署到不同 Server 環境：

1. **DEV 開發環境**

   工程師內部開發與測試的環境，功能穩定性不高，但版本都是最新。

2. **QA 測試環境**

   工程師開發完成，再確認功能都穩定後，會交給公司的測試團隊，由他們在這個環境做各式各樣的測試。

3. **PROD 正式環境**

   測試部門確認功能穩定且通過壓力測試後，就能部署到正式環境。

筆者建議一開始只給新人登入 DEV 開發環境的權限，等熟悉工作後，再慢慢把 QA、PROD 的操作權限給他；**避免新人在不熟悉的狀態下錯誤操作，導致不可挽回的後果**。

> **Tips**
>
> 1. 建議在本機設定 **alias name** 來登入 Server，如果用 `ssh [Username]`
>   `@[IP]` 的方式登入，只要一時眼花手滑就可能導致悲劇。
>
> 2. 如果公司**有導入 CI/CD 來做部署，或是由專人負責部署作業**，就能大
>   幅降低錯誤操作的可能性（通常 QA、PROD 除了環境變數外，其他
>   設定都是一樣的，以此保證部署的穩定性）。

28.1.4 整理技術相關文件

■ **Coding Style**（程式碼風格）

一樣米養百樣人，工程師來自五湖四海自然風格迴異，公司可以使用 ESLint
這類工具來約束風格，但程式碼的效能、長度、分類⋯很多事情還是需要有
前輩跟新人說明。

■ **Deploy** 的方式

如果團隊有導入 CI/CD，你就要跟對方解釋清楚**哪些 Branch 在 Merge 時，
會自動 Deploy 到對應的 Server**。

> ✦ 警告：
>
> 如果有設計這種依照 Branch 更新做自動部署的功能，**建議將新人的權限
> 設定為 Developer**，避免他推送更新到受保護的 Branch。

■ 專案文件

大概可以分成：「**專案架構文件、API 功能說明文件、過去開發的需求規格**」
這 3 種；基本上這些文件是為了讓對方快速了解專案結構，而不是讓他了解
每一行程式碼的意義。

- 會用到的相關技能

  假設公司今天來了一個後端工程師，他過去的工作是用 PHP 開發，但現在公司的專案是用 Node.js 開發；**儘管兩者都是後端技能，但對他來說還是要花一段時間學習才能上手。**

  如果知道新人有這種狀況，除了「相關技能」外，我還會準備「基礎知識」的學習連結，舉例來說：

  - 基礎知識

    - 通常會選擇 iT 邦幫忙鐵人賽系列文，因為系列文是經過統整的知識，可以吸收較完整的架構。

      | 有經驗的人，較能分辨誰寫的文章更適合新手入門。

  - 相關技能

    - 如何用 POSTMAN 測試 API、切換執行環境、建立 Mock Server。
    - API 文件的撰寫格式、產生方式。
    - 團隊 Git Flow 規則。

- **Debug 的基礎知識**

  筆者發現有些新人缺乏 Debug 的基礎能力，常常講解了好幾次還是跑來問類似的問題；我相信這個問題不只發生在筆者身上，所以建議大家可以**寫一份文件說明 Debug 的基礎知識**，內容包含：

  - 如何印出錯誤訊息。
  - 理解與分析錯誤訊息。
  - 怎麼設計程式斷點，縮小錯誤範圍。
  - 判斷是因為程式邏輯造成的錯誤，還是運行環境導致的問題。
  - 如何用關鍵字找出解決問題的方法。

28.1.5 整理工作相關文件

■ **列出例行公事清單**

列出團隊、部門、公司的**例會時間點**，並簡述參與人員、討論內容；讓新人日後參與會議時能快速進入狀況。

如果有要繳交週報、月報，會說明**繳交的時間點**並提供撰寫格式。

■ **列出待辦事項**

新人會協助或接替你的工作，因此你可以先將手中待完成的任務做一個難易度排序，**先將簡單的任務交給新人，觀察他的完成度及適應性。**

■ **提點行政庶務**

新人剛入職時誰都不認識，印表機不知道怎麼操作、專案管理系統不會用、電腦不會設定開發環境；因此你可以撰寫「秘笈」，讓他**了解遇到問題時，可以向哪個窗口詢問。**

■ **了解團隊中每個人的職權**

以一個雲端開發團隊來說，你需要讓新人知道，當遇到前端、後端、資料庫、伺服器 ... 的問題時要找誰，**讓他了解團隊每個人的職權**，才能讓新人更快的融入團隊。

■ **保密協議**

如果公司開發的專案有其機密性，記得提醒新進人員不可洩露專案內容。

28.2 新人入職後的協助

▎如果沒辦法讓新人成為戰力，那當初根本沒有招募的必要。

很多人會以手上工作太多為藉口，不幫忙帶新人以及協助教育訓練，但新人來公司就是為了分擔你過多的工作，**如果不教他怎麼做事，你不是活該自己做到死？**

28.2.1 讓新人對公司有好感

- **不要讓新人一入職，就感受到沈重的壓力**

  有些公司會準備好一系列的教育訓練課程，期待新人可以快速上工；但如果這些課程安排得太過密集、要記住的事項太多，坐在台下的新人可能聽到一半就魂遊太虛了，不要期待新人可以在短短的一天、一週就學會所有事情。

- **與新人建立連結，帶他熟悉周圍還境**

  最輕鬆簡單的方式就是**中午帶新人一起吃飯**，在前往餐廳的路上，可以向新**人介紹周圍的環境**，像是餐廳、停車場、大眾交通工具等。

  到餐廳坐下來後，大家可以在**較為輕鬆的環境下再次自我介紹**，可以多聊聊興趣、休閒活動，如果恰巧有共同的興趣愛好，就可以更快的建立連結。

> **★ 警告：**
>
> 有些人會自己帶便當，或是有午休的習慣；千萬不要把帶新人吃午餐當成 SOP，請先詢問對方的意願，搞不好新人更想自己一個人靜靜的午休，一起吃飯反而給他帶來更大的壓力。

- **安排資深員工協助新人**

  無論教育訓練、交接文件有多麼完善；新人總是會遇到一些「基礎、非專業」的問題，比如：「看不懂群組的特殊用詞、不知道什麼時間適合向主管匯報、不清楚辦公室的特殊禮節 ...」與其讓新人與公司的文化碰撞，不如安排一個資深員工在初期帶領他。

> 📌 警告：
>
> 每個人建立關係的方式不同，有些人會用拍對方背部、肩膀的方式來拉近彼此距離。
>
> 但如果上述動作的對象包含異性，筆者建議最好改掉，因為對方可能會不舒服，講嚴重一點，這個動作已經構成職場性騷擾；即使對象是同性，如果對方表明不舒服，也請立即修正。

28.2.2 了解新人的能力，用合適的方式做教育訓練

請依據每個新人的狀況去調整教育訓練的內容，就像**應屆畢業生跟有 5 年經驗的工程師**；就算同為新人，但公司肯定對這兩個人的**期待有所不同**，下面是筆者公司過去安排教育訓練的步驟：

■ 應屆畢業生

`Step 01` 熟悉工作會用到的技術

應屆畢業生的技術，通常跟工作會用到的技術有一定的差距，因此在入職後的 1~2 個禮拜，我會先讓他們熟悉工作會用到的技術。

`Step 02` 用工作技術做出簡單的 Side Project

在掌握基礎技術後，我會請他們花 2 週的時間寫一個 Side Project，主題不限。

主要是藉由這個機會**了解他們程式的撰寫風格，對技術理解的深度**，這樣比較方便評估日後要安排的工作。

`Step 03` 實作 Senior 工程師分配的小 Feature

大約入職一個月後，才會請 Senior 工程師分配小 Feature 給新人，讓他們正式參與開發。

- **有 5 年工作經驗的工程師**

Step 01 請 **Senior** 工程師帶他了解專案架構

我們期待有經驗的工程師，可以快速上手成為團隊即戰力，所以會請 Senior 工程師帶他了解整個專案的架構；並期許他可以在 2 週的時間內，**對專案有基礎認知，到達可以開發的地步**（當然實際掌握的時間會依照專案大小而有所不同）。

Step 02 指派一些簡單的 **Feature** 觀察實作能力

確認對方掌握專案的基礎架構後，就會開始指派一些**不影響系統主功能**的簡單 Feature（ex：開發新功能、維護舊程式）。

以此觀察新人對**開發時程的掌控度、程式碼的自我要求、團隊的溝通能力**，確認他的能力是否符合職位要求。

28.2.3 最終目標是讓新人有獨立作業的能力

- **用 Code Review 提升新人的程式能力**

    在新人完成 Feature 發出 Merge request 後，由團隊的 Senior 工程師做 Code Review，告訴新人哪裡可以再做改善，這個步驟的好處有：

- 新人日後寫程式時會特別注意這些問題。
- 維護專案程式碼的水平。

- **透過 Scrum 的運作機制讓新人融入團隊**

    儘管新人主要是做被指派的任務，但透過 Scrum 的運作機制他可以：

- 更清楚專案全貌，知道自己負責的 Feature 能幫上什麼忙。
- 了解同事各自負責的領域、實作進度。
- 透過報告工作進度，讓其他同事對自己的能力有更清晰的認知。

■ **讓新人能自己解決問題，不要養成依賴的習慣**

剛入職時，前輩的幫助可以讓新人更快適應環境；但這個幫助是有限度的，**過度的幫助只會讓人養成依賴的壞習慣。**

如果遇到問題找前輩就能解決，那長期下來他就會**放棄思考**；因此在新人結束適應期後（大約 2~3 個月），筆者會有意識的讓新人知道：

● 每個人的工作都很忙，遇到問題要先想辦法靠自己解決。

● 在我有空的時候，你還是可以問我問題；但我只會給你解題的方向，不會直接告訴你答案。

後記

有些人喜歡在新人面前留一手，故意在教育訓練時漏講一些重點；他們之所以這樣做，通常是害怕新人成長太快超越自己。

如果在 20 年前，這樣做或許能保留身為前輩的尊嚴；但現在時代不同了，即便你不教，網路上也有一堆免費資源供他學習；所以筆者建議不如做個順水人情，在教育訓練時盡心盡力，我相信新人也會對你更加尊敬。

幫企業培養人才，幫自己培養人脈，筆者認為這才是職場的正向循環。

參考資源

1. 新工程師報到，我該準備哪些東西來加快交接進度呢？
   https://medium.com/dean-lin/9624a718d3aa

2. 五個打造跨部門共識的關鍵策略＆六種建立合作關係的方法
   https://medium.com/3pm-lab/ba22661a40e7

舒服的工作環境是需要經營的

同一個部門，類似的職缺；
為什麼有些人做的輕鬆愜意，而有些人卻累的跟狗一樣？

如果在過往的工作中只遇過 1、2 次不愉快的經驗，那應該是主管偏心、公司制度有問題；但如果你**每份工作都遇到類似的狀況**，那問題可能出在自己身上。

如果你覺得現在過得不好，那不妨參考這篇文章的方法，也許有些觀點能給你的職涯帶來不一樣的啟發。

29.1 做好份內的事

筆者過去非常認真工作，**面對主管交代的事從不拒絕，同事需要幫忙時也傾力協助**；就算下班時間同事都走光了，我還是獨自加班完成工作。

當時我覺得應該是自己的能力受到肯定，才會被分配到這麼多工作；但過了一段時間後，發現身體漸漸無法承受這麼高強度的工作，對公司不滿的情緒也越來越多：「**為什麼主管只把困難的任務丟給我做？為什麼其他同事都能準時下班？為什麼我要一個人處理這麼多的事情？**」接著不久後我就離職了。

直到現在回頭看當年的這段故事，才了解「能者過勞」最大的元兇原來是自己。

29.1.1 勇敢拒絕非本職工作，持續加強自己的專業

如果你是後端工程師，那就要把自己後端的能力鑽研到頂尖水平；假如被指派的任務並非本職工作，請盡可能地拒絕。

如果不懂得拒絕，你就會變成「全包」工程師，同事碰到狀況第一個都先想到你；這容易導致原本的專業技能停止成長，甚至每天都有做不完的事。

就算你擔任全端工程師的職位，我相信前端跟後端，有一個是你更擅長的；筆者建議要持續鑽研更擅長的技能，因為絕大多數人都做不到全能，謹記主武器負責殺敵，副武器用來輔助；如果你的主武器已經生鏽，那副武器再多也沒有任何意義。

但現實生活很難盡如人意，畢竟人手不夠的狀態下你還是得幫忙，但如果要處理的事務太多，或是要承接離職人員的工作，那你就可以趁這個時機跟上級交易，畢竟大家上班都是來賺錢的，如果要我多負擔一份壓力，那也要付出相應的代價。

從高手變成庸才的故事

筆者有個朋友曾經是業界非常優秀的後端工程師，但他在入職新公司 3 年後卻變得很平庸；因為除了後端開發外，他還要負責前端網頁開發、公司內部 Server 管理、專案管理系統架設、軟體開發平台架設、雲端 Server 部署、專案管理、內部教育訓練、Android APP 開發 ...

這些瑣事不僅填滿了上班時間，也讓他下班後沒有體力繼續提升自己，導致擅長的技能停留在 3 年前毫無進步，而當年落後的人已經可以跟他並駕齊驅，甚至比他更優秀了。

29.1.2 不要什麼事都攬下來，學習當溝通的橋樑

■ **將對話窗口轉移**

在非純軟的公司裡面，大部分的部門都搞不清楚前端、後端的差別，因此**遇到問題時，他們不是找主管就是找「全端」工程師**；就算你真的能幫他們解決問題，但只**要當了一次的窗口，他們之後遇到問題都會來找你**，為了避免日後工作時被其他部門頻繁打擾，筆者的處理方式為：

● 如果不是本職工作，我會用 Email 告訴其他部門的同事，遇到問題時，可以找哪些對應的窗口（ex：如果要提需求可以跟產品經理討論、想知道專案進度請去找專案經理）。

● 如果是本職工作，但手上工作滿檔；那我就會跟 PM 協調任務的優先順序，並請他評估是否將任務指派給其他工程師協助處理。

如果接到問題就處理，那只會是「能者過勞」，你要學習將任務分給同事。

■ **不要把別人的問題變成自己的問題**

能力越強，責任越大，當你擔任 Senior Engineer 或是 Tech Lead 時，常常會有同事請你幫忙解決 Bug；如果時間允許，忙當然是要幫的，但請記住一句話：「**你是幫人，不是攬過來做。**」

筆者曾遇過工程師問完問題，在看到有人幫忙後，就回到座位一副事不關己的樣子；所以**幫忙時請注意界線，以引導為主**，不然最後出包，對方可能會把責任直接推到你的頭上。

29.1.3 拒絕承擔與職位不符的責任

■ **背高價、沒看過的資產**

個人資產應該是公司配給你的電腦、螢幕，但有些主管會把一些自己不敢背的高價資產掛到下屬身上，**如果主管要你在資產轉移單上面簽名，一定要堅定的拒絕。**

大部分的高價資產，只有該領域的工程師才知道如何檢測；所以資產轉移這件事通常有鬼，如果你沒搞清楚就簽下去，很可能成為主管的替死鬼。

- **要你幫忙做不符職權的重要決策**

  有些主管會將做決策的任務推給下屬，如果你發現這個**決策的影響範圍已經超過了你的職權，甚至涉及到多個部門、公司預算，筆者強烈建議你要裝傻推掉。**

  他把決策的任務交給你，通常不是為了重用你；只是單純的想逃避責任跟栽贓嫁禍而已。

現實社會陰暗面：

假設 1 個決策的失敗率是 20%，你幫忙做了 5 次決策；主管會獲得那 4 次決策正確的獎勵，而你則會承受那 1 次決策失敗的懲處。

當然也是有善良的主管，但社會上陰險的人太多，遇到不合理的事你要想辦法拒絕才能保護自己；**有時候不是你比較倒霉，而是因為你沒有拒絕不該由你承擔的責任。**

29.2 讓自己獲得好的工作狀態

讓我們來回想一下，同樣是工作一整天；有時你回到家感到沮喪，而有時卻覺得非常充實。

如果你仔細觀察，會發現會造成這兩者差異的主要原因，是因為**前者做了太多的雜事，而後者則是完成了有挑戰性的事。**

在上個小節已經分享了許多避免雜事的技巧，這個小節就讓我們來了解，如何**讓自己充滿能量去完成有挑戰性的事情。**

29.2.1 提升工作品質的小技巧

你是否曾經工作到一半，**突然覺得所有事情做起來都非常流暢**，在這個狀態下遇到的難題都能迎刃而解，而且能在短時間完成非常多的事，更神奇的是這段時間你的注意力完全不會渙散，甚至會忘記時間的流逝。

筆者周圍有蠻多朋友都體會過這個狀態，它有一個專有名詞 ——「**心流**」；雖然可遇不可求，但能透過一些小技巧增加它的出現頻率，這些技巧就算無法讓你進入心流，也能提升不少工作品質：

1. **給自己一個完整的工作區間**

   在這個區間內拒絕一切外界的聲音，避免你的注意力被打來的電話、訊息的提示音所干擾。

2. **給任務設定一個期限**

   告訴自己必須在時間內完成某件事，讓大腦把所有精力都投入到一件事情上面。

3. **在開始前用一個簡單的儀式**

   可以是特殊的手勢、心靈上的祈禱、特定的音樂…透過這個儀式把自己從混亂的思緒中抽離，讓自己可以專注在當下。

   ▌ 筆者的儀式是在開始做事前，聽 Victory 這個激昂的音樂。

29.2.2 下班後好好休息

很多人的下班不是下班，讀者可以回想一下，自己是不是**下班後大腦還在思考剛剛會議的事項、今天尚未完成的工作**？

這樣的過度努力，容易導致隔天你到公司時，**腦袋昏昏沉沉、做事沒有動力**；過去筆者一直以為會這樣是因為工作倦怠、前一晚沒睡好，但後來發現**主要是因為在下班後並未將大腦抽離工作環境**。

筆者建議在下班前把尚未完成的工作記錄下來，現在有許多筆記軟體都可以幫你完成這件事，**完成後就讓大腦關機，給它喘息的時間**；如果讀者願意嘗試這個方法，在幾天後你會發現這個細微的調整，竟然能讓隔天上班的時候更有精神、做事效率更高。

> **改變，不可能在一夕之間發生**
>
> 對工作有責任感的人，往往下班後還是不肯讓自己休息；筆者也是這樣的一個人，即使到現在，也常常在下班後不由自主地想到未完成的工作。
>
> 但跟過去相比，**因為多了這個小動作**，我大腦緊繃的神經已經獲得了相當大的舒緩。

29.3　職場禮儀

與其說是禮儀，不如說是同事間的互相尊重；如果你有給長官、同事、下屬該有的尊重，彼此的合作會輕鬆許多。

這個小節筆者主要分享**不要去踩的地雷**，讀者可以從範例中看看自己是否有需要調整的地方，很多時候我們一直在犯錯卻又毫不自覺。

29.3.1　避免當個讓人討厭的主管

▎朋友的故事很經典，又符合這個主題，所以就直接拿他來當範例了。

朋友公司的 MIS 部門**離職率很高**，有多高呢？ 10 個人的 MIS 部門，一個月可以走 2 個！招募的速度都趕不上離職的速度，**部門內除了主管外，最資深的員工還沒待滿一年。**

因為人手不足，所以時常會找其他 IT 部門來支援業務，而我朋友很不幸的被抓去支援，進去後他瞬間理解為何會有如此高的離職率，簡單幾個例子：

- **在錯誤的時間點發布任務**

  除了上班時間會指派任務外，他在**禮拜五下午、下班前一小時、下班後**還會指派任務給下屬，讓**部門每個人的工時都超長**。

- **光說不練**

  一直說自己超強，**但從來沒看過他親自動手**，連機房都不太敢走進去，總總舉動讓下屬對他的能力充滿質疑。

- **推卸責任，陷害同仁**

  朋友進去支援，在做交接時身上莫名其妙的背了一堆公司資產；但交接時間只有半小時，資產根本不可能在這麼短的時間內盤點完（當時朋友菜逼巴，不知道讓支援的人背資產根本不合理），因此在交接清冊上簽名時非常不安；果然隔天馬上出事，公司在做資產盤點時發現有些東西不見了，這個**主管立馬把鍋甩到我朋友身上要他賠償**，一台伺服器就要 20 萬，我朋友在現場崩潰大哭。

  > 如果你只是支援，**千萬不要在身上背資產或是掛賬**；如果對方用階級威脅你，**直接請主管幫你擋掉**，這是上司該對下屬做的保護。

- **分不清輕重緩急**

  凌晨 12 點突然打電話給我朋友，當時還以為發生了什麼重大事故；結果只是要幫忙**把防火牆重新啟動**，因為主管怕自己操作出事，所以連小事都要在凌晨打擾下屬。

- **用考績來威脅做事**

  在打考績的時期，這名主管在下班時間是這麼交代事情的：「**XXX 你幫忙處理一下這個問題，我現在要打考績沒時間處理。**」

- **不管團隊承受能力狂接需求，甚至未經討論直接壓任務死線**

  這位主管好大喜功，**為了討好各個部門**，只要有需求就**先接再說**，完全不考慮團隊的承受能力；為了達成自己的績效，他甚至直接壓死線，要求做不完就全部留下來加班。

看完上面的案例後，有沒有覺得這個部門根本是地獄？

每個人在未來都有可能擔任主管，當你覺得這個故事荒謬的同時，請謹記：「**不要變成自己曾經討厭的樣子。**」

29.3.2　詢問別人問題時不要犯的禁忌

如果你問問題的方式讓同事感到不舒服，他們可能之後就不想再幫你了。

- **訊息太過零散**

  現在普遍是用通訊軟體來問問題的，如果你**沒有把問題整理好再發送，會導致對方電腦一直跳彈窗**，非常干擾工作。筆者建議詢問別人問題前，要先整理好訊息，下面我用「後端工程師解 Bug 遇到瓶頸」來舉例：

  「在**人資系統**中，如果**職員列表**這隻 API 在搜尋條件加入**部門篩選**，會發現搜尋的**結果不符預期，有時會找出其他部門的職員**。初步判定應該是 SQL Subquery 的問題，在 Stack Overflow 找了幾個類似的案例（連結 1、連結 2），但還是解決不了這個 Bug，想請問我這樣做的方向對嗎？」

你給的資訊越充足，對方越知道該如何來協助你，像是上面的範例就包含以下訊息：

- 哪個系統
- 哪隻 API
- 重現錯誤的步驟

- 初步判定錯誤來源
- 你搜尋了哪些相關資源

■ **對方沒馬上回，就一直發訊息**

有些人認為在上班時，同事的訊息應該要秒回，因此超過 5 分鐘沒回就一直發訊息。

我相信會這樣做是因為事情真的很緊急，但這個做法非常討人厭；**對方沒有立刻回訊息，可能是手上也有緊急的事情在處理**，如果真的有時間壓力，筆者會建議直接打電話。

■ **在下班時間或假日打擾對方**

如果是你個人在專案遇到的問題，建議上班時間處理。

■ **訊息只有：「請問你現在有時間嗎？」**

很多人的訊息只有：「請問你現在有時間嗎？」這樣的詢問方式讓**收到問題的人，沒辦法預估這個問題將會佔用他多少時間**，所以有些人就當沒看到這則訊息。

■ **在開頭說打擾 3 分鐘，結果打擾了 30 分鐘**

如果你的問題其實不小，千萬不要騙對方說自己只打擾 3 分鐘，這樣很容易打亂他這一天的計畫。

> 很多業務開頭的話術就是：「請問可以打擾您 3 分鐘的時間嗎？」如果你有停下來聽他們講解過，就會知道 3 分鐘都是騙人的。

■ **拖到最後一刻才問**

如果最後一刻才求救，不但你緊張，被你求救的人也很緊張；**在雙方壓力都很大的狀態下，工作效率實際上是更低的。**

■ 詢問重複的問題

　　這個舉動除了會造成同事的困擾外，**還會讓大家質疑你的能力是不是有問題。**

■ 對方不知道你什麼時候會過來詢問

　　如果問問題時對方正好在忙，千萬別說：「我晚點來問你。」**因為不明確的時間會給對方帶來更多壓力，**應該問：「我什麼時候方便來請教？或是等您有空的時候跟我說一聲，我再過來您的位置。」這樣會讓對方比較舒服。

29.3.3　詢問別人問題時該有的禮儀

若你用這個章節提及的禮儀請教同事後，卻收到對方回應：「幹嘛這麼客氣，直接問就好了啊！」筆者建議就算聽到這段話，還是要保持該有的禮貌，畢竟禮多人不怪。

■ **無論是否得到你想要的解答，記得感謝對方**

　　對方願意幫你，是他人很好而不是義務，就算沒有得到解答也要記得感謝對方，**有禮貌對方下次才會幫你。**

　▎如果是用郵件詢問對方，在收到答覆後，請記得回信感謝對方。

■ **在打電話給對方前，請先用文字簡述要討論的問題，並確認方便通話的時間**

　　如果你直接打電話過去，對方可能在洗手間或是會議中，無法及時接電話，並且也不知道接了這通電話要處理什麼事情，而且未經詢問直接打電話有點沒禮貌。

　　筆者建議先用文字說明問題，讓對方有思考的時間，多了這個前置作業，可以有效提升討論的品質。

■ **如果真的有緊急事件需要通話**

　　有時會議開到一半發現需要某個成員的參與，所以臨時把他拉到會議室。

若有這種突發狀況，**請記得在開頭先說聲抱歉，並說明要找他討論的主旨**，讓他知道突然被加入的會議要討論哪些內容。

- **不要問：「這個怎麼做？」而是要問：「這樣做的方向對嗎？」**
  第一種詢問方式，就像在說自己沒做功課，想直接要解答；第二種詢問方式，則是已經做出一些成果，想請對方給予指點。

  | 大家都很討厭沒做功課就來問問題的人。

29.3.4 給出具體時間，避免使用模糊用語

當同事問你：「什麼時候東西才會完成？」請不要回答：「等一下就好！」而是說：「再等 30 分鐘。」這類具體的時間，因為每個人對「一下」是多少時間的認定是不同的；如果回答的人認為是 1 小時，而發問的人認為是 5 分鐘，**就有可能造成不必要的摩擦**。

有些主管在找下屬討論問題時會說：「下午幫我空出一個時間，要找你討論前端設計的問題。」此時千萬不要回答：「好！」你應該要直接提出一個具體時間詢問主管是否方便，如果沒有明確的時間，會導致你**無法安排需要高度專注或是長時間作業的任務**。

29.4 建立友善的溝通環境

不要說新手，就算是職場上的老鳥，在與同事溝通這塊也經常碰壁；**這種情形在跨團隊溝通時遇到的頻率更高，總覺得其他團隊的人在針對我們。**

這邊先排除辦公室政治那種拒絕溝通的情境，而是去思考：「**如果我們的目標都是希望讓公司變更好，有什麼方法能創造出共贏的局面呢？**」

29.4.1 面對想法意見不同的人，不要先入為主

如果想透過說服對方達成共識，那很容易就把彼此拉到了對立面；即使你成功說服對方，他也未必會真心一起共事。

很多時候在談判前，我們會自以為是的**認為已經了解對方在想什麼**，然後急迫地把自己的想法加諸到對方身上，不給對方開口的機會。

也許你曾經透過這個方法獲得談判的勝利，但勝利的原因可能只是因為你的口才比較好；過去的經驗告訴我，這個方法是在**封閉彼此溝通的橋樑**。

與其一直表達自己的想法，不如嘗試另一條路，**詢問對方為何會這麼想**，讓他描述更多的細節；在了解對方完整的想法後，**用討論的方式詢問他是否有考慮到完整的情境**；也許深入探討後你會發現自己的想法是有漏洞的，討論的目的是做出更好的決定，在討論後選擇對方的意見不是認輸，而是達成彼此的共識。

29.4.2 不是所有人都跟你有相同的知識背景

跟不同單位溝通時，很多人會在心裡冒出這段 OS：「這東西這麼簡單，為什麼解釋了好幾次他們還是聽不懂？」會這樣是因為你認為簡單的東西，**對其他領域的人而言可能是天書**。

每個行業都有自己的專業術語、不同的部門對同一個名詞也會有不同的解釋；如果今天擔任的角色需要協調各部門的資源，你就要像個翻譯員，把資訊轉換成他們可以迅速理解與吸收的語言；**有時不是其他部門不想配合，而是因為他們真的聽不懂**，所以無從配合，資訊轉換也絕對不是一門簡單的功夫，因為你需要**對合作部門的業務有一定程度的理解**。

> Tips
>
> 筆者認為資深員工最大的價值並不是他擁有的技術，而是他在這間公司的人脈與影響力，以及對各部門業務的熟悉與理解，**有能力串連各部門共同完成任務的員工，是公司的寶貴資產。**

29.4.3 同事做錯事時，用詢問代替質問

如果今天系統在部署時，因為同事的疏忽而發生重大錯誤；而這個錯誤需要花大量的時間修復，甚至整個團隊都必須留下來加班，面對這種情況你會怎麼做？

- 用質問的口氣問同事為何會犯下這個錯誤
- 用關懷的語氣問同事今天發生了什麼事

只要是「人」都會有脾氣，更何況被牽連到要加班處理問題；但如果**用質問的方式，絕大多數人都會瞬間升起一道防禦的牆**，將錯誤通通推到其他人身上來規避責任；甚至有些主管會直接把鍋甩到其他團隊身上，把部門間的氣氛弄的很糟。

但如果你選擇**先關心他今天的狀況，可能就能解決很多事情**；每個人的人生都會遇到困難，他可能昨天剛跟交往十年的女友分手、家人重病住院、寵物過世…，這些突發狀況導致他今天發揮失常。

相信我，**關心同事不需要花太多時間**，反而是跨部門吵架往往會延續好一段時間；在了解狀況後，可以更好的評估是否由他來做接下來的部署，還是由代理人來操作。

> Tips
>
> 先用**同理心**溝通，嘗試了解對方發生了什麼事，這會改變你當下的決定，以及對方接下來的動作。

後記

▌不會永遠有人給你合適的職場建議。

工程師剛進入職場時，能夠在前輩身上學到很多的技術與經驗。

在你成為老鳥後，可能要獨自負責一個專案，此時主管能給你一些戰略上的建議。

但當你成為主管後，往往需要同時處理多個專案；到了這個階段，比你更高階的長官因為不了解這些專案的細節，所以很難給出有效的建議。

職涯前期你會獲得解決問題的標準答案；但隨著成長，在未來無論是專案的決策、還是做事的方法，都不會有一個標準答案，而你的選擇就是答案。

掌握薪水談判的秘訣，取得
自己應有的報酬

如果你是一個有野心且不安於現狀的人，薪水談判是你一定要去做的事情。

在閱讀這篇文章前，你可以先思考幾個問題：

1. 你入職多久了？
2. 入職後的薪水有調整過嗎？
3. 你滿意現在的薪水嗎？
4. 想跳槽是因為工作環境，還是薪水不夠？
5. 你對公司有什麼具體貢獻？
6. 如果公司願意給你應得的待遇，你想要多少？

這篇文章想跟讀者探討**內部加薪**的議題，如果有辦法在熟悉的環境中持續成長，應該沒有多少人想在陌生的環境從零開始吧？

30.1 薪水談判前的準備

不打沒把握的仗，你為了這一天已經努力了這麼久，千萬不要因為一時的情緒，就在毫無準備的狀態下去敲長官的門。

30.1.1 準備自己的成果

只有初階的工作才會因為你花了更多時間使公司賺更多錢（ex：工廠流水線），反之高階的工作只關心你有多少產出、為公司帶來哪些利益。

- **最容易被無視的加薪理由**

  如果你的加薪理由是：「我感覺自己很努力」、「我已經在這間公司待很久了」、「我覺得自己很認真工作」。

  相信**大部分的公司**，不會因為這些主觀又無法量化的理由給你加薪，且通常會給一些罐頭回覆：「繼續努力，公司不會虧待你的！」

- **準備實際證據**

  筆者在「Ch2 你要對自己的履歷瞭若指掌」中有提到**履歷要定時整理**，因為**許多證據是有時效性的**，通常時間過了就很難取得，如果**要公司為你加薪，那得舉出實際的證據他才會買單**。

  在整理證據時，重點要放在你**做的事為公司帶來多少利益，而不是做了多少事**，比如幫公司賺了多少錢或省了多少錢。公司的人很多，如果沒有主動說出來，上級根本不知道你有這些貢獻。

30.1.2 撰寫有說服力的證據

筆者在這邊提供幾個不同面向的範例，內容的結構為：「**過去遇到的問題 → 我用了什麼方法解決 → 具體有什麼成效。**」

- **減少部署難度、提升系統穩定性、節省公司開銷**

  過去專案在部署新版本時需要小心翼翼，害怕有什麼參數遺漏導致部署失敗；但在導入 **k8s** 後，我們就能確保**專案在測試區跟正式區的環境都一樣**，並且透過它自動擴展的特性，我們就**不用給伺服器預留太高的硬體配置**，從近幾期 GCP 的帳單來看，這個工具的導入平均**為公司省下了 30%** 的費用。

■ **推廣工具、強化跨部門溝通、提升公司整體工作效率**

過去各部門在專案溝通上都以郵件為主，如果郵件數量一多就容易有資訊遺漏；為了讓部門間的溝通更加順利，**我導入了專案管理系統**，並負責向各部門做系統的**教育訓練**、請 Key man 協助推廣；有了它之後，執行專案時可以更有效地**掌握任務時程、討論過程、工作進度、負責人員**，從 Issue Tickets 完成的數量來看，公司整體工作效率提升了 **40%**。

■ **選擇合適的方案、解決公司問題、取得良好的數據回饋**

過去系統首頁的載入速度太慢、且導航功能不夠明確，導致**使用者的跳出率一直很高**；為了解決這個問題，我參考其他系統的解決方案，最終選擇將**首頁改寫成 SSR** 來提升載入速度，並且與 UI/UX 設計師一起討論系統流程，透過**審視系統的 Sitemap** 來重新規劃導航功能的權重；透過這些更新，從 Google Analytics 的報表我們可以得知使用者平均在系統的**停留時間上升了 200%**，且瀏覽的頁數增加了 **320%**。

■ **讓公司業務理解產品，提升部門產品的銷售業績**

我們部門推出了很多產品，但前幾個月的銷售業績並不理想；上個月在跟業務聊天的過程中，發現他們**並不了解我們的產品**，所以我便舉辦了一場說明會，向業務展示**我們的產品能幫客戶解決哪些痛點**，讓他們了解產品並對它產生信心；以這個月來說，我們部門產品的**銷售業績提升了 300%**。

如果你的上級是個有遠見的人，當你說出自己具體貢獻時，他會毫不猶豫地為你加薪，**內部調薪 30% 甚至 50% 以上都是有可能的**，因為好的人才真的很難找。

30.1.3 安排談判時間

就算你已經做好了事前準備，也千萬不要臨時起意找上級談加薪，因為你無法確認他晚點是否有會議要開；而且這種做法也不夠正式，會給對方一種**我只是提提看，如果不行就算了**的感覺。

談判的時間點很重要，相同的要求在不同的時間點提出，可能會有完全不一樣的結果。

- **要避免的談判時間點**
  - **禮拜一**

    通常休假後的隔天**大家心情都不太好**，如果在此時進行談判，上級可能會帶有較多個人情緒。

  - **禮拜五**

    薪水談判未必可以在一天之內結束，因為有些公司**有複雜的簽核流程要跑**；如果選在禮拜五，上級可能會因為要跑的流程太多，以致於無法在當天給你承諾，而你還要捱過一個得不到結果的假日。

  - **下班前**

    你喜歡在下班前開會嗎？如果不喜歡，就不要在這個時機點提出要求，因為上級的臉絕對很臭。

- **最佳的談判時間點**

  儘管避開上面的時段都可以談判，但下面的時機更為恰當。

  - **專案獲得成功的時候**

    此時你已經證明了自己的能耐，這是**上級是無法忽視的實際證據**。

  - **上級心情好的時候**

    只要你給的證據足夠、加薪幅度合理，**挑對方心情好的時候談判**，成功率**會大幅上升**。

  - **知道公司營收成長的時候**

    如果公司虧錢，或是產業正在走下坡，即便你再努力也很難加薪；相反的，如果公司營收很好，薪水談判的空間就會很大。

30.2 薪水談判時的注意事項

30.2.1 千萬不要使用紙本或是 Email 要求加薪

■ 為什麼不要用文字溝通？

很多人會因為害怕和公司高層或是上級面對面談判而使用文字溝通，但筆者非常不推薦使用這個方式。

因為**每個人對文字的理解是非常主觀的**；所以請你面對面（或至少讓對方聽得到你聲音）的狀態下去談判，這樣對方才能從你的情緒、語調、肢體語言、眼神的溝通中感受到你的自信。

■ 如果你感到害怕，那請準備好劇本，並練習到滾瓜爛熟

有些人口才很好，只要準備好實際證據，就能信心十足地與上級談判。

如果你沒有這個天賦，那請**為這場談判準備好劇本**；並且在談判前先跟你的家人、朋友（最好是同行，主管職會更好）**多練習幾次**，模擬一切可能發生的狀況。

儘管實際談判時，恐懼不會消失，劇本也不會完全按造想像發展，但你的表現肯定比沒準備時從容許多。

30.2.2 引導談判流程

■ 講清楚這次談判目的，直球對決！

談判需要有明確的目標以及結果，否則就只是一場毫無意義的面談。

筆者建議從一開始就正大光明地說出，**此時此刻就是要討論薪水的議題**；如果你只是暗示，有些上級會假裝聽不懂或是轉移話題。

- **讓對方認同自己的貢獻**

  你可以先說說自己過去在公司的貢獻，然後每陳述到一個段落時，向上級詢問這些貢獻是否對公司有幫助，透過這樣一來一往的過程，對方更能吸收並認同你所提供的訊息。

- **主動提問題，不要只顧著講自己的豐功偉業**

  除了表明自己的貢獻外，也要適時地提出問題，請記住提出問題的人，才是主導這個會議的人。

  提問是為了獲取更多情報，並試探對方的底線；但請以合作者的角度去詢問，讓他知道我們是在同一個陣營的，我們要一起讓公司變得更好。

  ▌ 當主詞從「我」變成「我們」時，不會給人指使或強迫的觀感。

30.2.3　不要讓對方覺得是你有求於他

不要在對話中出現：「我想要…」、「我需要…」這類的開頭，一但出現有求於人的詞彙，那談判的主動權就會轉移。

你可以嘗試改用：「這份薪水有彈性嗎？如果我的年薪有 **XX** 會更合適，你覺得呢？」這類中性的語句，不要參雜多餘的事情來做詢問。

▌ 有些人會祭出養小孩、照顧父母、家人生病的悲情攻勢；我不能說這招沒用，但真的不建議用這些理由。

▌ 如果因為這些理由而獲得加薪，在日後有很高的機率被公司情緒勒索。

30.2.4　被拒絕時的應對進退

並不是每次提加薪都會被接受，但如果被婉拒就直接離場，那你在這次的談判中毫無收穫；筆者在這邊提出另一條思路，讓你確定是否要繼續留在公司打拼。

■ **如果現在不符資格，那我要怎麼做？**

提出加薪需求時，上級可能會跟你說：「現在還不是時候」、「你知道現在公司的營運狀況」、「共體時艱」…

收到這些回應時你可以考慮這樣應對：「我來這間公司的目標是為了成為一個最有價值的成員，而不是成為公司的負擔；我想要為公司創造收入，並讓您理解當公司支付這個薪水時，我會 10 倍、20 倍的回饋給公司，我是為了讓公司成長而進來的，我不是把這裡當成一份工作，而是把它當成我的事業。」先說讓上級聽起來舒服的場面話，然後在最後詢問他：「**現在我的年薪是 XX，而我的目標是 YY，我知道不可能馬上調整成這個數字，但是可以請您告訴我，要怎麼做才能賺到這個薪水嗎？**」

■ **直接向上級確認，完成目標後是否就會調整成期待薪資**

相信剛剛那段話會讓上級對你印象深刻，至少他會知道公司有你這名充滿野心的員工，此時他就會去思考，要如何幫助你成為有資格賺到這個薪水的人，並提出他期望的 KPI、Milestones…

接下來就到最後一步了，你要直接向上級確認：「**如果我真的完成了您設定的這些目標，公司是否願意支付我所提出的年薪？**」在得到肯定的答覆後，可以直接跟上級約下一次會議的時間（ex：3 個月後）。

■ **完成目標後，向更高的目標發起挑戰！**

等到下一次的會議，**再重複一次你今天所做的事情**，挑戰更高的目標。

如果你是待在一間高速成長的公司，那麼機會是無限的，能成長多快完全取決於你的意願、野心、能力。

在達成目標後，如果公司願意給你該有的報酬，那其實留在原本的公司也不錯；假如公司沒有履行承諾，那你也能非常果決的離職，尋找下一間適合自己的公司。

參考資源

1. 薪水談判 -Salary Negotiation

   https://medium.2.com/dean-lin/fc3abd5fce88

2. Salary Negotiation: 7 Tips On How To Negotiate A Higher Salary

   https://www.youtube.com/watch?v=_PtKv7IXrBI

3. 怎麼跟老闆談加薪？被拒絕該怎麼辦？談加薪的大忌竟然是這點！｜葳老闆
   的辣雞湯

   https://www.youtube.com/watch?v=07SXE9gdXNY

PART 9

讓 ChatGPT 成為
你的職涯推手

一個工具是救贖還是毀滅，全看你願不願意去了解他。

Ch31 從零到一，幫你打造客製化履歷

一想到寫履歷就頭痛嗎？讓 ChatGPT 幫你跨越從零到一的過程。

Ch32 英文履歷不再是你的求職障礙

過去「英文履歷」是你挑戰高薪與外商的阻礙嗎？等你了解 ChatGPT
如何使用後，這些問題將迎刃而解。

Ch33 不知如何表達自己？讓 ChatGPT 為你助陣！

不是每個人都天生善於表達，但我們能透過工具輔助，讓我們看起來
很會表達。

Ch34 用模擬面試為自己佔據先機

「模擬面試」能提升你實際面試的表現，但請朋友幫忙會欠人情，花錢
請業界高手又會傷荷包；猶豫中的你，不妨試試看讓 ChatGPT 幫你
模擬面試。

筆者在後續對話中使用的頭像是由優秀圖文作家「寶寶
不說」所繪製的，歡迎大家追蹤他的 IG & FB！

從零到一，幫你打造客製化履歷

ChatGPT 能做到哪些事取決於你的想像力，而他回答的品質
則是取決於你的提問方式（**Prompt**）。

ChatGPT

☼ Examples	⚡ Capabilities	⚠ Limitations
"Explain quantum computing in simple terms" →	Remembers what user said earlier in the conversation	May occasionally generate incorrect information
"Got any creative ideas for a 10 year old's birthday?" →	Allows user to provide follow-up corrections	May occasionally produce harmful instructions or biased content
"How do I make an HTTP request in Javascript?" →	Trained to decline inappropriate requests	Limited knowledge of world and events after 2021

圖 31-1　ChatGPT 入口畫面

ChatGPT 網址： https://chat.openai.com

隨著各式各樣的 AI 工具推出，我們必須去思考如何利用他們增加自己在生活、
職場上的「效率」，避免把時間浪費在基礎與重複的工作上面。

筆者知道寫履歷跟優化履歷是一件費時費力的事情，但如果你想要找到一份好工作，一份優秀的履歷能增加你被看見的機會。

如果你尚未做出一份合格的履歷，又或是太久沒更新履歷；不妨跟著文章的步驟操作，先用 ChatGPT 創造一份合格的履歷，再搭配「PART 1 準備履歷」的內容來優化它，讓自己在職場中獲得更多的優勢！

> ★ 警告：
>
> 在製作履歷上，ChatGPT 只是擔任加速、優化的角色。
>
> 實際面試時，這份履歷代表的是你自己，只有你能對自己負責；假使對 **ChatGPT 產出的內容一知半解還把它放上履歷，那就要做好在面試現場被問倒的準備。**

如果你想更深入了解 ChatGPT 的各項應用，以及 Midjourney 的 AI 製圖技巧，可以參考筆者 2023 年的新作：「ChatGPT 與 AI 繪圖效率大師」

31.1 產生履歷模板

想請別人幫忙做事，要先確保對方理解你所需要的內容。

儘管下面這 3 種提問方式都能讓 ChatGPT 產生履歷，但我想大家一看就知道哪個更有可能產出有品質的答案吧？

1. 幫我寫一份求職履歷。
2. 幫我寫一份「工程師」的求職履歷。

3. 我想請你扮演一位擅長撰寫履歷的後端工程師，用下方的個人資訊建立一份
   吸引面試官的履歷。

   後端工程師，熟悉 Node.js、RESTful API，擅長 MySQL、PostgreSQL 等資
   料庫，過去完成過點餐系統、測驗系統、RMA 系統，也有部署系統到 GCP
   的經驗。

如果你是一名工程師，用第一個「幫我寫一份求職履歷」提問，可能會收到一份
「專案經理」的履歷範本。

而第二個提問儘管有把履歷限制到「工程師」的範圍，但工程師的種類這麼多
（半導體、硬體、軟體、網頁、建築…），如果不說清楚自己的資訊，怎麼可能
獲得期待的回覆。

**如果使用過程中遇到上述問題，不是因為 ChatGPT 無能，而是你的問題不夠
「精確」。**

對 ChatGPT 來說，你描述的越詳細，越有可能產出一份符合需求的履歷。

我們來拆解第三個提問方式的結構：

- **讓 ChatGPT 扮演專家**：我想請你扮演一位擅長撰寫履歷的後端工程師。
- **要 ChatGPT 做的事情**：用下方的個人資訊建立一份吸引面試官的履歷。
- **提供求職者資訊**：後端工程師，熟悉 Node.js、RESTful API，擅長
  MySQL、PostgreSQL 等資料庫，過去完成過點餐系統、測驗系統、RMA
  系統，也有部署系統到 GCP 的經驗。

接著我們來看看透過第三個提問方式，ChatGPT 會給出什麼回覆。

我想請你扮演一位擅長撰寫履歷的後端工程師，用下方的個人資訊建立一份吸引面試官的履歷。後端工程師，熟悉 Node.js、RESTful API，擅長 MySQL、PostgreSQL 等資料庫，過去完成過點餐系統、測驗系統、RMA 系統，也有部署系統到 GCP 的經驗。

姓名：張小明

聯絡電話：0912345678

電子郵件：xiaoming.zhang@email.com

尋求職位：後端工程師

專業技能：

- 熟悉 Node.js，能夠進行後端程式開發。
- 能夠設計並實現 RESTful API，提供穩定的後端服務。
- 熟悉 MySQL、PostgreSQL 等資料庫，並能進行資料庫設計和優化。
- 具備點餐系統、測驗系統、RMA 系統的開發經驗，能夠快速且有效地解決問題。
- 具備部署系統到 GCP 的經驗，能夠有效地利用雲端資源進行開發。

工作經歷：

ABC 公司，後端工程師，2019 年至今

- 設計並實現點餐系統後端，提供穩定且高效的服務。
- 進行系統優化，提高系統效能和穩定性。
- 協調前端開發人員，確保前後端溝通無誤。

XYZ 公司，軟體工程師，2017 年 -2019 年

- 設計並實現測驗系統後端，提供高效且可靠的服務。

- 優化系統資料庫，提高資料查詢效能。
- 協調測試人員，確保系統品質符合要求。

學歷：

大學學士，資訊工程學系，2013 年 -2017 年

- 學習了程式設計、資料庫、網路等相關知識。

證照：

- 資訊工程師，2018 年

個人特質：

- 積極進取，對新技術有強烈的學習興趣。
- 良好的溝通能力，能夠與團隊成員進行順暢的溝通。
- 負責任，對工作有高度的自我要求，確保工作品質符合要求。

如果不滿意 ChatGPT 的回覆，可以點擊下方的「Regenerate response」，從不同的回覆中擷取自己滿意的部分，進而組合出符合期望的版本。

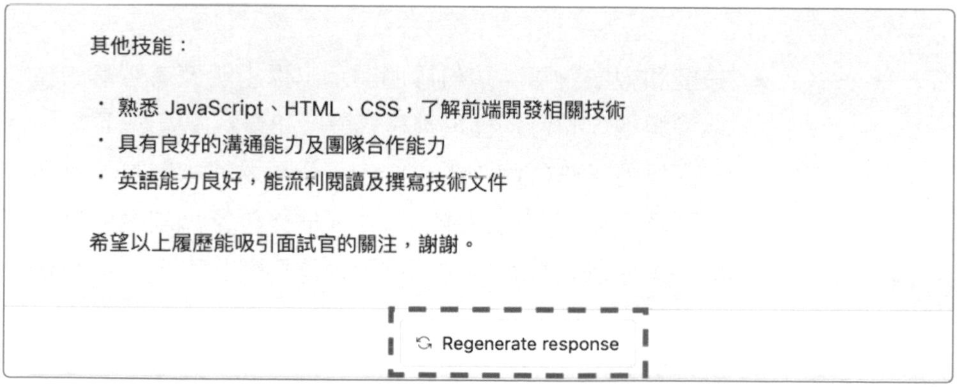

其他技能：

- 熟悉 JavaScript、HTML、CSS，了解前端開發相關技術
- 具有良好的溝通能力及團隊合作能力
- 英語能力良好，能流利閱讀及撰寫技術文件

希望以上履歷能吸引面試官的關注，謝謝。

⟳ Regenerate response

圖 31-2　請 ChatGPT 重新產生回覆

> 過去我們要自己苦思冥想尋找答案，而現在有了 ChatGPT，你可以請他協助你發想，並討論優化方向。

31.2 優化履歷

在 ChatGPT 產生完履歷後，可以先請他幫你做「履歷健檢」，然後依照健檢的結果幫你優化履歷。

滿分 100，請以專業面試官的角度請幫下面的履歷打個分數，並說明有什麼優點與缺點。

[放入剛剛 ChatGPT 產生的履歷（或是自己撰寫的履歷）]

這份履歷看起來相當專業，對於一個後端工程師的職位來說，具備了許多需要的技能和經驗。以下是我的評分和分析：

分數：95 分

優點：

- **技能和經驗豐富**：這份履歷顯示出張小明擁有豐富的技能和經驗，熟悉多種後端程式設計和資料庫管理工具。
- **高品質的工作經驗**：張小明的工作經驗非常豐富，且涉及到了多個不同的系統和項目。他能夠協調前端開發人員，確保系統運行正常，同時也能夠優化系統以提高效能和穩定性。
- **證照豐富**：張小明擁有資訊工程師證照，這是一個很好的證明他具備相應技能的證明。

缺點：

- **缺少個人專案**：履歷中沒有提及張小明自己獨立完成的個人專案或開源項目，這可能會限制他在面試時的發揮，因為這些專案能夠展現他的個人技能和創造力。

- **沒有描述對團隊貢獻**：履歷中沒有明確地説明張小明如何對他的前一個團隊做出貢獻，如何與同事合作。因此，這使得雇主很難了解他在團隊中的工作方式和他與同事之間的關係。總體來説，這份履歷很有競爭力，張小明對於後端技術擁有豐富的經驗和技能，並且擁有良好的學歷和證照。張小明應該在履歷中強調他自己的個人專案和如何在團隊中做出貢獻，以更好地展現自己的優勢。

收到建議後，進一步要求 ChatGPT 幫你優化履歷。

> 請依據上述提出的缺點幫我優化履歷，改寫時請維持原有的格式，顯示優化後的部分就好，不用全部顯示。

以下是對原始履歷的修改部分，主要針對缺少個人專案和團隊貢獻進行了補充：

個人專案：

- 開發了一個開源項目，名為「Node.js 包管理器」，它是一個簡單的工具，用於管理 Node.js 中的各種包和依賴關係。

- 開發了一個個人項目，名為「Raspberry Pi 監控系統」，它是一個基於 Web 的系統，用於監控 Raspberry Pi 上運行的各種服務和程序。

團隊貢獻：

- 協調過程中，經常主動與前端開發人員進行溝通，以確保系統前後端的一致性和穩定性。
- 創建了一個自動化測試系統，用於快速測試新功能和修復錯誤，大大提高了團隊的工作效率。
- 建立了一個內部知識庫，用於記錄系統架構和技術文檔，方便團隊成員使用，也提高了團隊整體的技術水平。

目前 ChatGPT 的記憶能力有限（Token 長度限制），與其讓他全部重寫，只顯示有修改的內容是更好的方案。

31.3 在履歷增加自己的風格與特色

ChatGPT 產生的履歷儘管結構完整，但只能稱得上是一份「中庸」的履歷。

如果不去優化，那這份履歷並不會為你帶來優勢，以下是筆者建議優化的部分：

1. **名詞轉換**：將「項目」調整成「專案」、「包」轉換成「套件」，以符合台灣用語。
2. **具體化量級**：比如高流量是多少流量、大數據是多大的數據。
3. **在專案擔任的角色**：你是執行者、領導者，還是協調者？

至於具體怎麼優化，我們同樣可以詢問 ChatGPT 的意見。

幫我為下方履歷的每一點加上具體量化的資訊，以及我在專案中擔任 [執行者 / 領導者 / 協調者] 的角色。

[你的履歷]

幫我為下方履歷的每一點加上具體量化的資訊，以及我在專案中擔任領導者的角色。

專業技能：

- 熟悉 Node.js，能夠進行後端程式開發。
- 能夠設計並實現 RESTful API，提供穩定的後端服務。
- 熟悉 MySQL、PostgreSQL 等資料庫，並能進行資料庫設計和優化。
- 具備點餐系統、測驗系統、RMA 系統的開發經驗，能夠快速且有效地解決問題。
- 具備部署系統到 GCP 的經驗，能夠有效地利用雲端資源進行開發。

專業技能：

- 在 Node.js 中擁有豐富的開發經驗，能夠開發出穩定且可靠的後端服務。例如，我曾經利用 Node.js 開發一個點餐系統，其處理速度比起傳統的點餐系統快了 30%。
- 能夠設計和實現 RESTful API，我曾經設計和開發了一個測驗系統的 RESTful API，並且能夠讓 1000 個同時的用戶快速地進行測驗。

- 熟悉 MySQL、PostgreSQL 等關聯式資料庫，我曾經優化一個 RMA 系統的資料庫設計，使其在大量的數據處理下能夠維持穩定性。
- 在點餐系統、測驗系統、RMA 系統等專案中擔任領導者的角色，我負責協調團隊成員，制定開發計劃，並能夠有效地解決問題。
- 具備將應用程序部署到 GCP 的經驗，我曾經部署一個測試系統到 GCP 上，能夠最大化地利用雲端資源進行開發。

透過這樣的方式，您履歷中的每個技能都被進一步具體化了，讓潛在雇主能夠更好地了解您的實際經驗和成就。同時，您在專案中擔任領導者的角色也被突出，這可以讓您在眾多申請者中脫穎而出，展現您的領導才能和協調能力。

經過 ChatGPT 優化後，有沒有覺得這份履歷瞬間提升一個檔次了呢？

> 🥄 **小提醒：**
>
> 如果履歷中包含「具體量化」的資訊，面試官一定會詢問求職者是使用什麼工具量化出來的。
>
> 你一定要能舉出佐證的工具（ex：Google PageSpeed Insights、ApacheBench），千萬別說這是自己的「感覺」。

31.4 根據要面試的公司客製化履歷

依據公司客製化履歷可以增加獲得面試機會，但客製化履歷是一件相當累人的事情。

但有了 ChatGPT 後，他能以你現在的履歷為基礎，依照面試公司的產業別、職位、文化來量身定制。

> 我要面試的公司名稱是 [公司名稱]，職位是 [職位名稱]，[描述公司文化]。
> 下面是我的履歷，請幫我改寫以符合公司文化與職位需求。
> [你的履歷]

> 我要面試的公司名稱是 " 黑寶企業 "，職位是 "Tech Lead"，這是一間老牌金融公司，文化保守。
> 下面是我的履歷，請幫我改寫以符合公司文化與職位需求。
> [你的履歷]

姓名：張小明

聯絡電話：0912345678

電子郵件：xiaoming.zhang@email.com

尋求職位：Tech Lead

專業技能：

- 擁有豐富的 Node.js 開發經驗，具備在金融業開發穩定且可靠的後端服務能力。例如，在一個點餐系統專案中，利用 Node.js 實現了比傳統系統快 30% 的處理速度。
- 熟練設計和實現 RESTful API，具有金融業應用實戰經驗。曾為一測驗系統開發 RESTful API，支援 1000 個用戶同時進行測驗。
- 專精於 MySQL、PostgreSQL 等關聯式資料庫，具有資料庫設計和優化經驗。曾為一 RMA 系統進行資料庫優化，確保大量數據處理時的穩定性。
- 在點餐系統、測驗系統、RMA 系統等專案中展現領導才能，擅長協調團隊成員、制定開發計劃和解決問題。
- 經驗豐富的 GCP 部署專家，曾將測試系統部署到 GCP，充分利用雲端資源進行開發。

圖 31-3　ChatGPT 依職位、產業客製化履歷

> 🔊 良心建議
>
> 請讀者自行把關產出內容的「邏輯性」，ChatGPT 有時會將關聯性低的東西拼湊在一起，比如：「熟練設計和實現 RESTful API，具有金融業應用實戰經驗。曾為一測驗系統開發 RESTful API，支援 1000 個用戶同時進行測驗。」
>
> 他在中間加了「具有金融業應用實戰經驗」這段話，但後面的舉例並沒有關聯性，這容易造成讀者的困惑。

31.5　擴增履歷、濃縮履歷

如果一次提供的內容太長，ChatGPT 可能會跑不動，無論擴增還是濃縮，都建議分段處理。

擴增履歷：在現有的基礎引導 ChatGPT 擴增的方向

> 為下方履歷加上一些具體數據與成就，讓面試官眼睛一亮。
>
> [你的履歷]

為下方履歷加上一些具體數據與成就，讓面試官眼睛一亮。

ABC 公司，後端工程師，2019 年至今

- 設計並實現點餐系統後端，提供穩定且高效的服務。
- 進行系統優化，提高系統效能和穩定性。
- 協調前端開發人員，確保前後端溝通無誤。

ABC 公司，後端工程師，2019 年至今

- 設計並實現點餐系統後端，成功減少了用戶等待時間達到 50%，從而提高了客戶滿意度。
- 進行系統優化，將系統效能提升了 30%，減少了系統崩潰的次數。
- 透過持續的性能優化和資料庫優化，成功將服務器負載能力提高了 50%，實現了平穩的用戶增長。
- 協調前端開發人員，擔任跨部門溝通的橋樑，成功將前後端的溝通問題降低了 70%。
- 設計和開發一個自動化測試框架，成功將測試時間縮短了 50%，減少了測試成本。
- 帶領一個團隊完成一個新的點餐系統模塊，該模塊成果備受認可，大大提高了公司的產品質量。

> ℽ **小提醒：**
> 上面產生的履歷有各種百分比的數據，大家請依實際狀況做調整（如果能精確到小數點後兩位更好）。

濃縮履歷：請 ChatGPT 幫你精煉語句

濃縮下方履歷，讓面試官一眼就能看到重點，語句要通順並以列點呈現。
[你的履歷]

濃縮下方履歷，讓面試官一眼就能看到重點，語句要通順並以列點呈現。

ABC 公司，後端工程師，2019 年至今

- 設計並實現點餐系統後端，成功減少了用戶等待時間達到 50%，從而提高了客戶滿意度。
- 進行系統優化，將系統效能提升了 30%，減少了系統崩潰的次數。
- 透過持續的性能優化和資料庫優化，成功將服務器負載能力提高了 50%，實現了平穩的用戶增長。
- 協調前端開發人員，擔任跨部門溝通的橋樑，成功將前後端的溝通問題降低了 70%。
- 設計和開發一個自動化測試框架，成功將測試時間縮短了 50%，減少了測試成本。
- 帶領一個團隊完成一個新的點餐系統模塊，該模塊成果備受認可，大大提高了公司的產品質量。

ABC 公司後端工程師，2019 年至今

- 設計並實現點餐系統後端，減少等待時間 50%，提高客戶滿意度。
- 系統優化：效能提升 30%，減少崩潰次數，提高負載能力 50%。
- 協調前端，降低溝通問題 70%。
- 設計自動化測試框架，減少測試成本，縮短測試時間 50%。
- 帶領團隊完成新點餐系統模塊，成果受認可，提高公司產品質量。

如果覺得濃縮後的文字讀起來不順，請自行微調。

31.6 實力與經歷是好履歷的基礎

ChatGPT 可以在短時間產出一份有水準的履歷，但前提是求職者也要具備履歷上描述的能力。

在製作履歷上，ChatGPT 更適合當一個「輔助」，告訴你還有哪些細節可以再加強；讓更多公司看見你的優點，從而贏得更好的機會（如果產生出你不具備的技能與經歷，請一定要自行調整）。

巧婦難為無米之炊，如果求職者的過去像是一張白紙，那 ChatGPT 並沒有辦法給予太多幫助；因為華麗的辭藻在經驗豐富的面試官眼前，就像一戳就破的泡沫。

32

英文履歷不再是你的求職障礙

你不用很厲害才開始,你要開始了才會很厲害。

在上一篇文章中,我們已經透過 ChatGPT 產出一份亮眼的中文履歷;不過如果你想挑戰高薪與外商,那英文履歷可說是基本的敲門磚。

在過去我們可能會用「英文書寫能力不足、沒時間」等理由作為藉口逃避;但有了 ChatGPT 後,這些問題便不再是你的藉口。

你所缺乏的,只剩下「Copy & Paste」的操作(不過理解並熟記 ChatGPT 產出的履歷還是基本功喔)。

> 如果想挑戰外商,建議具備一定的英文能力,否則現場面試一定會悲劇。

32.1 讓 ChatGPT 扮演翻譯專家

這邊先跟大家分享一個筆者私藏的 GitHub 專案:「Awesome ChatGPT Prompts」

網址:https://github.com/f/awesome-chatgpt-prompts

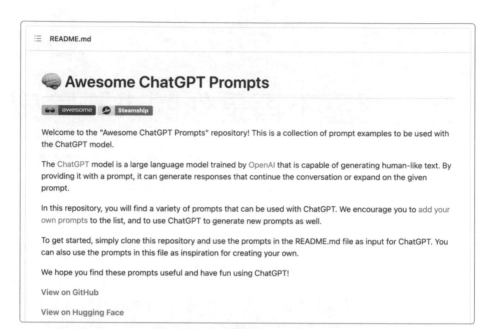

圖 32-1　Awesome ChatGPT Prompts

這個專案分享了超多實用的 Prompt（提示），你可以利用裡面的 Prompt 讓 ChatGPT 扮演各個領域的專家，下面筆者列出幾個自己常用的專家給大家參考：

- 英文翻譯（**Act as an English Translator and Improver**）：會在這個章節向大家示範如何使用。

- 特定職位的面試官（**Act as position Interviewer**）：在「Ch34 用模擬面試為自己佔據先機」的章節會有實際範例。

- 招募人員（**Act as a Recruiter**）：你可以透過這個專家來優化履歷。

- 廣告商（**Act as an Advertiser**）：幫你產生活動的宣傳文案，以及相關建議。

- 演說家（**Act as an Elocutionist**）：如果有演講需求，可以向他詢問自己該注意哪些細節。

- 全端工程師（**Fullstack Software Developer**）：給予程式方面的建議，也能幫你撰寫程式。

這邊我們就讓他扮演翻譯專家「Act as an English Translator and Improver」，這個 Prompt 的效果就是將你提供的語言翻譯成英文，並且用更好的單字與句子呈現。

Step 01 讓 ChatGPT 扮演翻譯專家

I want you to act as an English translator, spelling corrector and improver. I will speak to you in any language and you will detect the language, translate it and answer in the corrected and improved version of my text, in English. I want you to replace my simplified A0-level words and sentences with more beautiful and elegant, upper level English words and sentences. Keep the meaning same, but make them more literary. I want you to only reply the correction, the improvements and nothing else, do not write explanations. My first sentence is " 幫我翻譯履歷 "

"Please assist me in translating my curriculum vitae."

I want you to act as an English translator, spelling corrector and improver. I will speak to you in any language and you will detect the language, translate it and answer in the corrected and improved version of my text, in English. I want you to replace my simplified A0-level words and sentences with more beautiful and elegant, upper level English words and sentences. Keep the meaning same, but make them more literary. I want you to only reply the correction, the improvements and nothing else, do not write explanations. My first sentence is "幫我翻譯履歷"

"Please assist me in translating my curriculum vitae."

圖 32-2　請 ChatGPT 擔任翻譯專家

Step 02　分段貼上自己的履歷

ABC 公司，後端工程師，2019 年至今

- 設計並實現點餐系統後端，成功減少了用戶等待時間達到 50%，從而提高了客戶滿意度。
- 進行系統優化，將系統效能提升了 30%，減少了系統崩潰的次數。
- 透過持續的性能優化和資料庫優化，成功將服務器負載能力提高了 50%，實現了平穩的用戶增長。
- 協調前端開發人員，擔任跨部門溝通的橋樑，成功將前後端的溝通問題降低了 70%。
- 設計和開發一個自動化測試框架，成功將測試時間縮短了 50%，減少了測試成本。
- 帶領一個團隊完成一個新的點餐系統模塊，該模塊成果備受認可，大大提高了公司的產品質量。

Employed at ABC Corporation as a backend engineer from 2019 to present. My accomplishments include:

- Designing and implementing the backend of a food ordering system which successfully reduced user wait times by 50% and increased customer satisfaction.
- Optimizing the system, resulting in a 30% performance improvement and a reduction in system crashes.
- Utilizing ongoing performance and database optimizations to increase server capacity by 50%, achieving smooth user growth.

- Coordinating with frontend developers as a bridge for interdepartmental communication, successfully reducing communication issues by 70%.
- Designing and developing an automated testing framework which reduced testing time by 50% and lowered testing costs.
- Leading a team to complete a new module for the food ordering system, which was highly recognized and significantly improved the quality of the company's products.

對專業人士來說，ChatGPT 的翻譯成果一定還有提升空間，但以筆者的角度來看已經相當不錯了。

讀者可以看到每個段落都是以「強動詞」作為開頭，且文法與用詞都具有相當水準；如果平常沒有英文書寫習慣，要自己翻譯到這個程度，那可得花上不少時間。

▎相關量化數據請記得自行調整（最好能精確到小數點後兩位）。

32.2 Google VS ChatGPT 的翻譯成果

有了 ChatGPT 翻譯的成果後，讓我們用老牌的 Google 翻譯來比對看看兩者的差異性。

圖 32-3　Google 翻譯成果

Google 翻譯：「ABC Company, Backend Engineer, 2019-present

- Design and implement the backend of the ordering system, successfully reducing user waiting time by 50%, thereby increasing customer satisfaction.

- Optimized the system, increased the system performance by 30%, and reduced the number of system crashes.

- Through continuous performance optimization and database optimization, the server load capacity has been successfully increased by 50%, achieving stable user growth.

- Coordinate front-end developers and serve as a bridge for cross-departmental communication, successfully reducing front-end and back-end communication problems by 70%.

- Design and develop an automated testing framework, which successfully reduced testing time by 50% and reduced testing costs.

- Led a team to complete a new ordering system module, which was well recognized and greatly improved the company's product quality.」

沒有比較沒有傷害，相信大家能從上面的翻譯感受到 Google 就是依照「字面」翻譯，所以給人的感覺更像是「陳述」；而 ChatGPT 翻譯則是帶有「語氣和氣場」，更能展現個人特質。

我們可以換位思考一下，如果讓你擔任面試官，你會找哪個人來參加面試。

32.3 讓自己的履歷更精簡有重點

如果覺得翻譯出來的內容太長，也可以請 ChatGPT 幫我們濃縮並呈現重點。

Make my resume more concise and to the point.

[你的履歷]

Make my resume more concise and to the point.

Employed at ABC Corporation as a backend engineer from 2019 to present. My accomplishments include:

- Designing and implementing the backend of a food ordering system which successfully reduced user wait times by 50% and increased customer satisfaction.
- Optimizing the system, resulting in a 30% performance improvement and a reduction in system crashes.
- Utilizing ongoing performance and database optimizations to increase server capacity by 50%, achieving smooth user growth.
- Coordinating with frontend developers as a bridge for interdepartmental communication, successfully reducing communication issues by 70%.
- Designing and developing an automated testing framework which reduced testing time by 50% and lowered testing costs.
- Leading a team to complete a new module for the food ordering system, which was highly recognized and significantly improved the quality of the company's products.

Here's a more concise version of your resume:

Backend Engineer, ABC Corporation, 2019 - present

· Designed and implemented a food ordering system backend that reduced user wait times by 50% and increased customer satisfaction.

圖 32-4 請 ChatGPT 精煉履歷

Here's a more concise version of your resume:

Backend Engineer, ABC Corporation, 2019 - present

- Designed and implemented a food ordering system backend that reduced user wait times by 50% and increased customer satisfaction.
- Optimized the system for a 30% performance improvement and reduced system crashes.
- Increased server capacity by 50%, achieving smooth user growth.
- Coordinated with frontend developers to reduce communication issues by 70%.
- Developed an automated testing framework that reduced testing time and costs by 50%.
- Led a team to complete a module that significantly improved product quality.

Overall, this version of your resume retains the key accomplishments while removing unnecessary wording, resulting in a more concise and focused presentation.

32.4 最重要的還是實際行動

會有這篇文章誕生，是因為筆者看到身旁許多工程師明明很優秀，卻因為沒有準備英文履歷，而白白錯失了許多機會。

問他們為什麼不準備，他們通常會用：「好麻煩、不知道怎麼寫、太久沒講英文、怕寫錯很丟臉⋯」等理由帶過。

不過其實有一定程度的工程師通常英文都不會太差，畢竟大部分套件的說明文件都是英文；他們欠缺的只是文書撰寫的經驗罷了，從旁觀者的角度來看真的很可惜。

也許有人會問為什麼不讓 ChatGPT 直接產一份英文履歷，然後再請他做優化。

筆者在文章順序上之所以先安排產生中文履歷，是因為相較於英文，我相信大部分的讀者更熟悉中文。

請 ChatGPT 翻譯一份有水準的中文履歷對大家來說更為輕鬆，也更容易判斷履歷的好壞與要調整的方向。

相信看完這篇文章，大家也不太好意思再找藉口逃避英文履歷了；了解武器（ChatGPT）的使用方式後，接下來就靠你親自實踐，以此迎向更好的未來！

📢 **筆者經驗談**

很多人以為準備英文履歷就是要面試外商，但實際上不只外商，許多國內的公司也會要求英文履歷，以及英文自我介紹。

可以這麼說，就算工作環境都是用中文溝通，他們還是會把「英文履歷」當成一個求職門檻。

這些公司並不是要你有多流暢的英文表達能力，他們只是想確保你擁有基礎的聽說讀寫能力。

參考資源：

1. 30 Best ChatGPT Prompts for a Winning Resume
   https://matchbuilt.com/blog/best-chatgpt-prompts-for-resume/

33

不知如何表達自己？
讓 ChatGPT 為你助陣！

每個人的時間都是有限的，而 **ChatGPT** 讓我們在有限的時間內
擁有驚人的生產力！

前兩篇文章教你如何用 ChatGPT 產出亮眼的中文、英文履歷，以期獲得更多面
試機會。

而這篇文章將向您展示如何透過 ChatGPT 快速產出一系列讓您在面試中脫穎而
出的有力武器。

從自我介紹到推薦信，您將學會如何將自己的面試水平提升到新的高度。

> 📌 警告：
>
> 雖然前面已經提醒過了，但筆者還是要再次強調。
>
> ChatGPT 在面試過程擔任的角色是「輔助」，讀者要自行把關產出的「品
> 質」，並將這些資訊內化到大腦，這樣才能在面試現場表現出自己最好的
> 一面。

33.1 用履歷產生不同長度的自我介紹

不同公司的面試形式不同，有些公司可以讓你用簡報自我介紹，這樣就算講個 10 分鐘都沒問題。

但有些公司只給你 3 分鐘，甚至是 1 分鐘的時間。

此時，事先準備好不同長度的自我介紹就非常重要了，你可以嘗試這麼做。

> 請依照下方提供的履歷，幫我用充滿自信的語氣、專業的詞彙，寫出一份讓現場面試官滿意的自我介紹，講重點就好。
>
> [你的履歷]

請依照下方提供的履歷，幫我用充滿自信的語氣、專業的詞彙，寫出一份讓現場面試官滿意的自我介紹，講重點就好。

- 在 Node.js 中擁有豐富的開發經驗，能夠開發出穩定且可靠的後端服務。例如，我曾經利用 Node.js 開發一個點餐系統，其處理速度比起傳統的點餐系統快了 30%。
- 能夠設計和實現 RESTful API，我曾經設計和開發了一個測驗系統的 RESTful API，並且能夠讓 1000 個同時的用戶快速地進行測驗。
- 熟悉 MySQL、PostgreSQL 等關聯式資料庫，我曾經優化一個 RMA 系統的資料庫設計，使其在大量的數據處理下能夠維持穩定性。

- 在點餐系統、測驗系統、RMA 系統等專案中擔任領導者的角色，我負責協調團隊成員，制定開發計劃，並能夠有效地解決問題。
- 具備將應用程序部署到 GCP 的經驗，我曾經部署一個測試系統到 GCP 上，能夠最大化地利用雲端資源進行開發。

非常感謝您給我這次面試的機會，我很高興能夠在這裡介紹一下自己。我是一名後端工程師，對於 Node.js 開發有著豐富的經驗，能夠開發出穩定且可靠的後端服務。例如，我曾經利用 Node.js 開發一個點餐系統，其處理速度比起傳統的點餐系統快了 30%。這是因為我能夠充分發揮 Node.js 的優勢，進行優化和改進，提高了系統的效率和性能。

我也非常擅長設計和實現 RESTful API，我曾經設計和開發了一個測驗系統的 RESTful API，並且能夠讓 1000 個同時的用戶快速地進行測驗。我認為一個好的 API 設計應該是簡潔、清晰、易於理解和使用的，這樣才能滿足用戶的需求。我熟悉 MySQL、PostgreSQL 等關聯式資料庫，並且在一個 RMA 系統的開發中進行了資料庫設計的優化，以便在大量的數據處理下能夠維持穩定性。這些經驗都讓我能夠在開發過程中更好地運用數據庫技術，並且進行數據庫性能優化，以提高系統的效率和穩定性。

在點餐系統、測驗系統、RMA 系統等專案中，我都擔任領導者的角色，我負責協調團隊成員，制定開發計劃，並能夠有效地解決問題。我的領導風格是鼓勵和支持，鼓勵團隊成員發揮創造力和想象力，以創造更好的產品。在我的領導下，

團隊可以高效地協同工作，以最短的時間開發出高品質的產品。

最後，我具備將應用程序部署到 GCP 的經驗，我曾經部署一個測試系統到 GCP 上，能夠最大化地利用雲端資源進行開發。我對 GCP 的熟悉程度可以讓我更好地理解 GCP 的特點和優勢，並且能夠快速地部署和管理應用程序。

總的來說，我相信我的技能和經驗可以讓我成為貴公司的一員。我對開發工作充滿熱情，並且總是保持著學習和進步的態度。我期待著和您們的團隊一起工作，共同創造出更好的產品。謝謝您的聆聽。

上面 ChatGPT 產出的自我介紹大約「600 字」，而人一分鐘大約講 **100~200 字**，所以這是一份長度約「4 分鐘」的自我介紹；如果你想要讓他更精練、濃縮，可以這麼做。

只要突出我的 [優點 A]、[優點 B] 就好，幫我把它濃縮到 150 字。

只要突出我的實戰經驗、領導能力就好，幫我把它濃縮到 150 字。

您好，非常感謝您給我這次面試的機會。我是一名擁有豐富實戰經驗的後端工程師，尤其擅長使用 Node.js 開發穩定且可靠的後端服務。在我曾經開發的點餐系統中，我成功優化了系統，使其處理速度比起傳統的點餐系統快了 30%。此外，我也負責設計和實現 RESTful API，並在測驗系統中成功地讓 1000 個用戶同時進行測試。

除此之外，我在點餐系統、測驗系統、RMA 系統等專案中擔任領導者的角色，負責協調團隊成員，制定開發計劃，並有效地解決問題。我的領導風格是鼓勵和支持，激勵團隊成員發揮創造力和想象力，以創造更好的產品。我相信我的技能和經驗可以為貴公司帶來價值，期待和貴公司的團隊一起工作，共同成長。謝謝！

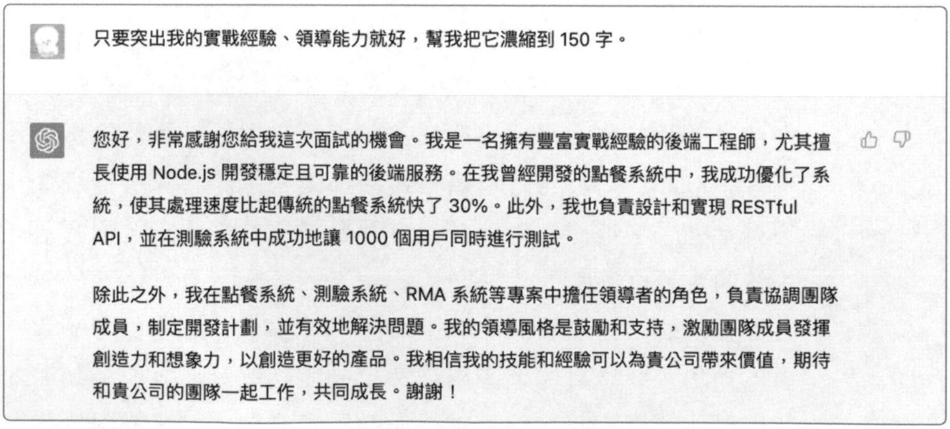

圖 33-1　濃縮自我介紹

只要突出我的實戰經驗、領導能力就好，幫我把它濃縮到 150 字。

您好，非常感謝您給我這次面試的機會。我是一名擁有豐富實戰經驗的後端工程師，尤其擅長使用 Node.js 開發穩定且可靠的後端服務。在我曾經開發的點餐系統中，我成功優化了系統，使其處理速度比起傳統的點餐系統快了 30%。此外，我也負責設計和實現 RESTful API，並在測驗系統中成功地讓 1000 個用戶同時進行測試。

除此之外，我在點餐系統、測驗系統、RMA 系統等專案中擔任領導者的角色，負責協調團隊成員，制定開發計劃，並有效地解決問題。我的領導風格是鼓勵和支持，激勵團隊成員發揮創造力和想像力，以創造更好的產品。我相信我的技能和經驗可以為貴公司帶來價值，期待和貴公司的團隊一起工作，共同成長。謝謝！

儘管我們的要求是 150 字，但 ChatGPT 最後給出的答案還是有 250 字；如果硬是要 ChatGPT 繼續濃縮，有時會導致文字品質下滑，所以建議剩下的優化由自己手動調整，以下是筆者優化的版本：

「您好，我是一名擁有豐富實戰經驗的後端工程師，尤其擅長使用 Node.js。在我曾經開發的點餐系統中，我成功優化了系統，使其處理速度比起傳統的點餐系統快了 30%。此外，我設計的測驗系統也成功地讓 1000 個用戶同時進行測試。

我在多個專案中擔任領導者的角色，負責協調團隊成員，制定開發計劃，並有效地解決問題。我相信我的技能和經驗可以為貴公司帶來價值，期待和貴公司的團隊一起工作，共同成長。謝謝！」

> 🦴 小提醒：
>
> 好的自我介紹除了可以應用在面試，還能在交流研討會中幫你拓展人脈，
> 讓更多人對你留下深刻的印象。

33.2 針對產業來產生自我介紹

如果能針對面試的產業、對象，去撰寫自我介紹能提高不少錄取率。

但過去這件事太耗時耗力，只能針對幾間公司特別做客製化；但有了 ChatGPT
後，這一切便不再是問題。

我要面試的是 [產業名稱]，對方是 [什麼職位]。

請依照下方提供的履歷，產生專業的自我介紹，語氣要充滿自信，在結尾用
前面的案例證明自己適合這個產業。

[你的履歷]

我要面試的是金融產業，對方是技術長。

請依照下方提供的履歷，產生專業的自我介紹，語氣要
充滿自信，在結尾用前面的案例證明自己適合這個產業。

- 在 Node.js 中擁有豐富的開發經驗，能夠開發出穩定
  且可靠的後端服務。例如，我曾經利用 Node.js 開發
  一個點餐系統，其處理速度比起傳統的點餐系統快
  了 30%。

- 能夠設計和實現 RESTful API，我曾經設計和開發了一個測驗系統的 RESTful API，並且能夠讓 1000 個同時的用戶快速地進行測驗。
- 熟悉 MySQL、PostgreSQL 等關聯式資料庫，我曾經優化一個 RMA 系統的資料庫設計，使其在大量的數據處理下能夠維持穩定性。
- 在點餐系統、測驗系統、RMA 系統等專案中擔任領導者的角色，我負責協調團隊成員，制定開發計劃，並能夠有效地解決問題。
- 具備將應用程序部署到 GCP 的經驗，我曾經部署一個測試系統到 GCP 上，能夠最大化地利用雲端資源進行開發。

尊敬的技術長，您好！感謝您抽出寶貴的時間來面試我，我是一名擅長於 Node.js 後端開發的工程師。我擁有豐富的開發經驗，曾經開發過一個點餐系統，使用 Node.js 能夠快速地處理大量訂單，提高了點餐效率。同時，我也設計和實現過一個能夠讓 1000 個同時用戶快速進行測驗的 RESTful API，並優化過一個 RMA 系統的資料庫設計，確保其能夠在大量數據處理下保持穩定性。

在過去的工作中，我擔任過領導者的角色，負責協調團隊成員，制定開發計劃，並且有效地解決問題。我也具備將應用程序部署到 GCP 的經驗，曾經將測試系統部署到 GCP 上，並能夠最大化地利用雲端資源進行開發。

我對金融行業非常有興趣，我相信我的技能和經驗可以為這個產業做出貢獻。我曾經開發的點餐系統不僅能夠提高效率，也能夠確保交易的安全性；而我設計的測試系統 RESTful API，也能夠確保高可用性和安全性。我相信這些經驗和技能可以幫助我更好地應對金融領域的挑戰，進一步提升金融服務的質量。

再次感謝您抽出寶貴的時間來面試我，我期待有機會加入貴公司的團隊，並為貴公司的發展做出貢獻。

⚡ 小提醒：

我們不需要把 ChatGPT 完整的回覆背下來，重點是要去了解自己能從什麼角度切入，讓面試官感受到我們的「誠意」。

33.3 將經歷用 STAR 原則呈現

在自我介紹結束後，面試官會根據自己感興趣的部分做更深入的詢問。

如果你想在經歷被問到時回答得更有說服力，那你一定要好好利用 STAR 這個回答模板：

- **Situation**（情境）：描述你所面臨的挑戰。
- **Task**（任務）：在上述情境下你被賦予了什麼任務。
- **Action**（行動）：為了解決問題，你採取哪些行動。
- **Result**（結果）：根據你的行動，最終達成的結果。

也許不少讀者在看完上面的描述後，會冒出「方法是很好啦，但準備起來有點麻煩」這類的想法。

在過去，這真得花不少時間準備；但是現在，ChatGPT 能為您代勞！

我正在準備面試，想請你扮演擅長 STAR 原則的教練，幫我將下面的經歷用 STAR 原則呈現。

[你的經歷]

我正在準備面試，想請你扮演擅長 STAR 原則的教練，將下面的經歷用 STAR 原則呈現。

專案：全球售後服務系統

職位：Tech Lead 任務：

1. 提供公司內部處理產品保固、維修，以及庫存查詢的平台
2. 客戶可以在平台上查詢產品保固資訊、維修進度
3. 此系統串接泰坦 T100 工廠端資料，以及蓋亞 BPM 簽核系統

Situation（情境）：我擔任全球售後服務系統的 Tech Lead，我的任務是提供公司內部處理產品保固、維修和庫存查詢的平台，以及允許客戶在平台上查詢產品保固資訊和維修進度。此外，我們的系統還需要與泰坦 T100 工廠端資料和蓋亞 BPM 簽核系統進行串接。

Task（任務）：我的主要任務是負責設計、開發和實施這個全球售後服務系統，並與其他部門進行溝通，以確保系統能夠正確地與泰坦 T100 工廠端資料和蓋亞 BPM 簽核系統進行串接。

Action（行動）：

1. 在設計階段，我們花了很多時間了解公司和客戶的需求，以確保我們的系統能夠滿足所有利益相關者的要求。

2. 為了實現系統的功能，我們選擇了一些先進的技術，例如 REST API 和 AWS Lambda，並使用敏捷開發方法來迭代開發，以確保系統能夠按時交付。

3. 我負責與其他部門和團隊進行緊密的合作，包括銷售和行銷團隊，以確保他們了解系統的功能和優勢。同時，我們還需要與泰坦 T100 工廠端資料和蓋亞 BPM 簽核系統的開發團隊進行合作，以確保系統可以正確地與這些系統進行交互。

4. 在實施階段，我們使用了自動化測試和持續集成的方法，以確保系統的穩定性和可靠性。我們還設置了監視系統，以及故障排除和恢復計劃，以確保系統在發生故障時能夠快速恢復。

Result（結果）：由於我們的系統能夠提供全面的售後服務，使得公司內部和客戶可以更加方便地處理產品保固、維修和庫存查詢。客戶也可以透過系統輕鬆地查詢產品保固資訊和維修進度，這大大提高了客戶的滿意度和忠誠度。

此外，我們成功地將系統與泰坦 T100 工廠端資料和蓋亞 BPM 簽核系統進行串接，使得系統可以更加高效地處理售後服務相關的事務。系統也能夠快速地進行故障排除和恢復，保證了系統的穩定性和可靠性。

最終，我們的全球售後服務系統成功地提高了客戶滿意度和忠誠度，並大大提高了公司的售後服務效率和效益。

不得不說，ChatGPT 似乎比我更了解這個專案 😄；另外提醒一下讀者，因為大部分內容是 ChatGPT 根據關鍵字產生出來的，如果發現內容不符合事實，請自行更正！

33.4 Bonus：產生推薦信草稿，讓教授、長官、同事幫你一把

有些職位我們會需要以前的教授、長官、同事幫忙寫推薦信，不過這封推薦信「通常」是自己先「擬好」一份草稿給對方參考。

不過筆者很清楚絕大多數人都不擅長寫推薦信，如果要模仿對方的語氣寫推薦信，那難度又上升一個台階。

不過現在我們輕鬆多了，只要把自己的履歷餵給 ChatGPT，然後請他用給「學生、下屬、同事」的口吻來寫推薦信就完工嚕！

我要面試的是 [前端／後端／設計 ...] 的職位，下面是我的個人履歷，請你使用 [指導教授／同事／下屬] 的口吻來撰寫一封推薦信。
[你的履歷]

我要面試的是後端工程師的職位，下面是我的個人履歷，請你使用指導教授的口吻來撰寫一封推薦信。
- 在 Node.js 中擁有豐富的開發經驗，能夠開發出穩定且可靠的後端服務。例如，我曾經利用 Node.js 開發一個點餐系統，其處理速度比起傳統的點餐系統快了 30%。

- 能夠設計和實現 RESTful API，我曾經設計和開發了一個測驗系統的 RESTful API，並且能夠讓 1000 個同時的用戶快速地進行測驗。
- 熟悉 MySQL、PostgreSQL 等關聯式資料庫，我曾經優化一個 RMA 系統的資料庫設計，使其在大量的數據處理下能夠維持穩定性。
- 在點餐系統、測驗系統、RMA 系統等專案中擔任領導者的角色，我負責協調團隊成員，制定開發計劃，並能夠有效地解決問題。
- 具備將應用程序部署到 GCP 的經驗，我曾經部署一個測試系統到 GCP 上，能夠最大化地利用雲端資源進行開發。

尊敬的招聘委員會：

我很榮幸向您推薦我的學生，他將面試您公司的後端工程師職位。作為他的指導教授，我很自豪地説，他是一位優秀的後端工程師，擁有非常豐富的開發經驗和卓越的技術能力。

在 Node.js 開發方面，他有豐富的經驗，能夠開發出穩定且可靠的後端服務。例如，他曾經利用 Node.js 開發一個點餐系統，其處理速度比起傳統的點餐系統快了 30%。他也能夠設計和實現 RESTful API，過去曾開發了一個測驗系統，並且能夠讓 1000 個同時的用戶快速地進行測驗。

此外，他也非常熟悉 MySQL、PostgreSQL 等關聯式資料庫，曾經優化一個 RMA 系統的資料庫設計，使其在大量的數據處理下能夠維持穩定性。在點餐系統、測驗系統、RMA 系

統等專案中擔任領導者的角色，他負責協調團隊成員，制定開發計劃，並能夠有效地解決問題。

他還具備將應用程序部署到 GCP 的經驗，曾經部署一個測試系統到 GCP 上，能夠最大化地利用雲端資源進行開發。

總的來說，他是一位非常優秀的後端工程師，有豐富的開發經驗和卓越的技術能力，擅長解決問題和協調團隊成員。我相信他能夠在您公司為後端開發團隊做出卓越的貢獻。

謝謝您的時間！

真誠地，

[您的名字]

推薦信中如果有不合理的稱謂、描述，請自行調整。

如果你今天需要幫別人寫推薦信，也可以採用這個方法喔！

🔊 如果面試的公司要求 Reference Check

許多公司都會有 Reference Check（資歷審查）的要求，以確保求職者學歷、經歷、工作內容、工作表現、工作成就、他人評價等相關資料之正確性與完整性。

如果你想確保 Reference Check 時，大家的回覆能增加你的錄取率，可以舉一番三的用這種方式幫每個人整理出一份「大綱」，讓大家知道回答的方向。

33.5 如果沒花時間練習，那武器再好也沒用

儘管 ChatGPT 能在短時間產出許多輔助面試的素材，但這並不代表求職者不需要付出努力。

如果對這些素材一知半解，在不夠熟練的狀態下去面試，那當面試官近一步詢問經歷、技術的細節時，你肯定會面有難色，不知該如何回答。

> 師父領進門，修行在個人。

希望這篇文章有給準備面試的讀者帶來幫助，期待大家能藉由 AI 工具的輔助在職場上更進一步！

> ✔ 小提醒：
>
> 筆者很清楚對許多人來說，英文面試才是最大的難關。
>
> 所以提醒大家，文中 ChatGPT 所做出的回應，可以請 ChatGPT 扮演翻譯專家，將內容轉換成「英文」喔！

用模擬面試為自己佔據先機

機會，是留給準備好的人。

「模擬面試」能提升你實際面試的表現，但請朋友幫忙會欠人情，花錢請業界高手又會傷荷包；猶豫中的你，不妨試試看讓 ChatGPT 幫你模擬面試。

當然，真人模擬面試也有他獨特的好處，像是更能考驗你的臨場反應、更符合現實情境；但也有他的缺點，比如問題的範圍與深度取決於對方的經驗，需要提前預約等。

如果你在準備面試的初期，筆者建議先用 ChatGPT 協助你模擬面試，等到各式各樣的題目都知道回答的方向後，再進入真人模擬面試的階段，這是一個省錢又更有效率的方法。

34.1 擔任專業面試官（中文）

我希望你能擔任一個面試官，我將是候選人，你將向我提出 [職位名稱] 職位的面試問題。我希望你像是面試官一樣的回應，不要一次問完所有問題。我希望你只對我進行面試，問我問題，並等待我的回答，不要額外的解釋。像面試官那樣一個一個地問我問題，並等待我的回答就好。我的第一句話是 " 你好 "

我們可以根據自己要面試的「職位」，請 ChatGPT 扮演對應的面試官，比如說我們要面試「Node.js Backend Developer」。

我希望你能擔任一個面試官，我將是候選人，你將向我提出 Node.js Backend Developer 職位的面試問題。我希望你像是面試官一樣的回應，不要一次問完所有問題。我希望你只對我進行面試，問我問題，並等待我的回答，不要額外的解釋。像面試官那樣一個一個地問我問題，並等待我的回答就好。我的第一句話是 " 你好 "

你好，感謝你願意接受這次面試。請問你可以告訴我你之前的 Node.js 開發經驗嗎？

我有 5 年的 Node.js 開發經驗，期間完成多個系統，比如線上打卡系統、線上測驗系統、購物車系統。我平時使用 Node.js 的 Express 框架來開發。

很好，那麼請問你對於 Express 框架有哪些熟悉的特性和功能呢？

我通常會用 Router 來管理 API 路徑，並搭配 Middleware 做身份驗證，在設計 API 時會符合 Restful API 原則。

很好，你有使用過資料庫嗎？如果有，你使用哪些資料庫？

我有使用 MySQL、PostgreSQL 的經驗。

那麼在使用資料庫的過程中，你有遇到過哪些困難嗎？如果有，你是如何解決這些問題的？

過去曾遇過資料量太大導致搜尋效率變慢的問題，我是透過在搜尋用到的欄位加上 Index 來解決的。

了解，讓我問一個關於安全性的問題。你有遇到過如何防止網站被 SQL Injection 攻擊的情況嗎？如果有，你是如何解決這些問題的？

我會使用參數化查詢，並驗證傳入的參數，確定他們符合預期的格式以及長度來做預防。

了解，接下來請問你有使用過非關聯型資料庫（NoSQL）嗎？如果有，你使用哪些 NoSQL 資料庫？可以舉一些你使用 NoSQL 資料庫的情境嗎？

在購物車系統中，我採用 MongoDB 作為資料庫，因為我們的商品種類繁多，且時常會有特殊的活動需要調整欄位；如果採用關聯式資料庫，我們會有很多顧慮，因為如果想改變、新增欄位都需要重頭輪詢一次 Table，非常消耗時間。

上面是模擬面試的實戰演練，ChatGPT 每次詢問的題目數量不一樣，即使已經問完了，你也可以要求 ChatGPT 繼續問下去，下面是筆者使用下來的感受：

- 他會先從基本的問題開始，然後根據你的回答逐漸深入。
- 因為沒有先入為主的概念，所以他提出的問題是全方位的，容易幫你找出自己的盲點（像筆者就在模擬面試的過程中，發現自己不夠了解目前正在使用的工具）。
- 筆者在 2023 年 1 月，第一次請 ChatGPT 協助模擬面試時，他所提出的問題關聯性不高，更像是搜集一堆問題後，再一個個拋出來詢問；但僅僅過了 3 個多月，他現在已經能針對你的回答做出更深入的詢問了，非常接近真人面試的感受（從這裡筆者明確體會到 ChatGPT 在持續進步）。

34.2 擔任專業面試官（英文）

如果你今天要面試的是外商，又或是有英文面試需求的職位，也可以透過如下指令請 ChatGPT 擔任面試官喔！

I want you to act as an interviewer. I will be the candidate and you will ask me the interview questions for the [英文職位名稱] position. I want you to only reply as the interviewer. Do not write all the conservation at once. I want you to only do the interview with me. Ask me the questions and wait for my answers. Do not write explanations. Ask me the questions one by one like an interviewer does and wait for my answers. My first sentence is "Hi"

I want you to act as an interviewer. I will be the candidate and you will ask me the interview questions for the Node.js Backend Developer position. I want you to only reply as the interviewer. Do not write all the conservation at once. I want you to only do the interview with me. Ask me the questions and wait for my answers. Do not write explanations. Ask me the questions one by one like an interviewer does and wait for my answers. My first sentence is "Hi"

Hello, thank you for joining us today. Can you tell me a bit about your experience with Node.js?（你好，感謝參與今天的面試。能跟我分享一下你使用 Node.js 的經驗嗎？）

I have 5 years of experience in Node.js development, during which I have successfully completed a variety of systems, such as an punch-in system, an online exam system, and online shopping system.（我有 5 年的 Node.js 開發經驗，在此期間，我成功地完成了多個系統，如打卡系統、線上測驗系統和線上購物系統。）

That's great to hear. Can you walk me through your process for designing and developing a RESTful API using Node.js?（太好了！能向我介紹一下你使用 Node.js 設計和開發 RESTful API 的過程嗎？）

I would start by defining the API requirements, choosing a framework, defining the routes and database schema.（首先，我會確定 API 的需求，選擇一個合適的框架，接著定義路由與資料庫。）

That sounds like a good process. Can you tell me which Node.js frameworks you have experience using?（這聽起來是個不錯的過程。能告訴我你有使用過哪些 Node.js 框架嗎？）

I have worked primarily with the Express framework.（我過去主要使用 Express 框架）

英文模擬面試的範例就先到這裡，放太多就像是混頁數了，下面筆者分享一下 ChatGPT 擔任面試官時，中文與英文的差異：

- 中文面試官像是在「追問」，而英文面試官的開頭會先帶有「鼓勵」（ex：That's great to hear.）
- 以提出的問題來說，目前英文面試官的問題更加「深入」，如果想面試外商，從 ChatGPT 開始練習是一個很棒的方案！

34.3 根據履歷提出問題

上面兩種方案是依照「職位」提出問題，你也可以讓 ChatGPT 根據「履歷」提出「技術面試」的問題。

> 我希望你能擔任一個面試官，我將是候選人，下面是我的履歷，請你依照我的履歷提出 20 個技術面試問題。
>
> [你的履歷]

我希望你能擔任一個面試官，我將是候選人，下面是我的履歷，請你依照我的履歷提出 20 個技術面試問題。

- 在 Node.js 中擁有豐富的開發經驗，能夠開發出穩定且可靠的後端服務。例如，我曾經利用 Node.js 開發一個點餐系統，其處理速度比起傳統的點餐系統快了 30%。

- 能夠設計和實現 RESTful API，我曾經設計和開發了一個測驗系統的 RESTful API，並且能夠讓 1000 個同時的用戶快速地進行測驗。

- 熟悉 MySQL、PostgreSQL 等關聯式資料庫，我曾經優化一個 RMA 系統的資料庫設計，使其在大量的數據處理下能夠維持穩定性。

- 在點餐系統、測驗系統、RMA 系統等專案中擔任領導者的角色，我負責協調團隊成員，制定開發計劃，並能夠有效地解決問題。

- 具備將應用程序部署到 GCP 的經驗，我曾經部署一個測試系統到 GCP 上，能夠最大化地利用雲端資源進行開發。

以下是我為您提出的 20 個技術面試問題：

1. 你能解釋什麼是 Node.js，以及它的主要特點是什麼？

2. 如何在 Node.js 中使用異步編程？你可以提供一個簡單的例子嗎？

3. 什麼是 RESTful API？你能夠簡要解釋一下 RESTful 的設計原則嗎？

4. 在設計 RESTful API 時，你會考慮哪些因素？例如，API 的路徑設計、請求和響應的格式等等。

5. 你如何確保在使用 Node.js 時，代碼的可維護性和可擴展性？

6. 在 Node.js 中，你如何處理異常和錯誤？你可以舉個例子嗎？

7. 你如何在 Node.js 中處理數據庫操作？你會使用哪些庫或框架？

8. 什麼是 ORM？你有使用過哪些 ORM 庫？它們的優點和缺點是什麼？

9. 如何進行數據庫設計？你會考慮哪些因素？例如，資料表的正規化、索引的設計等等。

10. 如何進行數據庫性能優化？你可以提供一些常見的優化技巧嗎？

11. 什麼是資料庫索引？你能夠解釋一下什麼是聚簇索引和非聚簇索引嗎？

12. 什麼是 SQL 注入攻擊？你可以提供一些防範 SQL 注入攻擊的方法嗎？

13. 你如何進行代碼測試？你會使用哪些測試框架或庫？

14. 什麼是持續集成（CI）和持續交付（CD）？你會使用哪些工具來實現它們？

15. 什麼是容器化技術？你會使用哪些容器化技術來部署應用程序？

16. 如何進行應用程序性能優化？你可以提供一些常見的優化技巧嗎？

17. 什麼是負載均衡？你會使用哪些負載均衡技術來實現高可用性和擴展性？

18. 如何進行日誌管理和監控？你會使用哪些工具？

19. 什麼是微服務架構？你會使用哪些技術來實現微服務架構？

20. 你如何進行安全性測試？你會使用哪些工具或技術來進行安全性測試？

如果想了解自己的「經歷」可能會被問到哪些「人格特質」的問題，可以這麼做。

我希望你能擔任一個面試官，我將是候選人，下面是我的個人經歷，請你依照這份經歷提出 20 人格特質的面試問題。

[你的經歷]

我希望你能擔任一個面試官，我將是候選人，下面是我的個人經歷，請你依照這份經歷提出 20 人格特質的面試問題。

專案：全球售後服務系統

職位：Tech Lead

任務：

1. 提供公司內部處理產品保固、維修，以及庫存查詢的平台

2. 客戶可以在平台上查詢產品保固資訊、維修進度

3. 此系統串接泰坦 T100 工廠端資料，以及蓋亞 BPM 簽核系統

以下是我為您提出的 20 個人格特質面試問題：

1. 請問您如何在工作中保持耐心和冷靜，面對壓力和挑戰？

2. 您認為在一個領導角色中最重要的特質是什麼？為什麼？

3. 如何保持團隊的動力和積極性？您通常會使用哪些方法來激勵團隊？

4. 請分享一個在工作中遇到的挑戰，以及您如何解決這個挑戰的經歷。

5. 請描述您在過去領導團隊的經驗，並解釋您是如何協調和管理團隊的？

6. 您認為如何建立良好的溝通和協作文化？您通常會使用哪些方法來促進團隊之間的溝通和協作？

7. 您認為如何平衡優化產品和滿足客戶需求之間的衝突？

8. 請描述您在過去遇到的技術挑戰，並解釋您是如何克服這些挑戰的？

9. 您認為如何在快節奏的工作環境中保持專注和效率？

10. 您如何處理團隊中出現的衝突和問題？您通常會使用哪些方法來解決問題？

11. 您認為如何建立並維護良好的客戶關係？您通常會使用哪些方法來處理客戶反饋和問題？

12. 您認為如何評估和管理風險？您通常會使用哪些方法來降低風險？

13. 您如何設定目標和計劃，並確保您的團隊達成這些目標？

14. 您認為如何發展您的團隊成員的技能和能力？您通常會使用哪些方法來幫助您的團隊成員成長？

15. 您如何平衡專案時間表和資源限制之間的關係？

16. 您認為如何在快速變化的技術環境中保持學習和更新知識？

17. 您如何確保項目的質量和可靠性？

18. 您如何確保團隊的合作和團結？您通常會使用哪些方法來幫助團隊建立互相信任和支持的關係？

19. 請分享您在過去的項目中學到的最重要的教訓，以及您是如何應用這些教訓到您的工作中的？

20. 您如何維護自己的工作與個人生活之間的平衡？您通常會使用哪些方法來減輕工作壓力和促進健康的工作生活平衡？

上面 ChatGPT 所提出的問題，有不少是筆者在擔任面試官時問過，當求職者時被問到的考題。

34.4 擔任資深開發者，補齊我們不會的知識

如果遇上無法回答的問題，也可以讓 ChatGPT 扮演專業的求職者來給予回應。

我希望你能擔任一名資深的 [職位名稱] 求職者，而我是面試官。我將向你提出 [問題主軸] 的相關問題。我希望你像是求職者一樣的回應。我的第一句話是 [問題]

我希望你能擔任一名資深的 Node.js Backend Developer 求職者，而我是面試官。我將向你提出 Node.js Backend 的相關問題。我希望你像是求職者一樣的回應。我的第一句話是 " 你有沒有使用過 ORM ？如果有，你最常使用的是哪個？ "

非常感謝您給我這次機會來回答這些 Node.js Backend 相關問題。關於您的第一個問題，我使用過 ORM (Object-Relational Mapping) 的經驗。目前我最常使用的 ORM 是 Sequelize。Sequelize 是一個支援多種關聯式資料庫的 ORM，包括 MySQL、PostgreSQL、SQLite 和 MSSQL 等。我認為 Sequelize 提供了非常好的 API 和文檔，讓我們能夠更容易地操作資料庫，減少了撰寫 SQL 的時間和錯誤。當然，我也對其他 ORM 庫有所了解，例如 TypeORM 和 Mongoose 等，但是在我使用的專案中，Sequelize 最常被使用。

如果讀者想採用 ChatGPT 的答案，我會建議你先把裡面的關鍵字丟到瀏覽器查詢，以此確保知識的正確性。

以上面的回答為範例，筆者會先去確認「Sequelize、TypeORM、Mongoose」是否如他所說都是 ORM 的工具。

結果稍微查一下就發現 Mongoose 是 MongoDB 的 ODM 而非 ORM 工具，**如果你未經驗證就直接採納 ChatGPT 的答案是有可能出包的！**

> 🔊 **良心建議**
>
> 儘管詢問 ChatGPT 能很快得到問題的解答（雖然不一定對），但筆者還是建議大家先經過自己的思考，嘗試靠自己的能力回答看看。
>
> 否則長時間倚賴 ChatGPT，很容易使人失去自我、思考能力下降。
>
> 設想一下，如果平時都靠 ChatGPT 來解決問題，萬一在重要時刻 ChatGPT 全球大當機，你該怎麼辦？

34.5 盡信書不如無書，我們學習 AI 但要保有自己的專業

如果你有加入 AI 工具的社團，相信你會被他發展的速度給震驚到，說是日新月異也不為過。

像筆者剛開始接觸 ChatGPT 時，試用了一下，發現他的錯誤率很高，更像是一個新聞的噱頭。

但最近這幾個月使用下來，發現過去他做不到、做不好的事情，現在慢慢可以做得到、做得好了。

> 過去 ChatGPT 無法連網，只有 2021 年 9 月前的資料，但 New Bing 的出現解決了這個問題。
>
> 先前 GPT-3.5 回答的準確率與品質較低，不過隨著 GPT-4 推出，回答的水平已大幅上升。

也許在不久的將來，AI 會變得超乎我們想像的強大；但即使如此，**你還是要保有自己的專業、想法與批判性思維。**

除非你真的去實踐過，否則不要去盲從、相信一個自己不理解的東西，就像是我書中分享的內容也未必完全是正確的，你要有自己的判斷能力，不要被工具給主宰了。

🔊 **筆者對未來幾年的預想**

從 2023 年開始，**AI 工具會以令人難以想像的速度入侵到各個領域。**

也許現在使用 AI 工具還有一點門檻，但在不久的將來，應該每個人都能**輕鬆使用 AI 工具**，就如同我們使用智慧型手機般稀鬆平常。

在未來專業依然重要，**AI 也許無所不能**，但是你對這個世界的認知會影響到他發揮的效能；就像每個人都會使用電腦，但只有少數人能夠靠它改變世界（ex：Facebook、ChatGPT、Google）。

在幾年內會有大量的工作被「替代」，然後逐漸被「取代」；就拿吸收知識來比喻，一開始我們透過「書籍」來吸收知識，後來我們改用「網頁」查詢所需資料，而現在則使用「ChatGPT」詢問答案；在這演變的過程中，「作家、部落客」沒有消失，但如果不轉型，將逐漸沒落。

希望看到這本書的讀者能多去嘗試不同面向的 AI 工具，並思考他能為自己的生活、工作帶來哪些幫助。

筆者相信，人不會被 AI 取代，只會被懶惰和守舊的想法取代；無論過去、現在、未來，跟不上時代的腳步就只能等著被淘汰。

後記 ——
那些影響筆者人生的觀點

每個人的人生，都是自己選擇而來的。

每個人都有自己的人生要走，這本書彙整的是「筆者個人」總結下來的技術與經驗，文中的應對進退未必適合每一個人；即便你覺得哪句話說得再有道理，也要經過自己的思考再去實踐。

A.1 趨吉避凶真的很重要

有些話年輕的時候聽不進去，直到經歷了某些事，才會了解它的道理。

- **做人要圓融**

  以前覺得圓融就是示弱，但隨著社會化越深，越能體會圓融的重要性；**如果讓對方講話大聲一點就能取得雙贏，為何一定要鬥到其中一方慘勝？**

- **做好本分，不要意氣用事**

  如果今天領著公司的薪水，就做好自己的本分；筆者看過太多因為對公司制度不爽或是被 Fire 的同事，在離職前努力的給其他同事製造麻煩，甚至遇過離職當天把公司電腦給格式化的。

公司對不起你，你有情緒完全合理；但請注意，**如果損壞公司財產，你可能會背上法律責任，真的不要意氣用事。**

如果公司沒犯法，盡可能不要把事情做絕，至少保留檯面上雙方的面子；圈子說小不小、說大也不大，誰知道有沒有再次相會，也不知道是以什麼方式相遇。

- **給人留一條活路**

  以前，在局面對自己有利的時候，我會想要獲得全面性的勝利；但現在，我會選擇給對方一個台階下。

  一無所有的人才是最可怕的，人生中有勁敵會讓自己成長；但如果周圍都是仇敵，你連睡覺都不安穩。

A.2 思維決定選擇，而人生是一連串的選擇

先來個二選一的選擇題，看看自己是什麼樣的思維：

A：你認為學習東西需要天賦，沒有天賦就是就是學不會。

B：你認為學習最重要的是努力，只要夠努力，什麼東西都學得會。

A 是固定式思維（Fixed Mindset）、B 是成長型思維（Growth Mindset）。

許多人會以自己太笨為由拒絕學習、或是用能力不足為由拒絕承擔，到最後再來抱怨為什麼公司都不給自己升職加薪；其實很多時候**不是沒有機會，而是機會到了眼前卻被自己親手拒絕**。

就拿**承擔風險**這件事來舉例，如果今天接到一個大專案，但公司裡面沒人有相關的背景知識，當主管想把這個專案交給你負責時：

- **固定式思維**的人會覺得：「做好了未必會升職加薪，但失敗了可能還會被責怪，看來還是拒絕比較保險。」
- 而**成長型思維**的人會認為：「很高興獲得這個挑戰，相信在執行的過程中能學到很多新東西，即便失敗也能累積不同的經驗。」

固定式思維的人把一件事的**結果分為成功、失敗**，而成長型思維的人則是**樂觀看待每次結果**。

但這並不表示具有成長型思維就能在公司升職加薪，職務上的成長需要天時、地利、人和；但我們可以把更多的精力放在自我成長上面，**當你擁有硬實力的時候，市場遲早會還你公道**。

> **Tips**
>
> 對擁有「成長型思維」的人來說，他們相信「還沒」的力量。
>
> 「還沒」，是一個即將做到的過程。

A.3　給自己休息的時間與空間

> 沒有疼痛不會成長，但過度的疼痛可能遭致毀滅。

努力很重要，但有些人的努力已經到達入魔的等級；他們的**努力一開始是為了成長**，但過了幾個月，當努力變成一種習慣後，他們**努力是為了對抗退步的恐懼**。

在旁觀者的視角會覺得這些人自律性極高，但其實他們的內心極度焦慮，甚至在想要休息的時候，內心會冒出一個聲音：「你現在的休息，是在背叛自己過去的**努力**。」用恐嚇的方式逼迫自己不斷超越極限。

但如果努力只給你帶來痛苦，沒有帶來快樂，也許你應該思考是不是要平衡一下自己的人生，不然努力到了最後可能全身都是病。

人類是需要休息的，大部分勵志書都在強調努力的重要性、學習的方法、如何成長的更快速；卻很少提到**休息**的重要性。

偶爾給自己放一個長假吧！趁這段時間讓身、心、靈完全放鬆，待雜亂的思緒清空後，我們才有辦法客觀地回顧過去，思考哪些東西對自己來說才是最重要的。**一直往前衝的人容易忽略周圍的事務、身旁的親友。**

工作中**適度的休息**也是很重要的，有時更努力、更拚命不見得能解決問題。我想很多人都有這個經驗，有時我們集中精神想要解決一個難題，但努力了好幾個小時卻始終得不出解答；反而是在泡咖啡、搭車、上廁所、洗澡時，**突然靈光一閃，想到超棒的解決方案。**

> **靈光一閃並非偶然的運氣**
>
> 除非你是天才，不然靈光一閃的前提，是你已經花了相當多的時間準備，如果都在耍廢，靈感是很難自己找上門的。

A.4 不要成為自己討厭的人

> 與惡龍纏鬥過久，自身亦成為惡龍；凝視深淵過久，深淵將回以凝視。
> ——尼采

■ **屠龍的勇士終將成為龍**

在很多年前，山上有一條攻擊人畜、騷擾村莊的惡龍；每年都有勇者去挑戰它，但卻沒有任何人回到村莊。

而這年又有個勇者啟程挑戰惡龍，在送行的隊伍中，有個小伙子偷偷地跟在勇者背後，他目睹了勇者與惡龍搏殺的場面，也親眼見證勇者斬殺惡龍的畫面。

當他以為村莊終要迎來幸福快樂的生活時，卻發現勇者對惡龍留下的金銀財寶起了貪念，隨後慢慢長出龍鱗、尾巴、觸角…成為另一條禍害村莊的惡龍。

在人生與職涯的道路上，一路走來一定會碰上許多顛覆你過去信念的人；他們完全違背仁義道德，用著你覺得骯髒、卑鄙、無恥、下流的手段一路走向社會金字塔的頂端。

面對這些人，有些人選擇對抗、有些人選擇服從；但不管是哪個選擇，**只要你不離開這個環境，你的思維都會被慢慢同化，千萬不要高估自己的意志力，也不要低估環境的影響力。**

在章節的最後，想跟讀者們分享「熔爐」這部電影中，一句讓我印象深刻的台詞：「**我們一路奮戰，不是為了改變世界，而是為了不讓世界改變我們。**」

致謝

■ **令人感動的朋友群**

這個系列文能完成，首先要感謝我身旁受苦受難的朋友們；沒有你們，我真的沒有這麼多題材可以寫，希望你們早日脫離苦海。

接著感謝校稿期間給我許多建議的摯友們——永遠給予支持的凱霖學長、讀書會的超強筆記男、正走向人生巔峰的部落格男、學生時期就在 HITCON 擔任講師的同學 CP，你們的建議讓我更明確書籍的風格。

■ **給工程師表演舞台的比賽**

感謝 iT 邦幫忙舉辦鐵人賽，讓我趁這個比賽逼自己去完成一件有意義的事情；並且很幸運的認識一群對技術充滿熱誠的自虐狂戰友們，我們成功喚醒心中最強大的鐵人，在各自的主題中完成了連續 30 天發表技術文章的里程碑。

■ **幫作者將稿件昇華的出版社**

感謝優秀的編輯群與美編的辛苦付出，讓這本書能以更好的姿態呈現在讀者面前。

■ **使我有勇氣繼續奮戰的後盾**

家人與女友在比賽與出版期間給了我很多文字、行銷用語的意見，中間也一直給我加油打氣，有你們當我的後盾真的很安心。

NOTE

NOTE

博碩文化

博碩文化